Zu diesem Buch

Helfen macht das Wesen zahlreicher Berufe aus. Und daß es um die seelische Gesundheit bei den Angehörigen der helfenden Berufe nicht sonderlich gut bestellt ist, beweisen mehrere statistische Untersuchungen. Am besten dokumentiert ist diese Situation bei dem prestigeträchtigsten Helferberuf, dem des Arztes. Doch dürften Krankenschwestern und -pfleger, Sozialarbeiter, Erzieher, Lehrerinnen, Psychologen, Seelsorger und andere helfende Professionen wesentliche Aspekte ihrer psychischen Struktur mit Ärztinnen und Ärzten teilen. Dazu kommt noch, daß in keiner Berufsgruppe eigene Hilfsbedürftigkeit so nachhaltig verharmlost und verdrängt wird wie in der, die Hilfsbereitschaft als Dienstleistung anbietet. Gerade darin drückt sich das «Helfersyndrom» besonders deutlich aus, daß Schwäche und Hilflosigkeit bei anderen akzeptiert und als behandlungswürdig erkannt werden, während das eigene Selbstbild von solchen «Flecken» um jeden Preis freigehalten werden muß.

Wolfgang Schmidbauer, geboren 1941, Diplompsychologe und Dr. phil., arbeitet als Schriftsteller und Psychoanalytiker in München.

Er ist als Autor zahlreicher Bücher, u. a. «Helfen als Beruf», «Alles oder nichts», «Die Ohnmacht des Helden», «Die Angst vor Nähe», «Du verstehst mich nicht!», bekannt geworden.

Wolfgang Schmidbauer

Hilflose Helfer

Über die seelische Problematik der helfenden Berufe

Überarbeitete und erweiterte Neuausgabe

rororo

Rowohlt

Veröffentlicht im Rowohlt Taschenbuch Verlag GmbH,
Reinbek bei Hamburg, September 1992

Umschlaggestaltung Werner Rebhuhn
Satz Palatino (Linotronic 500)
Gesamtherstellung Clausen & Bosse, Leck
Printed in Germany
1290-ISBN 3 499 19196 2

Inhalt

Vorwort

Der Begriff des «sozialen Syndroms» oder «Helfer-Syndroms» hat sich für mich aus der gruppendynamischen Weiterbildung von Angehörigen sozialer Berufe ergeben. In den Leiterteams wurde nach den Sitzungen über die Persönlichkeitsprobleme der Gruppenmitglieder gesprochen. Dabei kristallisierte sich der Typus des «Helfens als Abwehr» immer deutlicher heraus. Die emotionale Hilflosigkeit des Helfers, sein Elend hinter der stark scheinenden Fassade, das waren Eindrücke, die häufig wiederkehrten. So wurden sie allmählich zu einem Bestandteil unseres Konzepts, zumal die Leiter selbst einander aus einer oft intensiven gemeinsamen Erfahrung kennenlernten und den Parallelen zwischen ihrem eigenen Erleben und der Situation der Gruppenmitglieder nachspüren konnten.

In allen sozialen Berufen ist die eigene Persönlichkeit das wichtigste Instrument; die Grenzen ihrer Belastbarkeit und Flexibilität sind zugleich die Grenzen unseres Handelns. Michael Balint, dessen arztbezogene Konzepte wir für die Probleme der übrigen sozialen Berufe – Lehrer, Sozialarbeiter, (Heim-)Erzieher, Psychologen, Logopäden, Krankenschwestern, Soziologen usw. – und für die Arbeit in Helfer-Institutionen verändert und erweitert haben, sah in der «Droge Arzt», in der Eigenart des Helfers, den wichtigsten Einfluß in medizinischen Interaktionen. In Krankenpflege, Pädagogik, Psychotherapie und Sozialarbeit ist es sicher nicht anders. In keinem dieser Berufe berücksichtigt die Ausbildung diese Situation derart, daß sie mehr tut, als kognitive Konzepte, praktische Fertigkeiten und ethische Normen zu vermitteln. Die Auseinandersetzung mit den Wünschen und Ängsten, mit der gefühlshaften Seite der Arbeit mit Menschen, wird dem Zufall überlassen.

Vorwort zur Neuausgabe (1992)

Ich habe mich oft gefragt, weshalb dieses Buch weitgehend unverändert rund zwanzig Auflagen erlebt hat, wo doch wissenschaftliche Neuerungen immer kurzlebiger werden. Anscheinend trifft es kein von äußeren Aktualitäten abhängiges Informationsbedürfnis, sondern eine menschliche Frage, die von jeder Generation neu gestellt, von jedem Leser persönlich beantwortet werden muß. Deshalb erwog ich, «Die hilflosen Helfer» nicht mehr zu verändern. Von 1977 bis 1992 blieb der Text gleich. 1980 kam als «Nachgedanken zum Helfersyndrom» ein Vortrag hinzu, den ich auf dem alternativen «Gesundheitstag» in Berlin gehalten hatte. In der hier vorliegenden Revision versuchte ich einen Kompromiß zu finden, der das (falls es so etwas überhaupt gibt) «Zeitlose» des Buchs unangetastet läßt, aber den Text strafft, Wiederholungen tilgt, Abschweifungen begradigt und allzu kühne Ausweitungen teils streicht, teils benennt. Als ich das Buch schrieb (1976), arbeitete ich erst sechs Jahre als Psychotherapeut und Gruppenleiter; meine analytische Ausbildung war eben abgeschlossen. Ich vermute, daß diese Unerfahrenheit und das Staunen des bisher mit journalistischen Aufgaben beschäftigten Eindringlings in die Helfer-Welt der Darstellung nützen, den Autor seine Funde mit einer Frische verdeutlichen lassen, die ich heute (1991), eben 50 Jahre alt geworden und neben der Gruppentherapie mit Supervisionen und Lehranalysen beschäftigt, in dieser Art nicht mehr zustande brächte. Erfahrung macht nicht nur klug, sondern auch dumm, sie schärft nicht nur den Blick, sondern stumpft ihn auch ab.

In den «Nachgedanken» von 1980 sind Themen angedeutet, die ich später, vor allem in «Helfen als Beruf – Die Ware Nächstenliebe», weiter ausgearbeitet habe. Hier wird der sozialpsychologische Aspekt nachgetragen, der in den «hilflosen Helfern» durch einen gelegentlich unvermittelten, frühen psychoanalytischen Traditionen (etwa in «Totem und Tabu») nahestehenden Schritt von der individuellen Psychodynamik zu Fragen der Kultur und Menschheitsgeschichte schlechthin ersetzt ist. Dieses wachsende Interesse an institutionellen Bedingungen hängt damit zusammen, daß meine eigene Arbeit sich von der Selbsterfahrung *außerhalb* der Institutionen mehr und mehr zur Supervision *in* den Institutionen entwickelt hat. 1986 habe ich zusammen mit Harald Pühl ein Buch zu diesem Aspekt herausgegeben.

Hat sich das Helfersyndrom in den Jahren seit 1977 geändert? Wahrscheinlich nicht, was die grundlegende Dynamik der Motivation angeht. Sicherlich aber in der Perspektive und Dauerhaftigkeit einmal getroffener Berufswahlen. Ich kann diese Veränderungen miterleben, wenn ich versuche, mich in die Studiensituation meiner Kinder einzufühlen und sie mit meiner eigenen zu vergleichen. Während meiner Ausbildung war es relativ klar, daß die formalen Qualifikationen (Abitur, Diplom usw.) auch einen sicheren Platz in der Arbeitswelt garantieren. Ein Teil meiner Sorgen (der zu dem nomadisierenden Leben als Schriftsteller in Italien beitrug) lag darin, allzu früh von einer Gesellschaft vereinnahmt zu werden, die meine Arbeitskraft zu begehren schien. Heutige Jugendliche finden diese Sicherheit nicht mehr. Damit werden auch die Helfer-Ideale weniger stabil, an denen sie sich orientieren können, während andrerseits die Abhängigkeit von äußerer Bestätigung und Erfolgserlebnissen wächst. So bleiben auch die helfenden Berufe nicht vom Identitätswandel in der postindustriellen Gesellschaft verschont. Die Bedeutung einer stabilen, konstanten Produktion nimmt ab; auch der Helfer muß gewärtigen, daß ihn keiner braucht, weil eine Modeströmung ihre Richtung geändert hat. Der Arzt zum Beispiel muß nicht nur mit dem Heilpraktiker und dem Schamanenkurs konkurrieren, sondern auch mit einem Kunstfehlerprozeß rechnen – Ausnahmesituationen zwar, aber auch Hinweise über Entwicklungsrichtungen. Lebenslange Berufsrollen werden ebenso unzeitgemäß wie die strukturgebende Festigkeit des von Freud beschriebenen Über-Ich. Die Individuen idealisieren unterschiedliche Werte, die sich manchmal widersprechen. Sie suchen Geborgenheit, indem sie sich chamäleongleich an Ideologien kleiner Gruppen und Sekten anpassen. Das «alte» Helferideal vom Professionellen, der unabhängig von Lob und Tadel seine Pflicht tut, nur seinem Gewissen folgend, löst sich teilweise auf. Es muß weniger verleugnet werden, daß auch der Helfer narzißtische Bedürfnisse hat. «Mehr sein als scheinen» wird zum Anachronismus, zum ironischen Zitat in einer vom Dienstleistungsmarkt bestimmten Helfer-Welt. Stärkere Außenorientierungen sind die Folge. Selbst der Klient oder Patient wird oft als Partner gesucht und nicht nur einbezogen, sondern auch überfordert, wenn er aus einer für den Helfer wie für ihn unübersichtlichen, schwer entscheidbaren Situation – etwa einem breiten Angebot von Therapiemethoden, alle mit Vorzügen und Nachteilen – auswählen soll.

Vermutlich konnte ein Text wie «Die hilflosen Helfer» nur zu einer Zeit geschrieben werden, in der die traditionellen Ideale des helfenden Berufs noch so mächtig waren, daß eine konstante Gestalt des «Helfer-Syndroms» angenommen werden durfte, während sie andrerseits schon so weit in Frage standen, daß eine psychoanalytische Untersuchung möglich wurde. Eine verwandte Übergangssituation drückt sich vielleicht darin aus, daß ich damals nur wenige geschlechtsspezifische Differenzierungen aufnahm.[1] In einer noch standes- und traditionssicheren Berufswelt haben das männlich-normative und das weiblich-gefühlvolle Helfen unterschiedliche Gestalten, zum Beispiel «Wärter» und «Schwestern». Die Individualisierung löst solche Rollen auf, aber auch heute können Frauen Hilfe eher annehmen, wenn sich im Angebot das Interesse an einer Beziehung ausdrückt, Männer, wenn sie ihren Status verbessern

1 Vgl. Ostner, J., Krutwa-Schott, A., Krankenpflege – Ein Frauenberuf? Frankfurt/M. 1981, sowie Schmidbauer, W. (Hg.): Pflegenotstand: Das Ende der Menschlichkeit, rororo-aktuell, Reinbek 1992.

(oder erhalten). Insgesamt sind Männer mehr an Rivalität und Funktionslust orientiert, Frauen an Bindung und Information über andere Menschen. Solche Unterschiede sind wohl weder angeboren noch anerzogen, sondern aus beiden Dimensionen gemischt, weder unveränderlich-natürliche Anlage noch beliebig-rational wandelbare Attitüde. Sie können in jedem einzelnen Fall durch besondere Qualitäten des individuellen Schicksals und der persönlichen Entscheidung außer Kraft gesetzt werden, drücken sich aber doch in den Bewegungen größerer Menschenmengen unzweifelhaft aus.[1]

1 Vgl. W. Schmidbauer, «Du verstehst mich nicht!» Die Semantik der Geschlechter. Reinbek (Rowohlt) 1991.

1. Einleitung: Das Helfer-Syndrom

«Ich wollte mit einer Frau schlafen. Deshalb bin ich nachts in die Landsberger Straße gefahren, wo diese Prostituierten stehen. Als ich dort war und an ihnen vorbeifuhr, hatte ich Magenschmerzen und Herzklopfen vor Aufregung und Angst. Ich dachte, ich bin sicher impotent, und bin da vorbeigefahren. Da sah ich eine Frau, die eine Autopanne hatte. Als ich anhielt und ihr meine Hilfe anbot, war ich wieder ganz ruhig und sicher. Es ist schon eine verfluchte Rolle, die ich da spiele.»
Ein Arzt, 32 Jahre

«Wenn ich Menschen kennenlerne, dann setze ich mich sehr für sie ein. Meist haben sie Probleme, und ich höre mir das an und bemühe mich sehr, mit ihnen eine Lösung zu finden. Und wenn wir dann die Lösung gefunden haben, dann höre ich nichts mehr von ihnen. Ich bin dann schwer enttäuscht und denke, du schaffst es einfach nicht...»

«Sprechen Sie von Ihren Klienten oder von privaten Bekannten?»

«Ich meine natürlich die Leute, die ich privat kennenlerne. Von den Familien, die ich betreue, würde ich mir ja nie so etwas wie Dank erwarten.»
Eine Sozialarbeiterin, 40 Jahre

«Lukas hatte solche Arbeitsstörungen und Ängste im Studium, und so habe ich mich die ganze Zeit um ihn gekümmert und das Geld verdient. Als er dann Examen machte, wurde ich krank. Jetzt haben wir beschlossen, auseinanderzuziehen. Er sagt, ich hätte ihm gar keine Luft gelassen, er fühle sich so verpflichtet. Aber ich mußte ihm doch helfen...»
Eine Lehrerin, 29 Jahre

Diese Anekdoten sollen die Äußerungsformen des Helfer-Syndroms aufzeigen, um dessen Entstehung und innere Gesetzmäßigkeit es hier geht. Unter Syndrom versteht man in der Medizin eine in typischer Kombination auftretende Verbindung einzelner Merkmale, die einen krankhaften Prozeß bestimmen. Im Bereich der Psychologie ist die Grenze zwischen «gesund» und «krank» hierbei selten leicht zu ziehen. Besonders schwierig ist das angesichts eines sozial so hoch geachteten Verhaltens wie der Hilfe für andere, des Altruismus.

Mir scheint, daß schätzenswerte menschliche Eigenschaften nicht an Wert verlieren, wenn ihr Zustandekommen genauer untersucht wird. Es geht mir auch nicht darum, zu zeigen, daß dem Helfen-Wollen ein «letzten Endes egoistisches» Motiv zugrunde liegt. Die Unterscheidung von altruistischem und egoistischem Verhalten ist ihrerseits eine Folge bestimmter gesellschaftlicher Entwicklungsformen. Von ihrer Analyse aus kann sie in einer sinnvolleren Weise gestellt und beantwortet werden. Idealvorstellungen von der Persönlichkeit des Helfers sind kritisch zu sehen. Oft schaden sie mehr, als sie nützen. Es geht gerade nicht darum, durch den Hinweis auf die vielfältigen Schwierigkeiten und Konflikte der Angehörigen «helfender» Berufe (Erzieher, Ärzte, Psychotherapeuten, Geistliche, Lehrer) das Idealbild des perfekten Helfers zu entwickeln. Einfühlendes Verständnis für Schwächen und Mängel – eigene und fremde – ist gerade die Voraussetzung wirksamer Hilfe.

Als ich nach längerem Zögern den Entschluß faßte, mich einer Analyse zu unterziehen, rechtfertigte ich das als ein ausbildungsorientiertes Streben nach «Lehreranalyse». Parallel dazu suchte ich einen möglichst perfekten Analytiker – einen Analytiker ohne Fehler, mit umfassendem Wissen usw. Wenn ich zurückblicke, gewinne ich den Eindruck, daß nicht die Perfektion, sondern der Umgang mit meinen und seinen eigenen Schwächen das wichtigste war, was ich von meinem analytischen Lehrer erfahren habe.

Der Idealanspruch an den Helfer drückt sich oft in den Ausbildungsanforderungen psychoanalytischer Institute aus. Nicht selten hört oder liest man Formeln wie «Keiner kann einem anderen helfen, ein Problem zu lösen, das er selbst noch nicht bewältigt hat» oder «Niemand wird einen Patienten weiter bringen, als er selbst ist». Die Vielfalt menschlicher Beziehungen wird in solchen vom Ideal-Ich bestimmten Formeln auf eine enge, wertende Dimension gebracht, wodurch die geschichtliche Entwicklung der Psychoanalyse geradezu umgekehrt wird (in der selbst nicht oder nur ganz kurz analysierte Pioniere immer längere Ausbildungsanalysen durchführten und befürworteten). Ein Gegenbeispiel (das ebensowenig wie die oben zitierten Formeln Anspruch auf Allgemeingültigkeit hat): Zu einem Psychoanalytiker kommt ein Klient. Er möchte sich einer Therapie unterziehen; seine Symptome sind Depressionen und quälende Migräneanfälle. Der Arzt sagt: «Was die Depressionen angeht, halte ich die Behandlungsaussichten für günstig. Aber in bezug auf die Migräne kann ich nicht viel versprechen; da sollten Sie sich keinen großen Erfolg erwarten.» Der Arzt spricht aus eigener Erfahrung: Seine Migräneanfälle haben durch die Analyse, die er selbst absolvierte, nicht wesentlich nachgelassen. Doch sein in dieser Weise entmutigter Klient berichtet nach einigen Monaten, er habe nun alle Medikamente gegen seine Kopfschmerzen weggeworfen. Er brauche sie nicht mehr – die Psychotherapie habe ihn von seinen Migräneanfällen geheilt.

Solche Ereignisse zeigen, wie töricht der Idealanspruch an den Helfer ist, der sich in diesem Fall so formulieren läßt (und in einem Aufnahmeinterview an einem psychotherapeutischen Ausbildungsinstitut einem dann abgelehnten Kandidaten auch entsprechend gesagt wurde): «Wie wollen Sie einen Patienten von einem psychosomatischen Leiden befreien, unter dem Sie selbst noch leiden?» Hier wird deutlich, wie Institutionen dazu neigen, in ihrer Aufnahme- und Ausbildungspolitik jene Muster zu kopieren, die in der Analyse von familiären Erziehungsprozessen bereits als neurotisierend erkannt wurden. Gemeint ist das Ideal-Ich der Eltern, das mit dem Anspruch der perfekten Erfüllung an ein Kind herangetragen wird. Dadurch entsteht die Gefahr, daß Entwicklungs- und Wachstumsprozesse durch Ausleseprozesse ersetzt werden. Auslese bringt dann eine Spaltung mit sich; das Kind erfährt, daß es seine «guten» Eigenschaften entwickeln darf, seine «schlechten» hingegen abspalten und verdrängen muß. Oft sind aber gerade diese in den

Augen der Eltern «schlechten» Eigenschaften sehr wesentlich. Sie können nicht ohne Schaden abgespalten und unentwickelt gelassen werden, da sie wichtige Verhaltensweisen (z. B. Durchsetzung, Zärtlichkeit, sexuelle Potenz, Gefühlsintensität) erst ermöglichen.

In einer vergleichbaren Weise halte ich auch die Unvollkommenheiten des Helfers für potentiell produktiv. Es ist sinnvoller, an ihnen und mit ihnen einen Entwicklungsprozeß einzuleiten, als ihre Abspaltung zu erzwingen. Perfektions-Ideale lassen sich stets nur durch Verleugnung der Wirklichkeit aufrechterhalten. Dadurch verliert die Tätigkeit des Helfers leicht ihre Orientierung. Enttäuschungen, wie sie nicht ausbleiben, können nicht mehr verarbeitet, Fehler nicht korrigiert werden. Der zum Schlagwort gewordene «Burnout», das Ausbrennen des Helfers, ist nicht selten die Folge.[1] Das Helfer-Syndrom, die zur Persönlichkeitsstruktur gewordene Unfähigkeit, eigene Gefühle und Bedürfnisse zu äußern, verbunden mit einer scheinbar omnipotenten, unangreifbaren Fassade im Bereich der sozialen Dienstleistungen, ist sehr weit verbreitet. Ich hatte in den letzten Jahren vielfältige Möglichkeiten, es kennenzulernen – zunächst an mir selbst, seit ich aus der distanzierten, literarischen Form des psychosozialen Engagements in die unmittelbare psychotherapeutische und gruppendynamische Arbeit überwechselte. Parallel dazu auch an meinen Klienten, die zum großen Teil aus den sozialen Berufen kommen; an den Ausbildungsteilnehmern in der Gesellschaft für analytische Gruppendynamik (G. a. G.), die ich in Selbsterfahrungsgruppen und in Einzelgesprächen kennenlernte, und last but not least an den Teilnehmern der von mir geleiteten Kurz- und Langzeitgruppen. Im Gegensatz zum ausschließlich mit Einzelbehandlungen befaßten Analytiker lernt der daneben mit Gruppentherapie und gruppendynamischer Arbeit befaßte Psychologe einen breiten Ausschnitt aus der Bevölkerung kennen. Es sind nicht nur «Patienten», sondern auch Menschen, die sich als seelisch ge-

1 Vgl. etwa D. Enzmann und D. Kleiber, Helfer-Leiden. Streß und Burnout in psychosozialen Berufen. Heidelberg (Asanger) 1989

sund ansehen, die häufig mit dem Ziel zu ihm kommen, gerade ihre Fähigkeiten als Helfer zu verbessern. Obwohl ich auch auf die Ergebnisse statistischer und testpsychologischer Untersuchungen, die im Rahmen der G. a. G. angestellt wurden, verweisen kann, ist die Methode dieser Arbeit psychoanalytisch. Sie geht von einem umfassenden, beschreibend-hermeneutischen Wissenschaftsmodell aus, nicht von einem positivistisch-experimentellen. Es geht mir darum, die Psychohygiene in den Helfer-Berufen zu verbessern.

«Früher habe ich mich oft schier zerrissen, und hatte doch das Gefühl, ich erreiche nichts. Wenn um Mitternacht ein Anruf kam, bin ich hingegangen und habe mit den Leuten geredet. Ich dachte einfach, ich darf nicht nein sagen, wenn es jemandem schlecht geht. Aber ich konnte das Gefühl nicht loswerden, daß meine Klienten das ausnützten... Seit ich die Ausbildung gemacht habe, vor allem auch die Einzelanalyse, habe ich das geändert. Ich sage jetzt solchen Anrufern, sie sollten sich während der Dienstzeit an mich wenden. Da kann ich aber auch voll für sie da sein, weil ich ausgeschlafen und nicht insgeheim wütend bin. Solche Gefühle habe ich mir früher überhaupt nicht zugestanden. Ich dachte, ich muß immer nur für die anderen da sein. Aber da ist auch die Ausbildung schuld. Man lernt nichts, als den höchsten Anspruch an sich zu stellen, und kriegt kaum konkrete Mittel in die Hand, um auch etwas zu erreichen...» (eine Sozialarbeiterin, 30 Jahre).

Daß es um die seelische Gesundheit bei den Angehörigen der helfenden Berufe nicht sonderlich gut bestellt ist, erweisen einige statistische Studien. Am besten dokumentiert ist die Situation bei dem prestigeträchtigsten Helfer-Beruf, dem Arzt. Doch dürften Krankenpflegepersonal, Pädagoginnen und Pädagogen oder Psychologen sich in diesem Punkt kaum von den Ärzten unterscheiden. Dabei ist zu berücksichtigen, daß in keiner Berufsgruppe (psychische) Störungen so sehr vertuscht und bagatellisiert werden wie in der, die unmittelbar mit der Behandlung dieser Störungen befaßt ist. Gerade darin drückt sich das Helfer-Syndrom besonders deutlich aus, daß Schwäche und Hilflosigkeit, offenes Eingestehen emotionaler Probleme, nur bei anderen begrüßt und unterstützt werden, während demgegenüber das eigene Selbstbild von solchen «Flecken» um jeden Preis frei bleiben muß.

Der kranke Arzt: Statistisches Material

Als vor über 30 Jahren die amerikanische Arzneimittelfirma Park-Davis Fragebögen an 10000 Ärzte verschickte, in denen der Gesundheitszustand der Mediziner geprüft wurde, bestätigten nur 0,5 Prozent der Antwortenden, daß sie an seelischen Störungen litten. Das Idealbild des seelisch stabilen, jeder Anforderung gewachsenen Arztes hatte sich als mächtiger erwiesen als die Realität: Ärzte werden öfter in psychiatrischen Kliniken aufgenommen als sozioökonomisch vergleichbare Bevölkerungsgruppen. Ihre Selbstmordhäufigkeit ist statistisch signifikant höher als die der Durchschnittsbevölkerung (nach einer englischen Statistik 2,5mal so hoch). Ebenfalls aus England stammt die Studie von M. F. Brook und seinen Mitarbeitern, die 182 Fällen der Einweisung von Ärzten in Nervenkrankenhäuser nachgingen. Es zeigte sich, daß in einem Krankenhaus einer von 82 Patienten, in einem anderen sogar einer von 46 Patienten, die neu eingewiesen wurden, ein Arzt war. Diese Zahl liegt erheblich über dem statistischen Durchschnitt, d. h. über dem Wert, der zu erwarten ist, wenn die Ärzte entsprechend ihrer Häufigkeit in der Bevölkerung aufgenommen würden.[1] Während man gegen diese Arbeit (und andere, die zu vergleichbaren Ergebnissen kommen) noch einwenden kann, daß durch die Auswahl des Ausgangsmaterials (Ärzte in psychiatrischen Krankenhäusern) und das Fehlen einer Kontrollgruppe die Ergebnisse verfälscht sein könnten, weisen die Ergebnisse einer prospektiven Arbeit von G. E. Vaillant und Mitarbeitern[2]

1 M. F. Brook et al., Psychiatric illness in the medical profession, Br. J. Psychiatry 113, 1013–1023, 1967

2 G. E. Vaillant, N. C. Sobowale, C. McArthur, Some psychological vulnerabilities of physicians, N. Engl. Journal of Medicine 287, 745–748, 1966

in eine ähnliche Richtung. Diese verglichen eine Gruppe von 47 Studenten der Medizin von deren Eintritt in die Universität an mit einer Gruppe von zufällig ausgewählten Studenten anderer Fächer. Beide Gruppen wurden drei Jahrzehnte lang verfolgt. Es zeigte sich, daß von den Ärzten 47 Prozent schlechte Ehen hatten oder sich scheiden ließen; 36 Prozent psychoaktive Medikamente und/oder Alkohol bzw. andere Rauschdrogen nahmen, sich 34 Prozent irgendeiner Form von Psychotherapie unterzogen und 17 Prozent einen oder mehrere Aufenthalte in einer Nervenklinik hinter sich brachten. Alle diese Zahlen waren eindeutig höher als die der sozioökonomisch vergleichbaren Kontrollgruppe.

Die innere Situation des Menschen mit dem Helfer-Syndrom läßt sich in einem Bild beschreiben: ein verwahrlostes, hungriges Baby hinter einer prächtigen, starken Fassade.

«Ich war mit einer Gruppe anderer Studenten vor dem Haus von Prof. X. Wir sollten eine Glocke an dieses Haus montieren. Ich sehe noch die hohen, aus Kalkstein gemauerten Wände vor mir. Die Sache mit der Glocke klappte aber nicht gut. Wir brauchten noch Material, Seile und so. Deshalb ging ich zu einem Schuppen in der Nähe. Als ich herankam, hörte ich in dem Schuppen ein leises Weinen. Ich öffnete die Tür. Da sah ich etwas ganz Schreckliches: Ein halb verdurstetes, abgemagertes Kind, ganz verdreckt und mit Spinnweben überzogen, steckte eingeklemmt zwischen dem Gerümpel» (Traum eines 30jährigen Arztes).

In diesem Traum wird der Gegensatz zwischen der auf narzißtische Geltung abgestellten Fassade (der Professor, die Glocke) und den abgespaltenen, unansehnlichen, kindlich gebliebenen Bedürfnissen deutlich. Die Fassade sagt: «Ich brauche nichts, ich gebe!» Das Kind sagt: «Ich bin hungrig und durstig (nach Zuwendung und Geborgenheit), aber ich darf mich nicht hervorwagen.» Der Beziehung Helfer–Klient fehlt die volle Gegenseitigkeit; beim Helfer-Syndrom ist dieser Mangel an offener Gegenseitigkeit zum Persönlichkeitszug (analytisch gesprochen: zu einem Teil der Charakter-Abwehr) geworden. Der

Klient soll seine Bedürfnisse äußern und Befriedigungsmöglichkeiten für sie finden; der Helfer muß die Äußerung seiner Bedürfnisse zurückstellen. Ich werde noch beschreiben, wie sich das Helfer-Syndrom in Freundschafts- und Liebesbeziehungen auswirkt. Das skizzierte Bild der stark wirkenden Fassade und des hungrigen, verwahrlosten Säuglings dahinter soll hier vor allem dazu dienen, die außerordentlich große Suchtgefährdung im Rahmen des Helfer-Syndroms aufzuzeigen. Während in der Bevölkerung auf etwa 600 Nichtärzte ein Arzt kommt, sind es unter den Entlassenen aus einer Klinik zur Behandlung von Rauschmittelsucht nur 50 Nichtärzte auf einen Arzt. In der Studie von Vaillant et al. benützte ein Drittel der untersuchten Ärzte regelmäßig Psychopharmaka, Alkohol oder Rauschgifte im engeren Sinn (Morphium und seine Derivate). Mindestens 1 Prozent der amerikanischen Ärzte ist rauschgiftsüchtig, was sonst in der Berufsgruppe der Akademiker außerordentlich selten ist. Wie zu erwarten, wird der Suchtmittelgebrauch durch Ärzte von der Helfer-Fassade her begründet. Nach der Untersuchung von H. C. Modlin und A. Montes über die Rauschgiftsucht bei Ärzten schreiben die Befragten den Beginn des Mißbrauchs der Suchtmittel an erster Stelle ihrer Überarbeitung, an zweiter ihrer dauernden Müdigkeit und an dritter dem Ankämpfen gegen körperliche Krankheiten zu. Die beiden Psychiater kommen zu einem anderen Ergebnis: Sie sprechen von einer «oralen Persönlichkeit», die sich bereits vor Beginn der Rauschgiftsucht äußerte. Das wesentliche Dilemma der oralen Persönlichkeit läßt sich aus dem Bild von der Fassade und dem Baby ableiten: Die eigenen Bedürfnisse nach narzißtischer Versorgung durch Zuwendung und offenen Austausch von Gefühlen können nicht angemessen befriedigt werden, weil sie sich nur indirekt – durch das starre Festhalten an der Helfer-Rolle – ausdrücken. Charakteristisch für die süchtigen Ärzte war ihre Abhängigkeit von ihren Ehefrauen in bezug auf emotionale Zuwendung, verbunden mit der Unfähigkeit, eine stabile, gegenseitige Beziehung aufrechtzuerhalten. Die Fassade sagt: «Verlang nichts von mir, ich muß für meine Patienten da sein!», während das Baby sagt: «Ich brauche dich, du mußt mich versorgen und stützen!» Die Sucht bricht nicht selten dann aus, wenn die Ehefrau diese Stützfunktion nicht mehr ausübt, weil sie selbst sich ausgebeutet fühlt. (In diesem Punkt überschneiden sich das Helfer-Syndrom und Grundmerkmale der patriarchalischen Gesellschaften, die auf Ausbeutung der emotionalen Stützfunktion der Frau für die Arbeit des Mannes ausgerichtet sind.) Doch steht die Ehefrau hier für die Befriedigungsmöglichkeiten aus mitmenschlichen Beziehungen schlechthin. Diese sind beim Helfer-Syndrom nur ganz einseitig entwickelt. Wegen der frühen, stark ausgeprägten Spaltung zwischen der Fassade und dem Kind müssen die oralen Bedürfnisse nach Zuwendung, Bestätigung, emotionalem «Gefüttertwerden» auf einer primitiven Stufe bleiben. Das Suchtmittel bietet hier eine Befriedigungsmöglichkeit, die auf ebendieser urtümlichen Stufe ansetzt. Es erlaubt dem Süchtigen, aus einer Alltagswelt zu fliehen, die ihm voller Belastungen und ohne Möglichkeit der Entspannung scheint. Die prägnante Kurzformel «Rauschdrogen sind giftige Muttermilch» drückt diesen Zusammenhang aus: Die frühen Entbehrungen, welche den Helfer veranlaßten, sein inneres Baby in einen dunklen, schmutzigen Keller zu sperren, haben die Bedürfnisse dieses Babys auf einem urtümlichen Niveau bewahrt. Dafür gibt es im Leben des Erwachsenen keine angemessenen Befriedigungsmöglichkeiten mehr. Die Regression zum wunschlosen Nirwana-Zustand des Süchtigen ist meist selbstzerstörerisch. Der oralen Persönlichkeit sind gewissermaßen die Saugwurzeln verlorengegangen, mit deren Hilfe andere Erwachsene aus ihren mitmenschlichen Beziehungen genügend Befriedigung gewinnen. Die grobe Bedürftigkeit seiner unentwickelt gebliebenen narzißtischen Ansprüche hat keinen Kontakt zu seinem Alltag, den er allein mit Hilfe seiner Fassade bewältigt. Er kann die einfühlende Zuwendung der Primärgruppe (die «gute Milch» nach der analytischen Kurzformel) ebensowenig nachträglich erfahren, wie ein vierzigjähriger Erwachsener an der Brust der Mutter Befriedigung finden könnte. Doch der Differenzierungsgrad seiner Bedürfnisse ist noch auf dieser primitiven Stufe. Aus diesem Grund brauchen psychotherapeutische Prozesse auch meist so lange Zeit. Alkohol, süchtiges Zigarettenrauchen oder Rauschgiftsucht sind kürzere Wege. Sie führen aber zu einem anderen Ziel: Die Nachentwicklung des kindlichen, wünschenden Ichs wird durch sie verhindert. Wer keine differenzierten Möglichkeiten der Befriedigung durch menschliche Beziehungen hat, wem also die oben angesprochenen feinen Saugwurzeln fehlen, der ist anfällig für so grobe Mittel wie die Rauschdrogen. Die Sucht führt dann dazu, daß die bisher entwickelten, unzureichenden Verwurzelungen in mitmenschlichen Beziehungen noch weiter abreißen. Sie wird zur bösen Mutter, die das Kind nicht leben läßt, es aber auch nicht freigibt: Die schleichende Selbstzerstörung durch das Rauschgift spiegelt eine Beziehung in der Primärgruppe wider, in der Selbstsein schrecklich war, der Aufbau einer Fassade die einzige Rettung schien. Jetzt wird der Süchtige wieder zum Kind; diesmal aber zerstört er sich selbst.

Depressionen und Selbstmordgefahr

Die häufigste seelische Störung beim Helfer-Syndrom ist die Depression. die Selbstmordhäufigkeit in einer bestimmten Bevölkerungsgruppe ist ein relativ brauchbarer Gradmesser des Auftretens von Depressionen; sie ist bei Ärzten in der Altersgruppe zwischen 25 und 39 Jahren mit 26 Prozent aller Todesfälle fast dreimal so hoch wie in der statistisch vergleichbaren Durchschnittsbevölkerung (9 Prozent).[1] Zwischen Alkoholismus und anderen Formen von Drogenabhängigkeit einerseits, der Neigung zu Selbstmordhandlungen andererseits besteht ein statistisch signifikanter Zusammenhang: Eine besonders suchtgefährdete Bevölkerungsgruppe ist auch besonders selbstmordgefährdet.

Wie Heinz Henseler[2] demonstriert hat, sind Selbstmordhandlungen sehr komplex motiviert und nicht einfach einer bestimm-

1 D. De Sole et al., Suicide and role strain among physicians, Vortrag auf dem Kongreß der American Psychiatric Association, Detroit 1967
2 H. Henseler, Narzißtische Krisen, Reinbek 1974

ten seelischen Störung zuzuordnen. Sie treten bei Angstneurosen und Zwangsneurosen fast nie auf, sind bei den sogenannten «endogenen» Depressionen aber nicht häufiger als bei den «psychogenen» Depressionen mit einer leichter auffindbaren seelischen Verursachung. Gelegentlich versuchen Menschen sich plötzlich umzubringen, die in ihrer Umgebung als heitere Lebenskünstler gelten. Wahrscheinlich ist nicht die Depression, sondern die gestörte Entwicklung des Ich-Ideals und des Über-Ichs als gemeinsamer Nenner der zum Selbstmord führenden Vorgeschichte anzunehmen. Die Depression ist nur eine mögliche Folge dieser Entwicklung, die E. Ringel[1] als Ich-Verunsicherung und «Neurose der Lebensgestaltung» anspricht. Henseler analysiert sie detailliert, indem er das psychoanalytische Narzißmus-Konzept einbezieht. Da die narzißtische Thematik gerade beim Helfer-Syndrom eine zentrale Rolle spielt, haben wir sie in einem eigenen Abschnitt behandelt (S. 48f).

Wesentliches Merkmal der selbstmordgefährdeten Persönlichkeit ist die Neigung, Aggressionen nicht in angemessener Form nach außen zu richten, sondern sie gegen die eigene Person zu kehren. Freuds Bemerkung, niemand töte sich selbst, der damit nicht einen anderen ermorden wolle, bezieht sich auf den Prozeß der Identifizierung: Das Kind hat keine andere Wahl; es muß auch eine ambivalent erlebte, teilweise verhaßte Bezugsperson als Vorbild aufnehmen, um nicht verlassen und hilflos zu sein. Dabei ist festzuhalten, daß Freud in seiner Beschreibung dieser Situation nicht zwischen narzißtischen und libidinösen (auf das Selbst bzw. auf die Mitmenschen gerichteten) Antrieben unterschieden hat. Die depressive, in «Trauer und Melancholie» beschriebene Lösung des Aggressions-Abhängigkeits-Konfliktes durch Identifizierung mit dem gehaßtgeliebten Menschen setzt jedenfalls eine narzißtische Persönlichkeitsstörung bereits voraus. Die Depression signalisiert dann die Hilflosigkeit und Ohnmacht, den Anforderungen des eigenen Ich-Ideals zu genügen. Henseler verweist darüber hinaus auf die mehr oder weniger geheimen Größenphantasien depressiver,

1 E. Ringel, Der Selbstmord, Wien 1953

zum Suizid neigender Menschen. Ihr Selbstgefühl schwankt stark – nicht zwischen den Polen der realistischen Einschätzung und der Wertlosigkeit, sondern zwischen übermächtiger, einsamer Größe und völligem Versagen. Wesentlich ist die (testpsychologisch als Rigidität, Verletzlichkeit und Irritabilität nachweisbare, vgl. Henseler a. a. O., S. 46) Starrheit im Umgang mit den idealisierten Teilen der Persönlichkeit. Der narzißtisch einigermaßen stabile Mensch ist in der Lage, Kränkungen zu verarbeiten, indem er sie in realistischen Dimensionen sieht: Hier und da habe ich einen Fehler gemacht, aber in vielen anderen Bereichen bin ich ganz in Ordnung. Die narzißtische Störung drückt sich darin aus, daß jeder kleine Fehler einen aus früherer Zeit stammenden Speicher schlechter Gefühle anzapft, der dann die ganze Person überschwemmt und das Selbst vollständig in Frage stellt. In dieser Situation der Überforderung durch ein hochgespanntes Ich-Ideal und der inneren Bedrohung durch narzißtische Kränkungen bietet die Selbstmordphantasie Trost:

> «Obs edler im Gemüt, die Pfeil und Schleudern
> des wütenden Geschicks zu tragen, oder
> sich wappend gegen eine See von Plagen
> durch Widerstand sie enden – sterben, schlafen,
> nichts weiter» (*Hamlets Monolog*).

Wo nicht zum Schutz gegen diese Gefahr zwanghafte Abwehrmechanismen aufgebaut wurden, ist die Selbstmordphantasie häufig im Hintergrund des Helfer-Syndroms nachzuweisen.

«Wenn es mir zuviel wird und ich diese Leere spüre und denke: du bringst es doch nicht, dann ist es mir immer ein großer Trost, wenn ich mir vorstelle: du kannst dich ja jederzeit umbringen, und dann hast du Ruhe» (ein 36jähriger Arzt).

Die depressive und suizidale Problematik im Rahmen des Helfer-Syndroms wird noch dadurch verschärft, daß es dem Helfer extrem schwerfällt, seinerseits Hilfe zu akzeptieren. Da es zu seiner Abwehrstruktur gehört, anderen auf Kosten der eigenen, triebhaften Wünsche zu helfen, lehnt er die eigene Hilfsbedürftigkeit ab und akzeptiert Hilfe allenfalls in der Form einer

«Fortbildung», um seine Fähigkeit zur Hilfeleistung noch zu vervollkommnen. Hier gilt also auch das bissige Bonmot, daß der neurotisch Kranke die Therapie nicht aufsucht, um gesund zu werden, sondern um seine Neurose zu perfektionieren. Einfühlender gesehen: Da in einer bedrohten Kindheitssituation die Ausbildung einschränkender, selbstschädigender Abwehrmechanismen die einzig erkennbare Garantie des seelischen Überlebens war, kann sich der neurotisch Kranke keine andere Form der Hilfe vorstellen als einen besseren, perfekteren Ausbau dieses Systems von Einschränkungen und Abwehr. Wenn er es aufgibt, fürchtet er, sich ganz zu verlieren.

Während die Angehörigen der helfenden Berufe danach trachten, ihren Klienten glaubhaft zu machen, daß die Annahme von Hilfe keine Schande ist, fällt es vielen von ihnen sehr schwer, selbst an diese Maxime zu glauben. Fast alle Ärzte, die sich mit dem Problem des körperlich und/oder seelisch erkrankten Arztes befaßt haben, weisen auf die großen Schwierigkeiten hin, die hier entstehen. Psychiater, die in der Öffentlichkeit allmählich Erfolg mit der Aufklärung darüber haben, daß seelische Krankheiten heilbar und kein Makel sind, können ihre Kollegen offensichtlich zuallerletzt überzeugen. Vaillant spricht von einer neurotischen Phobie vieler Ärzte, Hilfe anzunehmen. Obwohl in der medizinischen Ausbildung immer wieder gefordert wird, der Arzt solle Selbst-Diagnosen und Selbst-Behandlungen meiden, sind solche Verhaltensweisen sehr weit verbreitet. Die Schwere der eigenen Krankheit wird bagatellisiert und verleugnet; Medikamente werden unregelmäßig und in zu geringer Dosis genommen.[1]

E. M. Waring[2] schildert einige Beispiele, welche die Situation des psychisch gestörten Arztes verdeutlichen: Ein Nervenarzt in mittlerem Lebensalter verzögerte die Aufnahme einer Behandlung um sechs Monate, obwohl er an eindeutigen Sympto-

1 N. Gold, The doctor, his illness and the patient, Aust. N. Z. Journal of Psychiatry 6, 209–213, 1972

2 E. M. Waring, Psychiatric illness in physicians: a review, Comprehensive Psychiatry 15, 519–530, 1974

men einer schweren Depression mit Appetitlosigkeit, Gewichtsverlust, Verstopfung, Tagesschwankungen der Stimmung, Impotenz, geistiger Verlangsamung, trauriger Verstimmung und Selbstmordgedanken litt. Er erklärte, da er nicht an Schlaflosigkeit gelitten habe, sei sein Zustand wohl nicht sehr ernst gewesen, obwohl während der sechsmonatigen Periode, in der er eine Behandlung vermied, seine Ehe zerbrach und er eine berufliche Position verlor, die ihn sehr befriedigt hatte. Daneben behandelte er sich mit antidepressiven Medikamenten in einer Dosis, die erheblich unter den allgemein anerkannten, therapeutisch wirksamen Mengen lag, und unterbrach diese Behandlung, wenn er sich etwas besser fühlte. Sein Alkoholkonsum hatte beträchtlich zugenommen.

Ein älterer Arzt verschrieb sich selbst barbiturathaltige Schlafmittel in großen Mengen (über 800 mg pro Tag) über zwei Jahre. Er hielt sich für nicht süchtig und auch nicht für psychiatrischer Hilfe bedürftig. Seine Krankenhausaufnahme wurde durch den Selbstmord seiner Frau ausgelöst, dem zahlreiche Selbstmordversuche vorausgegangen waren. Auch seine Frau hatte er für seelisch gesund gehalten.

Zusammenfassung

Das Helfer-Syndrom ist eine Verbindung charakteristischer Persönlichkeitsmerkmale, durch die soziale Hilfe auf Kosten der eigenen Entwicklung zu einer starren Lebensform gemacht wird. Es wird in der Einleitung durch anekdotische Darstellungen veranschaulicht. Daran schließt sich eine erste Analyse statistischen Materials zur Problematik der seelischen Störungen bei Helfer-Berufen, vor allem bei Ärzten, an. Die Grundproblematik des Menschen mit dem Helfer-Syndrom ist die an einem hohen, starren Ich-Ideal orientierte soziale Fassade, deren Funktionieren von einem kritischen, bösartigen Über-Ich überwacht wird. Eigene Schwäche und Hilfsbedürftigkeit werden verleugnet; Gegenseitigkeit und Intimität in Beziehungen vermieden. Die orale und narzißtische Bedürftigkeit des Helfers ist groß, doch ganz oder teilweise unbewußt. Da ihre Äußerungsformen nicht entwickelt und differenziert werden konnten, funktioniert sie auf einem urtümlichen Niveau. Das äußert sich etwa in einer wenig ausgebildeten Fähigkeit, erfüllbare Wünsche zu äußern. Wünsche werden eher angesammelt und dann als Vorwürfe gegen die Umwelt («Was habe ich nicht alles für euch getan – und so wird es mir gelohnt») ausgesprochen, wenn nicht noch indirektere Wunschäußerungen überwiegen (z. B. Sucht, Suizid oder psychosomatische Krankheit als selbstzerstörerischer Appell an andere, um deren Zuwendung und Hilfe zu erlangen).

Im weiteren Verlauf dieser Darstellung geht es zunächst um die soziale Dynamik und die gesellschaftliche Verwurzelung, dann um die individuell-biographische Entstehung des Helfer-Syndroms. Weiter soll beschrieben werden, welche Einflüsse das Helfer-Syndrom auf die praktische Arbeit in Medizin, Sozialarbeit, Psychotherapie oder (Nach-)Erziehung hat. Daran schließt sich eine Diskussion der therapeutischen und vorbeugenden Maßnahmen sowie der Psychohygiene in den Helfer-Berufen allgemein an.

2. Zur Anthropologie des Altruismus

«Bestenfalls vielleicht die Enkel (werden in der Lage sein, wie kastilische Bauern zu leben); doch sind die Eingeborenen so lasterhaft, daß man selbst dies bezweifeln muß. Einerseits fliehen sie die Spanier und lehnen es ab, ohne Belohnung zu arbeiten; andrerseits sind sie so pervers, daß sie manchmal ihren gesamten Besitz verschenken. Außerdem weigern sie sich, jene ihrer Kameraden zu verstoßen, denen die Spanier die Ohren abgeschnitten haben.»
Bericht spanischer Siedler vor einer
Kommission des Hieronymitenordens, um 1515.[1]

Altruistische Verhaltensweisen sind unter Lebewesen weit verbreitet. Ich definiere sie nach einem Vorschlag von William Hamilton[2] als die Bereitschaft, eine Gefahr für sein eigenes Wohlergehen hinzunehmen, um einem Artgenossen zu nützen, während beim egoistischen Verhalten die Schädigung eines Artgenossen in Kauf genommen wird, um die Überlebenschancen des Individuums zu verbessern. Die biologische Begründung altruistischen Verhaltens scheint auf den ersten Blick schwieriger als die des im «Kampf ums Überleben» selbstverständlichen Egoismus. Doch läßt sich mit den mathematischen Mitteln der Populationsgenetik zeigen, daß extrem egoistisches Verhalten dann zum Aussterben einer Population führt, wenn z. B. der Vorteil, den ein «Egoismus-Gen» erbringt, dazu führt, daß ein erwachsenes Mitglied einer Art mehr andere Tiere tötet, als es

1 C. Levi-Strauss, Traurige Tropen, Köln 1960
2 W. D. Hamilton, Selection of selfish and altruistic behavior, in J. F. Eisenberg et al. (Ed.), Man and beast, Smithsonian Institution Press, Washington 1971

selbst aufzieht. Auf der anderen Seite wird altruistisches Verhalten von der natürlichen Auslese dadurch belohnt, daß die Gene des «beschützten» Artgenossen ebenfalls mit höherer Wahrscheinlichkeit in der Population weitergegeben werden. Aus diesem Grund ist altruistisches Verhalten vor allem gegenüber jüngeren Tieren von Vorteil.

Die Problematik Egoismus–Altruismus tritt in der Evolution erst dann auf, wenn ein Tier einen Artgenossen in irgendeiner Weise identifizieren kann. Daher kann das Sich-Zusammendrängen von Tieren noch keineswegs als altruistisch betrachtet werden. Die Ergebnisse einer ganzen Reihe von Untersuchern (zit. bei Hamilton a. a. O.), die sich mit dem Herden-Verhalten befaßt haben, weisen darauf hin, daß sehr viele solcher Ansammlungen (z. B. die «Schulen» von Fischen und Meeressäugern im Wasser) durch den Versuch entstehen, in Gefahrensituationen immer einen Artgenossen zwischen den Räuber und sich selbst zu bringen – ein Verhalten, das sich bei einer Gruppe von Menschen, die ein wütender Hund anbellt, in ganz ähnlicher Form beobachten läßt. Es besteht ein entscheidender Unterschied zwischen dem Verhalten einer Schafherde und dem Verhalten einer Herde von Moschusochsen in Gefahr: Während die Schafe dem Feind den Rücken zukehren und versuchen, in die Herde hineinzufliehen, wenden sich die Moschusochsen nach außen und kämpfen gegen den Räuber. Offensichtlich wurde im Fall der Moschusochsen ein Verhalten weiterentwickelt, das sich bei vielen sonst sehr fluchtbereiten Tieren dann zeigt, wenn ein Jungtier verteidigt werden muß. Eine von ihrer Herde getrennte Kuh ist in der Regel ängstlich und schreckhaft. Hat sie aber die Herde verlassen, um zu kalben, dann verteidigt sie sich gegen alle Raubtiere.

Viel spricht dafür, daß der Schutz der Nachkommen die wichtigste biologische Quelle des Altruismus ist. Er wird von der Selektion unmittelbar belohnt und scheint um so notwendiger, je länger und damit verwundbarer die Kindheit des Einzelwesens wird. Wenn wir die sehr komplexen, durch Geruchsstoffe und instinktive (ererbte) Verhaltensdispositionen gesteuerten Verhaltensweisen der sozialen Insekten hier außer acht lassen,[1] sind für die Klärung des Vorfeldes altruistischer Verhaltensweisen des Menschen vor allem die Beobachtungen an Primaten wichtig. Bei verschiedenen Halb- und Tieraffen (Lemuren, Heulaffen, Rhesusaffen, Makaken und Pavianen) sowie den Menschenaffen wurde ein altruistisches Interesse nichtblutsverwandter weiblicher Erwachsener an Jungtieren beobachtet. Besonders gründlich hat R.A. Hinde[2] dieses Verhalten untersucht. Es sind in der Regel kinderlose weibliche Tiere, die sich für ein Mutter-Kind-Paar interessieren. Zuerst werden sie vielfach von der Mutter noch abgewiesen, doch entwickelt sich Schritt für Schritt eine enge Zusammenarbeit. Als in einem von dem Hinde-Team beobachteten Fall die Mutter eines Rhesusaffen starb, als das Kind acht Monate alt war, übernahm die «Tante» ihre Aufgaben, ohne daß größere Störungen erkennbar waren. Die «Tanten» benützen Tricks, um das Baby schon sehr früh pflegen zu können, indem sie z. B. die Mutter «lausen» und sich dann, wenn deren Aufmerksamkeit dadurch abgelenkt ist, auch mit dem Baby befassen, bis die Mutter diesem wieder ihre Aufmerksamkeit zuwendet und die Tante zurückweist. Ähnliche Verhaltensweisen treten auch, freilich seltener, bei männlichen Makaken auf. Nach J. Itani[3] scheinen sie dort ein an bestimmte Gruppen gebundenes Phänomen zu sein. Itani fand die Versorgung eines Makaken-Kindes durch männliche, erwachsene Tiere bei drei von achtzehn untersuchten Gruppen sehr häufig, bei sieben anderen Gruppen selten und bei den restlichen überhaupt nicht. Man kann somit von einem örtlichen, «kulturellen», d. h. durch Verhaltenstraditionen weitergegebenen Verhalten sprechen.

Dieses «kulturelle» Prinzip altruistischen Verhaltens hat in

1 Vgl. E. O. Wilson, The insect societies, Cambridge (Mass.) 1971
2 R.A. Hinde et al., The behaviour of socially living Rhesus monkeys in their first two and a half years, Animal Behaviour, 15, 169–196, 1967
3 J. Itani, Paternal care in the wild Japanese monkey, Macaca mulatta, in: C. H. Southwick, ed., Primate social behaviour, Princeton 1959

den menschlichen Gesellschaften die biologischen Grundlagen sehr stark überformt. Dabei ist grundsätzlich festzuhalten, daß es sinnlos ist, die Frage nach «angeboren» oder «erlernt» als Entweder-oder-Frage zu stellen. Erlernte Verhaltensweisen sind durchweg ohne ein angeborenes, in der genetischen Ausrüstung verankertes Substrat nicht denkbar. Erbanlagen können niemals die einzige Ursache einer biologischen Struktur sein. Es müssen andere Bedingungen hinzutreten, damit sich aus ihnen diese Struktur entwickeln kann. In der biologischen und in der kulturellen Evolution wirken durchaus vergleichbare Prinzipien. Eines davon ist die Ökonomie: Wenn ein Vogel wie der Pinguin zu einem vorwiegend marinen Leben zurückkehrt, werden seine Flügel und Füße zu flossenähnlichen Gebilden; es wachsen ihm keine neuen Flossen, während er Flügel und Füße verliert. Das ist eigentlich selbstverständlich, aber in der so stark von Vorurteilen bestimmten Betrachtung des Tier-Mensch-Übergangsfeldes wird diese Sichtweise oft aufgegeben. Menschliches Verhalten ist wohl nur zu verstehen, wenn wir annehmen, daß es durch «angeborene» emotionale Dispositionen, durch «erworbene» emotionale Dispositionen und durch Verbindungen beider motiviert wird. Dabei kann es durchaus sein, daß im selben Verhaltensbereich ein urtümlicher Satz genetisch verankerter Dispositionen und ein durch Identifizierung (wobei diese, d. h. die Neigung zum Nachahmungslernen, wiederum ein genetisches Fundament hat) erworbener Satz von Verhaltensanstößen zusammenwirken oder aber auch sich widersprechen. Die Ergebnisse der ethnographischen Forschung sprechen eindeutig dafür, daß in allen wichtigen Verhaltensbereichen die Identifizierung letzten Endes den Ausschlag gibt. Dadurch wird die menschliche Kultur zu einem äußerst wirksamen Medium der Lebensbewältigung: Grundlegende Veränderungen des Sozialverhaltens können in wenigen Jahrzehnten das Gesicht einer Gesellschaft vollständig verändern. Diese Wandelbarkeit ist eine sehr wichtige Folge der kulturellen Überformung unserer biologischen Evolution.

Dadurch kann auch etwas entstehen, was ich 1971 Phänokopien von Instinkten nannte,[1] ein Ausdruck, den ich trotz des Widerspruchs von K. Lorenz für sinnvoll halte.[2] Da die Anpassungsforderungen in tierischen und menschlichen Gesellschaften in bestimmten Bereichen sehr ähnlich sein können (z.B. Schutz der Nachkommen), ist es durchaus möglich, ja zu erwarten, daß ein kulturelles Ideal einen animalischen Instinkt kopiert: z.B. «Kinder und Frauen sind schutzbedürftig» oder «Wer mein Territorium betritt, den muß ich vertreiben». Es ist noch nicht gerechtfertigt, aus solchen Ähnlichkeiten auf eine ähnliche Entstehungsweise (d.h. auf menschliche «Instinkte») zu schließen, ebensowenig, wie dies aus der Spontaneität eines Gefühls oder aus der interkulturellen Verbreitung bestimmter Verhaltensmuster erschlossen werden kann. Wie ich an anderer Stelle[3] gezeigt habe, ist die biologische Seite der kulturellen Evolution eine unspezifisch wirksame Neugieraktivität, verbunden mit einer Bereitschaft, durch Identifizierung in der Kindheit bestimmte typische Gefühlsreaktionen zu erwerben (eine Folge davon ist die Übertragung in der Psychotherapie), die einen kulturell bestimmten Verhaltenstypus aufbauen. Diesem Prozeß ordnet sich das spezifische, instinktive Erbe weitgehend unter. Den als seelisch gesund angesehenen Erwachsenen zeichnet aus, daß er bereit ist, seine Triebbedürfnisse bedingungslos den jeweils gegebenen Anpassungsforderungen seiner Gesellschaft unterzuordnen, sich zu erlauben, was sie erlaubt, und zu verbieten, was sie verbietet. Doch ist an diesem Bild (wie es Freud zeichnet) zu ergänzen, daß die kulturelle Gestaltung der menschlichen Verhaltenssteuerung von Anfang an notwendige Bedingung ihrer Entwicklung ist. Der Mensch ist nicht kulturfeindlich, sondern kultursüchtig. Er kann nicht leben und sich fortpflanzen, wenn ihm die symbolische Strukturierung seiner

1 W. Schmidbauer, Methodenprobleme der Humanethnologie, Studium generale, 24, 462–522, 1971

2 K. Lorenz, Der Mensch, biologisch gesehen, Studium generale 24, 522, 1971

3 W. Schmidbauer, Vom Es zum Ich, Evolution und Psychoanalyse, München 1975

Umwelt und die Möglichkeiten befriedigender Identifizierungen verwehrt werden. Daher ist der stärkste Antrieb des Menschen der, eine Beziehung zu anderen Menschen herzustellen und zu erhalten. Dieser Antrieb ist in der frühen Kindheit deutlich zu beobachten. Ein Kleinkind, das z. B. in einem Menschengedränge seine Mutter verloren hat, wird alles tun, um sie wiederzufinden. In der Zeit, in der die Mutter fort ist, verlieren alle übrigen Befriedigungsmöglichkeiten von Bedürfnissen – Neugier, Hunger, Durst – ihren Reiz.

Was die Mutter bzw. allgemeiner die Bezugsperson des Kindes von den übrigen Quellen möglicher Befriedigung unterscheidet, ist ihre Fähigkeit, mit dem Kind in einen Dialog zu treten,[1] d. h. in Reaktion auf die Aktion des Kindes homöostatische und weiterführende Kreisprozesse aufzubauen. Homöostase besagt dabei, daß die Bezugsperson auch die Befriedigung elementarer biologischer Bedürfnisse gewährleistet (Hunger, Durst, Wärme usw.), doch darüber hinaus die Aufgabe des Reizschutzes übernimmt, indem sie das Kind vor übermächtigen Reizen bewahrt bzw. in Angstsituationen einfühlend mit dem Kind verschmilzt. Ebenso wichtig scheint aber, daß die Bezugsperson das Bedürfnis des Kindes nach Selbstverwirklichung durch den Dialog fördert. Die Aufrechterhaltung der Homöostase allein genügt in der menschlichen Entwicklung offenbar nicht.

Es ist nicht notwendig, hier länger auf die Ausnahmen einzugehen – auf jene Fälle, in denen Kinder oder Erwachsene nicht in der Beziehung zu anderen Menschen ein mächtiges Motiv sehen, sondern eher nach Distanz zu streben scheinen. Dieses Verhalten beobachtet man als fast von Geburt an nachweisbaren Mangel an sozialem Interesse bei den seltenen Fällen von frühkindlichem Autismus. Hier ist aufgrund eines noch ungeklärten Ausfalls in der Entwicklung die Fähigkeit des Kindes nicht gegeben, sich für andere Menschen zu interessieren und mit ihnen in einen Dialog einzutreten. Daher sind autistische Kinder oft an die Konstanz ihrer Umwelt fixiert und leiden unter panischer

1 R. A. Spitz, Vom Dialog, Stuttgart 1976

Angst, wenn neue Dinge in ihren Gesichtskreis treten. Weil der Dialog spontan nicht zustande kommt, bedarf es großer Anstrengungen von seiten der Eltern und/oder eines Therapeuten, um ihn zu entwickeln. In anderen Fällen (abgemildert auch bei den zahlreichen Menschen, die Angst vor seelischer Nähe[1] haben) führte die Verletzung einer primär vorhandenen Beziehungsbereitschaft dazu, daß nahe Beziehungen, weil mit der Gefahr einer erneuten Verletzung verbunden, gemieden werden. Im Hintergrund dieser Angst vor Nähe bleibt jedoch das Bedürfnis nach Zuwendung und narzißtischer Bestätigung erhalten. Kinder, die «lieber allein spielen», Erwachsene, die sich in dauernder Einsamkeit am wohlsten fühlen – sie alle haben in ihrer Kindheit narzißtische Verletzungen erlitten. In elementarer Form läßt sich diese Verletzung bei kleinen Kindern betrachten, die nach einem längeren Krankenhausaufenthalt mit vollständiger Trennung von den bekannten Bezugspersonen zu diesen zurückkommen: Die «Mutter», deren Fehlen zuerst mit allen Zeichen von Unruhe, Schmerz und Angst empfunden wurde, wird nun zurückgewiesen; das Kind tut, als kenne es die einst so geliebte Bezugsperson nicht mehr. Meist lassen sich solche akuten Verletzungen überwinden; die chronische, dauernde Verletzung des dialogischen Bedürfnisses beim Kind in einer gestörten Eltern-Kind-Beziehung führt hingegen zu Störungen der dialogischen Funktionen, die sich in der Persönlichkeit auswirken. Wie noch zu zeigen sein wird, spielen gerade diese Störungen beim Helfer-Syndrom eine wichtige Rolle.

Soziales Teilen als Urform altruistischen Verhaltens

Wenn an einem bestimmten Punkt der Evolution die Überlebenschancen eines in Gruppen lebenden Primaten mit symbolisch fixierter Gesellschaftsstruktur besonders günstig waren,

1 Dieses Thema habe ich in «Die Angst vor Nähe», Reinbek 1985, ausführlicher untersucht.

mußte ein biologisches Fundament für dieses «Kulturwesen von Natur aus» entstehen. Es hatte folgende Merkmale:

1. Während einer langen Kindheit ist der Mensch unbedingt auf den Schutz Erwachsener angewiesen. Im Dialog mit ihnen entstehen seine Grundformen, später selbst als Erwachsener soziale Beziehungen zu gestalten.

2. Technische Fertigkeiten (zum Jagen, Fischen, Töpfern, Fertigen von Waffen und Werkzeugen) werden ebenso wie soziale Einstellungen durch Identifizierung erworben und durch soziale Anerkennung festgehalten und verstärkt. Beides – die Fähigkeit zur Identifizierung und die Abhängigkeit von sozialer Anerkennung – sind die biologischen Träger der vielfältigsten und verschiedensten Ausgestaltungen menschlichen Verhaltens.

3. Die gesellschaftlich vorgegebenen, durch Identifizierung aufgenommenen Symbolstrukturen der jeweiligen Kultur überformen und gestalten die biologischen Bedürfnisse wie Hunger, Durst, Libido, Orientierung, Konstanz des Milieus usw.

4. Es gibt eine eigene Antriebskraft, die auf den Erwerb und die Erweiterung der Bewältigungsmechanismen (z. B. Sprache, technische und soziale Fertigkeiten) ausgerichtet ist, die Neugieraktivität.

Die primäre soziale Bezogenheit des Menschen ist in der Psychoanalyse erst mit der Narzißmusforschung wieder deutlicher gesehen worden. Für Freud war sie, ebenso wie die Kultur, ein aufgepfropftes Phänomen. Die narzißtische Regulation, das affektive Gleichgewicht in bezug auf innere Sicherheit, Wohlbehagen, Selbstsicherheit, ist von der Entspannung durch Triebabfuhr zu unterscheiden. Zugleich ist das Selbstgefühl von den Beziehungen abhängig – sowohl von der narzißtischen Bestätigung in der Kindheit wie auch von den gegenwärtigen Möglichkeiten, Bestätigung zu finden und zu akzeptieren (die naturgemäß vom Entwicklungsschicksal des kindlichen Narzißmus abhängen). Von den psychoanalytischen Theoretikern des Narzißmus hat freilich nur M. Balint auch ausdrücklich den Schritt zu dem Konzept der «primären Liebe» des Kindes, seiner von Anfang an gegebenen Zuwendung zu anderen Menschen, getan. H. Kohut, der narzißtische Störungen sehr subtil beschreibt, vollzieht ihn in seinen Krankengeschichten faktisch ebenfalls, in denen die Entwicklung des Selbstgefühls eindeutig als dialogischer Gruppenprozeß dargestellt wird. Freud hat sich mit den sozialen Motiven vor allem in «Massenpsychologie und Ich-Analyse» (1921, GW XIII) beschäftigt. Er sah die Bedeutung des *vertrauten* Menschen (im Gegensatz zum fremden) sehr klar; nur eine vertraute Person kann die Angst des alleingelassenen Kindes beheben. Doch verfolgt Freud diese Angst nicht weiter, sondern erklärt sie vage als «Ausdruck einer unerfüllten Sehnsucht, mit der das Kind noch nichts anderes anzufangen weiß, als sie in Angst zu verwandeln» (GW XIII,, S. 132). Woher diese Sehnsucht kommt, welchen Sinn sie hat – darüber sagt Freud nichts. Auch seine Behauptung, man merke später nichts von einem «Herdeninstinkt oder Massengefühl» beim Kind, d. h. von sozialen Antrieben, ist kaum aufrechtzuerhalten. Kinder haben sehr intensive soziale Interessen, die weit über eine «Reaktion auf den anfänglichen Neid, mit dem das ältere Kind das jüngere aufnimmt», hinausgehen. Diese Reaktion ist die einzige gruppenbindende soziale Motivation, die Freud anerkennt: Nur weil es dem Kind nicht möglich ist, seine Feindschaft gegenüber allen Konkurrenten aufrechtzuerhalten, bildet sich durch Identifizierung mit diesen ein Gemeinschaftsgefühl, das sich vor allem in der Forderung nach gleicher, gerechter Behandlung für alle ausdrückt.

Für Freud ist also eindeutig der Neid, das egoistische Mißgönnen, das primäre soziale Motiv. Als Reaktion darauf, angesichts der Aussichtslosigkeit, die egoistischen Ziele zu erreichen, entwickelt sich die auf Gerechtigkeit abgestellte Motivation. Diese Auffassung läßt sich aus evolutionstheoretischen Überlegungen nicht aufrechterhalten. Gerade was soziales Teilen angeht, bestehen zu viele Übereinstimmungen zwischen den Menschenaffen und den urtümlichen Kulturen der Jäger und Sammler, um an einer ursprünglichen Motivation zu «altruistischem» Verhalten zu zweifeln. Schimpansen teilen zwar nicht Früchte und andere pflanzliche Nahrungsmittel, wohl aber fast regelmäßig erbeutetes Fleisch, wobei es regelrechte Bitt-Rituale gibt.

Durch soziale Normen festgelegt sind die Teilungs-Prozeduren bei den altsteinzeitlichen Jägern und Sammlern. Sie fehlen in keiner dieser Kulturen und wurden von den Europäern, die sie nur durch die Brille der eigenen Vorurteile sehen konnten, als unerklärliche Freigebigkeit (vgl. die Äußerungen der spanischen Siedler auf S. 29), als Diebstahl (da die Primitiven eine ähnliche Bereitschaft, zu teilen, bei den Besuchern voraussetzten) oder als Undankbarkeit (da die Eingeborenen sich kaum für Geschenke bedankten, da sie Teilen als selbstverständlich ansahen) verstanden. Grundprinzip der Teilungsregeln, die durch vielfältige Maßnahmen[1] ausgestaltet werden, ist die Erhaltung von Kindern, schwangeren Frauen, kranken und alten Leuten. Vielfach verbinden sich Jägerfamilien paarweise zu Teil-Freundschaften; fast immer wird mit Verwandten geteilt.

Die altsteinzeitlichen Kulturen sind der Ausgangspunkt der kulturellen Evolution. Sie umfassen einen Zeitraum von rund einer Million Jahren, während es erst seit 10000 Jahren Städte und seßhafte, arbeitsteilige Gesellschaften gibt. Im Paläolithikum ist Altruismus ein konvergentes Produkt der biologischen und der kulturellen Evolution. Hier einige zusammenfassende Gesichtspunkte zum Lebensstil dieser Ur-Kulturen schweifender Jäger und Sammler.[2]

1. Da keine Vorratswirtschaft betrieben und örtliche Nahrungsquellen relativ rasch erschöpft werden, sind Männer und Frauen zu ständigem Wohnungswechsel gezwungen. Besitz ist vor allem eines: eine Last. Während der weit überwiegenden Zeitspanne der menschlichen Entwicklungsgeschichte fallen Eigentumsunterschiede als Quelle von Auseinandersetzungen fort. Es gibt keine Ausbeutung, auch keine Sklaverei. Was gefunden wurde, wird in der Regel verteilt, wobei es einen wichtigen Entwicklungsschritt darstellte, daß dieses Teilen in einem

1 Bei den Hadza in Tansania gehört z. B. ein Teil der Beute dem Mann, der den Pfeil zur Verfügung stellte, und viele Jäger benützen geliehene Pfeile.

2 Vgl. W. Schmidbauer, Jäger und Sammler, München-Planegg 1972

gemeinsamen Lager von Männern und Frauen stattfindet, das am Abend von beiden Geschlechtern aufgesucht wird. Schimpansen teilen ebenfalls, doch immer sofort.

2. Die Paarbindung zwischen einem geschlechtsreifen Mann und einer Frau ist die zweite, wichtige Neuerung der urtümlichsten menschlichen Gesellschaften im Gegensatz zu den Primaten, bei denen die Bindungen zwischen Müttern und Kindern bzw. von Geschwistern untereinander die Sozialstruktur bestimmen. Charakteristisch ist für die menschliche Paarbindung, daß sie in einem größeren sozialen Kontext, in Verbindung mit anderen Paaren, funktioniert. Paarbindungen bei Affen – z. B. den Gibbons – sind territorial exklusiv, die herangewachsenen Nachkommen werden vertrieben.

3. Ökologische Arbeiten haben gezeigt, daß Jäger und Sammler in den für die menschliche Evolution anzunehmenden tropischen und subtropischen Gebieten eine sehr sichere, stabile und mit relativ wenig Arbeitszeit verbundene Lebensform haben. Die Rede von einer «marginalen Existenz» am Rande des Verhungerns ist die Erfindung der von Ackerbau und Tierhaltung geprägten Nachbarn bzw. der weißen Beobachter, welche die Sorglosigkeit der «Wilden» nicht begreifen konnten.

4. Die Berichte, wonach Jäger und Sammler alte Menschen oder Schwerkranke verschmachten lassen, sind stark übertrieben worden. Solche Vorfälle finden sich nur da, wo der Mensch seine angestammte Heimat in tropischem und subtropischem Klima verlassen hat und sich mit sehr viel unwirtlicheren Umweltbedingungen auseinandersetzen muß. Während Jäger und Sammler vorwiegend von pflanzlicher Kost leben, die sicher zu gewinnen und reichlich ist, müssen z. B. die Eskimos sich fast ausschließlich auf Jagd und Fischfang verlassen. Doch werden auch bei ihnen Greise und Greisinnen nur sehr selten ausgesetzt. Wenn das geschieht, dann in einer Situation, in der entweder das Überleben der jüngeren Gruppenmitglieder oder eines geschwächten Alten in der Waagschale lag. In dieser Situation akzeptiert der Alte fast immer, daß er z. B. auf einer Wanderung unter Hunger-Bedingungen zurückgelassen wird.

5. Das Verhältnis zu Tod, Krankheit und Verkrüppelung ist

nicht sentimental, sondern realistisch. Schwerverletzte werden unterstützt, doch wer zu lange und ohne Aussicht auf Heilung ein unproduktives Mitglied der Gruppe bleibt, von dem ziehen sich mehr und mehr seiner Bekannten und Verwandten zurück, während die Kernfamilie ihn nur in äußerster Not im Stich läßt.

6. Es gibt nur einen «helfenden Beruf», den des Schamanen oder Medizinmanns. Seine Aufgabe ist die Vermittlung zwischen den mythischen Strukturen, in denen das soziale System überhöht und idealtypisch wiederholt wird, und der alltäglichen Wirklichkeit.

(Vor-)Geschichtliche Modelle des Helfers: Schamane, Priester, Arzt

Die Rolle des Schamanen in den urtümlichen, schriftlosen Gesellschaften bestätigt die Ansicht, daß soziale Hilfe beim Menschen ein stark kulturgebundenes und kulturgeprägtes Verhalten darstellt. Das Primaten-Erbe der sozialen Bezogenheit auf den Mitmenschen als Quelle narzißtischer Bestätigung kann auch zu ganz anderen als zu altruistischen Verhaltensweisen führen, wenn der wirtschaftliche Druck stark genug ist. Doch wirken in der Regel soziale Bezogenheit und ökonomische Zweckmäßigkeit zusammen: Kinder, welche die Symbolstruktur der Gruppe (und nicht nur die Gene der Eltern) weitertragen, werden versorgt und beschützt, ebenso die schwangeren Frauen, die sie gebären, oder die Alten, die einen Schatz an Wissen haben wie lebendige Bibliotheken – an Wissen auch über Situationen, die nur alle dreißig, ja fünfzig Jahre auftreten (wie eine Dürrekatastrophe, ein Vulkanausbruch, ein Erdbeben).

Der Schamane ist in der Regel der am meisten den Idealvorstellungen der Gruppe (die unter primitiven Umständen eine face-to-face-group ist, in der sich alle Mitglieder und Träger der Kultur persönlich kennen) verpflichtete Stammesangehörige. Bei den Buschmännern z. B. können viele erwachsene Frauen und Männer im Trancetanz das rituelle Amt des Schamanen ausfüllen. Es gibt keinen besonderen Träger dieser Rolle, sondern eine ganze Reihe von Gruppenmitgliedern, die gleichzeitig diese Aufgaben erfüllen.

Die Aufgaben des Schamanen sind vielfältig. Ihnen gemeinsam ist, daß er eingreifen muß, wenn die Fähigkeit der Stammesangehörigen nicht ausreicht, mit ihren eigenen geistigen und emotionalen Funktionen eine bestimmte Situation – Hunger, Dürre, Krankheit, Tod, eine schwere Geburt – angemessen zu verarbeiten. Der Schamane beschwört die Regengeister und die Herren oder Herrinnen der wilden Tiere. Er taucht in Trance hinab ins Meer und spricht mit der Königin der Seehunde. Er geleitet die Toten in ihr Reich, er verbündet sich mit den Lebensgeistern und bewirkt so die Heilung eines behexten Kranken.[1] Diese Grundsituation sozialer Hilfe hat eine fesselnde Struktur: Wenn wir davon ausgehen, daß die mythologischen Szenarios, in denen und durch die der Schamane mit seinem Patienten bzw. mit der ganzen Gruppe spricht, eine idealtypische Darstellung der sozialen Normen und Ideale verkörpern, wird der Helfer zum Vermittler zwischen dem kulturellen Ideal und dem menschlich-individuellen Versagen, ihm aus eigener Kraft gerecht zu werden.

Diese Struktur der Helfer-Situation hat die menschlichen Gesellschaften offensichtlich nie wieder verlassen. Der Helfer gewinnt seine Macht und seinen Einfluß dadurch, daß er «besser Bescheid weiß», jedoch nicht in dem Sinn, in dem ein geschickter Schnitzer seinem ungeschickten, ungeübten Freund hilft, einen besseren Pfeil zu schnitzen, sondern in Grundfragen sozialen Verhaltens. Hier gibt es oft keine Lösung, die wirklich nachweisbare Vorzüge hat. Die menschlichen Gesellschaften sind zu vielfältig, das soziale Verhalten ist zu sehr von Traditionen geregelt, deren unmittelbare Funktion überholt, deren ursprüngliche Bedeutung vergessen ist. Gerade da, wo Unsicherheit besteht, weil die faktischen Notwendigkeiten keine eindeutige Lösung aufzeigen, tritt der Helfer auf: Krankheiten und soziale Grenzsituationen sind sein Arbeitsgebiet. Was be-

1 Vgl. M.Eliade, Schamanismus und archaische Ekstasetechnik, Zürich 1956

reits über die kindliche Entwicklung gesagt wurde, gilt gewiß nicht nur für sie: Das komplizierte, zu umfassender Reizverarbeitung befähigte menschliche Gehirn stellt auch ein evolutionäres Risiko dar. Die menschliche Fähigkeit, Vergangenheit und Zukunft in der Phantasie zu verbinden, Furcht und Hoffnung, Sorge und Schmerz allein aufgrund von Vorstellungen zu empfinden, hat auch einen bedrohlichen Charakter. Wie jedes Instrument kann sich auch das Bewußtsein gegen den wenden, dem es sonst dient. Der Psychotherapeut kann fast jeden Arbeitstag beobachten, wie sehr Menschen ihre eigenen intellektuellen und emotionalen Fähigkeiten zu ihrem Schaden verwenden können – ihre planende Intelligenz als Mittel, um sich imaginäre Bedrohungen und Lebenskrisen vorzuspiegeln und deprimiert auf sie zu reagieren, ihre Vorstellungskraft, um sich schreckliche Kränkungen auszudenken, denen sie durch selbstschädigende Schutzmaßnahmen zuvorkommen «müssen». Viele Berichte von primitiven Kulturen zeigen, daß die Menschen vor den Produkten ihrer eigenen Phantasie viel mehr Angst haben als vor allen realen Gefahren. Ich nehme an, daß die evolutionäre Konstruktion der menschlichen Intelligenz ohne solche Schattenseiten nicht möglich war, da sie aufgrund der Zwänge zur Sparsamkeit der Veränderungen, die mit dem Prinzip von Mutation und Selektion einhergehen, die emotionalen Grundlagen des Verhaltens nicht vollständig durch den intelligenten Überbau umgestalten konnte.

Jedenfalls ist deutlich, daß magische und schamanistische Praktiken dazu dienen, seelische und soziale Stabilität gerade da zu gewinnen, wo Phantasien von Angst, Sorge und Hilflosigkeit das Bewußtsein zu überschwemmen drohen. Unter diesem Aspekt ist die Helferrolle des Schamanen, aber gewiß nicht nur sie, zu verstehen. Wir wollen festhalten, daß schon in den ältesten Formen sozialer Hilfe, die wir kennen, der Helfer dem verinnerlichten Symbolsystem der Gesellschaft sehr verpflichtet ist. Seine Hilfe ist eine Verwirklichung von Werten der Kultur in einem Individuum, dem dies aus krisenhaftem Anlaß oder auch aufgrund einer längeren Fehlentwicklung nicht gelingt. Die oberflächlichen, suggestiven Tricks, mit denen Schamanen oft zu arbeiten scheinen, wenn sie z. B. die Krankheitsursache als Kaktusdorn, Schlangenzahn, Glassplitter, blutige Feder, Tierkralle usw. sichtbar machen, sollten darüber nicht hinwegtäuschen. Es geht immer darum, eine gestörte soziale Ordnung wieder «heil» zu machen, Verfehlungen von oder gegen Gruppenmitglieder aufzuklären – wie im Fall der Dingo-Pfote, die ein australischer Schamane aus dem schmerzenden Magen eines Jägers holt, der zur Unzeit Dingos jagte und sich damit eines totemistischen Vergehens schuldig machte.

In der sogenannten «neolithischen Revolution», tatsächlich einer mehrere Jahrtausende währenden Übergangsphase zwischen 12000 und 8000 Jahren vor unserer Zeitrechnung, spaltete sich die bisher weitgehend undifferenzierte Helferrolle des Schamanen auf. Die Bedeutung dieser Entwicklungsperiode für das Verständnis der spezifischen Situation des Menschen kann kaum überschätzt werden. Die bisher weitgehend besitzlosen, schweifenden Jäger und Sammler wurden seßhaft. Ein ganz neues Wertsystem entwickelte sich, das durch ausgeprägte Hierarchien, Arbeitsteilung, Besitzstreben, befestigte Städte und Eroberungskriege gekennzeichnet war. Parallel zu der großen Bedeutung von Besitz (an Grund und Boden, an Viehherden, an Häusern) mußte auch die Erbfolge erheblich wichtiger werden. Aus der urtümlichen Gleichberechtigung von Männern und Frauen (der «matristischen» Gesellschaft, wie sie Ernest Borneman nennt[1]) entstand so das Patriarchat. Es war mit einem Idealbild aggressiver Männlichkeit verknüpft, das eine Gesellschaft braucht, die auf Eroberungskriege ausgerichtet ist. Im kulturellen Selektionsdruck, dem in einer Auseinandersetzung konkurrierender Gesellschaftssysteme deren Werte ausgesetzt sind, blieben nur jene Systeme erhalten, die dieses Idealbild der aggressiven Männlichkeit aufrichteten. Die kulturelle Produktivität der Frauen wurde weitgehend darauf eingeengt, daß sie den Männern zu emotionaler Stabilität verhalfen.

Die enge Verbindung zwischen sozialer Hilfe und dem Wissen um religiöse, magische oder mythische Zusammenhänge

1 E. Borneman, Das Patriarchat, Frankfurt 1975

und Symbole blieb auch in den Hochkulturen zunächst erhalten. Wie der Schamane oder Medizinmann das in seiner Krankheit hilflose Individuum durch magische oder mythische Sinngebung und symbolische Aktionen «heilt», übernimmt der Priester die Aufgabe, das menschliche Leben in seinem gesellschaftlichen Zusammenhang zu ordnen, indem er großartig überhöhte, illusionäre Bilder schafft und Bezüge zu ihnen vermittelt: die verschiedenen Mythen von Göttern, göttlichen Offenbarungen und göttlicher Belohnung oder Strafe im Jenseits. Das reale menschliche Leben ist zu kurz, zu ärmlich, zu sehr von Abhängigkeiten bestimmt, um den Ansatz für einen Entwurf seiner selbst zu finden. Dessen soziale Aufgabe ist es, die Kontinuität des Symbolsystems zu sichern, das für den Bestand der Gesellschaft (und damit für das menschliche Überleben) so unentbehrlich ist. Offenbar brauchte die Reflexion, welche das revolutionäre Kommunikationssystem der Sprache dem Menschen gegeben hatte, eine lange Entwicklung und Klärung, ehe sie erfassen konnte, was ihr am nächsten war: ihre soziale Bezogenheit, die sozialen und ökonomischen Bedingungen ihrer eigenen Leistung.

Der Priester im Sinn von Moses ist Führer, sozialer Gesetzgeber, Helfer mit wunderbaren Kräften in einem. Doch verliert er seine Führungsgewalt allmählich, obwohl die Verbindung zwischen religiöser und weltlicher Macht in der einen oder anderen Form (z. B. als Motiv der Christenverfolgung, als Ursache der Kämpfe zwischen Kaiser und Papst) große geschichtliche Bedeutung hat. Die Gefahr religiös begründeter Kriege ist heute sowenig gebannt wie je; es ist ein Trugschluß, ihnen durchweg rationale, ökonomische Motive zu unterstellen.

Wer sich mit den Konflikten der helfenden Berufe in unserem Kulturkreis auseinandersetzt, kommt um eine Analyse der christlichen Religion und Sozialethik nicht herum. Wenn wir Religionen als soziale Symbolsysteme sehen, deren Entstehung, Ausbreitung und Auflösung den Gesetzen der sozialen Zweckmäßigkeit unterliegen, dann ist der Aufstieg des Christentums ebenso erklärungsbedürftig wie die Tatsache, daß die christlich bestimmten Kulturen jene aggressive technische Zivilisation hervorgebracht haben, die heute den ganzen Erdball überzieht. Sie ist äußerlich von der christlichen Ethik längst unabhängig geworden. Doch der geschichtliche Zusammenhang zwischen Christentum und Industriekultur scheint unabweisbar. Es ist hier unmöglich, die christliche Religion umfassend zu analysieren. Wir können nur einige Elemente herausgreifen, die im Zusammenhang mit dem Helfer-Syndrom wesentlich sind.

Das erste ist die Auffassung von der Erbsünde des Menschen. Der Mensch ist von Geburt an sündhaft, also schlecht, der Hölle verfallen, wenn er nicht durch die Gnadenmittel des Glaubens oder der Kirche errettet wird. Diese Auffassung ist der symbolische Hintergrund einer Erziehung, in der dem Kind von Anfang an vermittelt wird, daß es so, wie es augenblicklich ist, nicht gut ist. Der psychologische Schatten, den das theologische Konzept der Erbsünde wirft, ist somit ein dauerndes Schuldgefühl, verbunden mit der Angst, vor den verinnerlichten Forderungen zu versagen. Das Gefühl, nicht wertvoll, nicht gut zu sein, wird vor allem durch Leistung bekämpft. Das Ich verschmilzt mit dem strengen Über-Ich. Harald Lincke[1] hat gezeigt, daß diese Lösung in der religiösen Formel der Dreifaltigkeit vorgegeben ist (Vater und Sohn sind ein Gott: Über-Ich und Ich sind miteinander identifiziert). Auch das in der jüdischen (Abraham opfert Isaak) und christlichen Religion enthaltene Motiv des Sohnesopfers hängt mit ihr zusammen. K. R. Eissler[2] hat diesen Mythos vom Sohnesopfer mit den ausgeprägten kriegerischen Neigungen der christlichen Völker in Zusammenhang gebracht, in denen periodisch die «Väter» ihre «Söhne» auf den Schlachtfeldern opferten. Das mit dem Über-Ich identifizierte Ich ist der Umwelt gegenüber ebenso selbstherrlich und grausam wie ursprünglich das Über-Ich dem Ich gegenüber bzw. die Über-Ich-Strukturen der Eltern dem Kind gegenüber. (Freud sagt, daß nicht die ganze Person der Eltern, sondern vorwiegend ihr Über-Ich verinnerlicht wird.) Das eingeengte Ich, dem nur die

1 H. Lincke, Das Über-Ich – eine gefährliche Krankheit, Psyche 24, S. 375f, 1970
2 K. R. Eissler, Zur Notlage unserer Zeit, Psyche 22, S. 641f, 1962

Identifizierung mit dem Über-Ich Stärke verschafft, sucht nun, sich die Umwelt zu unterwerfen, sie in rastloser Tätigkeit zu verändern. Der Ist-Zustand, die gegenwärtige Situation, wird als ähnlich unvollkommen erlebt, wie sich das immer noch nicht genügend leistungsfähige Kind erlebt oder die stets vom Makel der Erbsünde belastete Seele. Diesem Fortschrittszwang verdankt die abendländische Welt Industriekultur, Kolonialismus, Wirtschaftswachstum und Umweltzerstörung. Zudem wurde dieses Fortschritts-Syndrom lange Zeit durch eine kulturelle «Selektionsprämie» belohnt. Alle Städte der Erde sind heute durch die technischen Errungenschaften des christlichen Westens geprägt. Selbst in der mächtigen Lehre des Marxismus, die das Christentum (zeitweise) abgelöst hat, ist der Fortschrittsglauben ungebrochen erhalten. (Ich glaube durchaus, daß es Auffassungen des Christentums wie des Marxismus gibt, die diese Mechanismen nicht enthalten, ja sie bewußt bekämpfen. Doch scheinen sie gesellschaftlich einflußarm.)

Der zweite Gesichtspunkt: Das Christentum stellt ganz eindeutig altruistische Werte über egoistische. «Liebe deinen Nächsten wie dich selbst!» – «Liebet eure Feinde, tut Gutes denen, die euch hassen!» Zwar hat die Geschichte gezeigt, daß sich in Kreuzzügen, Ketzerbekämpfung, Inquisition und Hexenverfolgung die größte Grausamkeit gegen den Nächsten «christlich» begründen läßt. Doch zeigen diese Ereignisse nur, daß der Egoismus eines Symbolsystems, d. h. sein Zwang, sich gegen konkurrierende Symbolsysteme – Glaubenslehren – durchzusetzen, stärker ist als sein Inhalt. Wo das Fortbestehen des Glaubens auf dem Spiel steht, wird aus «liebet eure Feinde» leicht «es ist besser, den Irrenden zu töten, als ihn im Irrtum zu belassen» – wobei die Illusion möglich ist, es sei ein Ausdruck von Nächstenliebe, einen Heiden oder Ketzer mit Gewalt zu bekehren bzw. zu töten. Doch bleibt die Pflicht zur Nächstenliebe bestehen. Sie tritt in eine eigentümliche Verbindung mit der Lehre von der Erbsünde, von der ursprünglichen eigenen und fremden Schlechtigkeit. Die Nächstenliebe wird gewissermaßen auf dem Weg über den Selbsthaß erreicht. In diesem Zusammenwirken von unbewußtem, aus der Kindheit stammendem

Schuldgefühl und bewußter, an das Leistungsdenken und die Identifizierung mit dem Über-Ich gebundener Nächstenliebe liegt ein wichtiges Stück der Dynamik des Helfer-Syndroms. Religionspsychologisch betrachtet, ist hier schon die Ebene eines teilweise verweltlichten Glaubens erreicht.[1] Die asketischen, weltflüchtigen Tendenzen, die im frühen Christentum so stark waren, treten zurück. Tätige Nächstenliebe gewinnt große Bedeutung – der Arme, Schwache, Hilflose wird nicht auf den Trost im Jenseits verwiesen, sondern im Diesseits bekleidet, gespeist, behaust und beraten. Dabei wird nicht selten eine ähnlich alloplastische, leistungsorientierte Haltung deutlich wie in der oben beschriebenen Identifizierung mit dem Über-Ich. Konflikte ergeben sich da, wo die Forderungen einer wirksamen Hilfe den gepredigten ethischen Vorstellungen widersprechen.

In diesem Interessenkonflikt des herrschenden, in der abendländischen Geschichte lange Zeit christlich geprägten Wertsystems mit den diesem Wertsystem widersprechenden Forderungen nach sozialer Hilfe bietet die Rollenteilung von «Priester» und «Arzt» eine vorläufige Lösung. Die tätige Nächstenliebe, als Wahrnehmung der Interessen des Mitmenschen verstanden, darf im Bereich der körperlichen Versorgung wirken, während die seelische Hilfe den ethischen Normen der Religion vorbehalten bleibt. Dabei werden hilfsbedürftige Leiden nur da anerkannt, wo körperliche Schäden – eine «organische Grundlage» – nachweisbar sind. Diese Auffassung ist bis heute noch sehr weit verbreitet. Sie verhindert vielfach eine angemessene, wirksame Behandlung der psychosomatischen Leiden, mit denen mindestens die Hälfte der Patienten einer Allgemeinpraxis behaftet ist. Zugleich wird die Beziehung zwischen Priestern und Psychotherapeuten weit spannungsreicher, als es die Beziehung zwischen Priestern und Ärzten jemals gewesen ist (deren ethische Vorstellungen sich ja häufig decken; noch jüngst

1 Auch hier wird das Überlebensprinzip einer Weltanschauung deutlich: Es gab im Christentum durchaus Strömungen, die ein soziales Überleben dieses Glaubens gefährdet hätten, z. B. die Manichäer. Sie wurden alsbald als Häretiker abgelehnt.

stimmten viele Ärzteverbände eher der von den christlichen Konfessionen vertretenen als der von einer Bevölkerungsmehrheit getragenen Einstellung zur Aufhebung der Bestrafung von Schwangerschaftsunterbrechungen zu). In der medizinischen Praxis selbst gilt das körperliche Leiden als seriös, der Kranke als schonungsbedürftig, des Mitleidens wert. Seelisch bedingte Störungen hingegen werden abgewertet, der Kranke erhält Aufforderungen, sich zusammenzunehmen, sich mehr anzustrengen, und büßt an sozialem Prestige ein. Die Bemühungen psychologisch geschulter Ärzte, diese Vorurteile zu bekämpfen, eine Gleichstellung seelischer und körperlicher Krankheiten zu erwirken, sind angesichts einer kompakten Mehrheit von Ärzten und Patienten weitgehend fruchtlos. Der durchschnittliche Arzt ist sich heute mit dem durchschnittlichen Patienten immer noch darin einig, eine seelisch bedingte Körperkrankheit als organisches Leiden anzuerkennen und zu behandeln.

Interessant ist das seit Jahrtausenden nachweisbare Bestreben der Ärzte, eine eigene Ethik zu finden, die nur ihrem Stand gehört und ihn in vieler Hinsicht vor den Anliegen der Patienten schützt. Der Eid des Hippokrates schreibt etwa vor, keine Schwangerschaft zu unterbrechen, niemandem auf seinen Wunsch hin ein tödliches Mittel zu geben. Das Beharrungsvermögen dieser ärztlichen Ethik ist sehr groß; ihre Fassade wird bis heute vielfach aufrechterhalten, obwohl sie von den Anforderungen der Industriegesellschaft bereits an vielen Punkten durchlöchert ist.

Weiter wird in der Medizingeschichte die enge Beziehung zwischen ärztlicher Hilfe und über-ich-bestimmten Haltungen deutlich. Ähnlich wie der Priester versucht auch der Arzt lange Zeit (ja bis in die Gegenwart nachweisbar) die lebendige Vielfalt der Bedürfnisse seiner Patienten einem starren, theoretischen System anzupassen. Seine Hilfe ist von Vergewaltigung oft nicht unterscheidbar. Jahrhundertelang wurden beispielsweise geschwächte Kranke mit Aderlässen und Abführmitteln traktiert, woran viele von ihnen starben. Liselotte von der Pfalz hat in ihren Briefen eindringlich beschrieben, wie während einer am französischen Hof grassierenden Infektionskrankheit die medizinisch behandelten Prinzen ausnahmslos starben, während ein ebenfalls infizierter Königssohn, den man vor den Ärzten versteckt hielt, ohne Schaden überlebte. Leonardo da Vincis Tagebuchnotiz: «Wenn du krank bist, hüte dich vor den Ärzten» war im 15. Jahrhundert durchaus sinnvoll. Nur wenige, aufrührerische Geister hatten den Mut, offensichtlich wirkungslose Methoden auch abzulehnen und den Traditionen zu widersprechen (z. B. Paracelsus). Versuchen wir zu verstehen, warum diese Helfer allen Einwänden und häufig unabweisbaren Widersprüchen zum Trotz an einer bestimmten Überzeugung festhalten, dann wird deutlich, daß diese Überzeugung wichtige Schutzfunktionen ausübt. Die Identifizierung mit dem Über-Ich einer «wissenschaftlichen» Tradition schützt das Ich davor, seine Ohnmacht zu erleben.

3. Narzißtische Kränkung und narzißtische Bedürftigkeit

«Ich wollte keine Frau sein, denn Frauen sind schwach wie meine Mutter. Ich wollte kein Mann sein, denn Männer sind herrschsüchtig und schlecht wie mein Vater. Ich wollte mehr sein, etwas besseres als beide...» *Agnes*
«Du wolltest ein Engel sein?»
Ein Gruppenmitglied

Für das Verständnis des Helfer-Syndroms ist eine genauere Betrachtung der narzißtischen Befriedigung im Helfen unerläßlich. Das gleiche gilt für die Aufklärung der Entwicklungsgesetze des Syndroms. Da die psychoanalytische Narzißmustheorie weniger bekannt ist als die Lehre von der Libidoentwicklung, will ich sie hier kurz zusammenfassen, ehe die narzißtische Seite des Helfer-Syndroms dargestellt wird.

Der primäre Narzißmus [1]

Wenn wir unter Narzißmus die gefühlsmäßige Einstellung eines Menschen zu sich selbst bzw. die Rolle des Selbst(-gefühls) in der Person verstehen, müssen wir von einer Urform ausgehen, die nach dem Bild des intrauterinen Lebens zu wählen ist.

In diesem Urzustand besteht eine Einheit zwischen Mutter und Kind. Das Kind wird kontinuierlich mit Nahrung versorgt, gewärmt; es ist Teil des mütterlichen Organismus, vielleicht

1 M. Balint, Die Urformen der Liebe und die Technik der Psychoanalyse, Frankfurt 1969

aber schon in der Lage, eigene Gefühle zu empfinden. Der mütterliche Organismus sorgt während der Schwangerschaft automatisch und zwangsläufig dafür, daß die Bedürfnisse des Kindes befriedigt werden, daß es sich sicher, warm, satt und geborgen fühlen kann. Selbst wenn die Mutter hungern oder dürsten muß, wird der Fetus noch längere Zeit ausreichend mit Aufbau- und Nährstoffen sowie mit Wasser versorgt.[1]

Vermutlich gibt es für das Kind in dieser Zeit keine psychisch wahrnehmbare Grenze zwischen dem Selbst und der Außenwelt, zwischen den auf den eigenen Organismus gerichteten Gefühlen und den Organen der Mutter. Dieser Zustand besteht in der frühen Säuglingszeit fort, obwohl er sicher durch das Geburtserlebnis und sich daran anschließende Ereignisse häufiger durchbrochen wird. Das Neugeborene ist mit angeborenen Vorstufen von Ichfunktionen ausgerüstet (z. B. die automatische Brustsuche, der Sauginstinkt), die sogleich nach der Geburt dazu dienen, eine urtümliche, wohl nur wenig vom Modell der intrauterinen Situation unterschiedene Beziehung zur Pflegeperson herzustellen.

Die Entwicklung der Motorik und die Reifung der Neugieraktivität drängen alle Primatenkinder nach einer anfänglichen Kontaktphase, in der die Bezugsperson unbedingt hautnah gespürt werden muß, zu einer Distanzphase, in der die Bezugsperson nur in Situationen aufgesucht wird, welche den Reizschutz des Kindes überfordern. Daraus entsteht der Urkonflikt zwischen Symbiose und Individuation.[2] Der harmonische Primärzustand läßt sich aus bestimmten Erlebnisqualitäten erschließen, deren Faszination nicht selten bei narzißtisch gestörten Menschen besonders groß ist: die Empfindungen in einem heißen Bad, beim Segeln, Schwimmen, Fliegen, Sonnenbaden

1 Ich kann die Möglichkeit einer intrauterinen psychischen Traumatisierung des Kindes nicht ausschließen, will sie aber wegen ihrer spekulativen Beschaffenheit hier auch nicht aufgreifen. Jedenfalls scheinen die Möglichkeiten, ein Kind psychisch und körperlich zu verletzen, nach der Geburt in solchen Größenordnungen vermehrt, daß die intrauterinen Traumata demgegenüber zurücktreten.

2 M. Mahler, Symbiose und Individuation, Stuttgart 1972

oder Skilaufen, schnellem Auto- und Motorradfahren klingen an den Primärzustand an. Ihnen ist gemeinsam, daß keine abgrenzbaren Bezugspersonen anwesend sind. Hier bestätigt sich Freuds Satz: «Die Entwicklung des Ichs besteht in einer Entfernung vom primären Narzißmus und erzeugt ein intensives Streben, diesen wiederzugewinnen.»[1]

Die Trennung zwischen dem Selbst und den anderen

Das Kind muß bald erleben, daß es Unlust und Schmerz gibt. Es entwickelt langsam ein Bild des eigenen Organismus (das Selbst) und der Bezugspersonen (der Objekte). Je zuverlässiger die Objekte den Reizschutz des Kindes stützen, desto besser kann diese Abgrenzung gelingen. Je heftiger, häufiger und länger andauernd der Reizschutz des Kindes durchbrochen wird, desto eher wird es dazu neigen, die Beziehung zu den Objekten ganz oder teilweise abzubrechen und in den narzißtischen Primärzustand oder seine Surrogate zurückzukehren. Da der Säugling nicht in der Lage ist, sich Unlusterfahrungen zu entziehen, werden Schmerz, Preisgegebenheit und Ohnmacht zu den Urerlebnissen jedes Menschen gehören. Um sie zu vermindern, gestaltet sich sein Ich, und es hängt von der Dynamik und den Interaktionen in der Primärgruppe ab, inwieweit die Objekte hier einbezogen werden.

Die einfachste und urtümlichste Möglichkeit, einer drohenden Erschütterung des Selbstgefühls zu entgehen, ist die Regression, d. h. die Rückkehr zu dem narzißtischen Primärzustand. Sie erfolgt nicht selten nach dem Prinzip der Verwandlung von Passivität in Aktivität («Was du nicht willst, das man dir tu, das füg dir lieber selber zu!»). Die gewonnene Abgrenzung und Kohäsion (d. h. der innere Zusammenhang) des Selbst werden aufgegeben zugunsten von Phantasien oder Handlungen, deren Thema die Verschmelzung, das grenzenlose Aufgehen,

1 S. Freud, Zur Einführung des Narzißmus, 1914, Ges. W. Bd. 10, S. 167

ist. Trifft die narzißtische Kränkung auf ein weniger zur Regression bereites, schon stabileres Selbst, dann werden vor allem zwei Abwehrmechanismen[1] verwendet: die Verleugnung bzw. Verdrängung auf der einen Seite, die Idealisierung auf der anderen.

Ein Beispiel wäre ein Gruppenmitglied, das auf Äußerungen hin, es wirke kalt und abweisend, die Realität dieser Empfindungen abstreitet und sagt: «Ich weiß, daß ich sehr viel Zärtlichkeit und Liebe geben kann.» Diese Idealisierung des eigenen Selbst hat verschiedene Seiten. In der Erziehung hört und fühlt ja ein Kind nicht nur, daß es schwach und preisgegeben ist. Oft erfährt es auch, daß es einzigartig schön, klug, stark sei. Gleichzeitig vermitteln ihm die Eltern das Gefühl, ihrerseits allmächtig und fehlerlos zu sein. Wahrscheinlich ist diese Idealisierung der omnipotenten Eltern der erste Schritt zu kindlichen Allmachts- und Größenphantasien. Sie entstehen durch urtümliche Verschmelzungen mit den Bezugspersonen. Tatsächlich sind die Eltern auch, was die Bedürfnisbefriedigung des Kindes in der durchschnittlichen Familiensituation angeht, allmächtig. «Offenbar spüren wir, daß das Kind lange Zeit das Gefühl braucht, entgegen den Wahrnehmungen der Realität ein grandioses Wesen zu sein, das von hochidealen Personen umgeben ist.»[2] Das reale Selbst-Bild des Kindes kann sich daher nur allmählich aus Vorstufen entwickeln, die auch – verdrängt oder vom Bewußtsein abgespalten – im Erwachsenenleben nachweisbar sind: die Bilder eines Größen-Selbst und idealisierter, als Teile des Selbst erlebter Objekte. Dabei werden Größen-Selbst und omnipotentes Selbst-Objekt abgespalten, wenn die narzißtische Entwicklung gestört verläuft. Das ist etwa dann der Fall, wenn die Einsicht, daß die frühen Bezugspersonen zwar nicht allmächtig, aber wohlwollend sind, nicht gewonnen werden kann. Bewußt oder unbewußt von den Bezugspersonen abgelehnte Kinder bleiben daher an die Vorstufen eines stabilen Selbst gebunden.

1 A. Freud, Das Ich und die Abwehrmechanismen, München 1963, sowie H. Henseler, Narzißtische Krisen, Reinbek 1974
2 H. Henseler, a. a. O., S. 76

Das abgelehnte Kind

Die Ablehnung eines Kindes durch die Eltern kann sehr viele Aspekte haben. Es ist sinnvoll anzunehmen, daß die Einstellungen der Bezugspersonen meist ambivalent sind. Jeder Einzelfall ließe sich auf einer Linie zwischen den Polen «Ablehnung» und «Akzeptierung» anordnen. Dabei gibt es mehrere Bereiche des kindlichen Erlebens und Verhaltens, die akzeptiert bzw. abgelehnt werden können, und endlich auch verschiedene Stile, in denen sich die Ablehnung ausdrückt. Das Kind kann anfänglich unerwünscht sein (wie häufig diese Situation ist, vergegenwärtigt die Tatsache, daß über die Hälfte der Erstgeborenen in Westdeutschland vorehelich gezeugt ist). Häufig wird es später dennoch vorwiegend akzeptiert. Es kann sein, daß die Bezugsperson nur von ihrem eigenen Über-Ich her das Kind annimmt, nicht vom Gefühl her. Das Kind mag sich unerwünscht und überflüssig fühlen, wenn die Bezugspersonen wegen anderer eigener Interessen oder zu vieler Ablenkung sich ihm nicht zuwenden können. Die Ablehnung kann nur in bestimmten Entwicklungsperioden gegeben sein, wenn eine Mutter z. B. einen Säugling akzeptiert, aber mit einem neugieraktiven Kleinkind nichts anfangen kann, oder aber, wenn sie Babies nicht ausstehen kann, aber Kinder gerne hat, die gut reden und schnell laufen.

In allen diesen vielfältigen Formen von Ablehnung entstehen kleinere oder größere, dem Ablehnungs-Reiz entsprechende narzißtische Schäden. Das Größen-Selbst und die Phantasie vom allmächtigen Objekt werden nicht in reifere, realistische Formen der Regulierung des Selbstgefühls umgesetzt. (Ein Beispiel dafür wäre in den folgenden Fallgeschichten Georg, der sagt: «Meine persönlichen Bedürfnisse nach Geborgenheit und Liebe sind so unersättlich, so groß, die kann kein Mensch befriedigen – nur meine Religion», vgl. S. 56.) Parallel dazu sind keine auf Gegenseitigkeit beruhenden Objektbeziehungen möglich, da die Suche nach der Verschmelzung mit dem allmächtigen Objekt (zu der das Kind zurückkehrte, als die reale Familiensituation unerträglich wurde) eben wegen der äußerst schmerzlichen Enttäuschung mit großer Angst erlebt wird, sobald sich aus ihr eine wirkliche Beziehung entwickelt.

Gerda, eine fünfzigjährige Lehrerin, schildert zwei große Schwierigkeiten: Sie fühle eine Mauer, die sie von allen Menschen trennt, und sei nach dem Tod ihres Mannes unglücklich in einen Geistlichen verliebt. In der Selbsterfahrungsgruppe wird der lebensgeschichtliche Zusammenhang deutlich. Gerda ist eines von zehn Kindern. Sie hat früh gelernt, ihre narzißtischen und oralen Bedürfnisse zu verleugnen, um auf diese Weise doch noch etwas zu bekommen. («Wenn Fleisch auf dem Tisch war, nahm ich immer als letzte, und oft bekam ich gar nichts. Da sagte meine Mutter: ‹Laßt doch die Gerda nehmen, sie bekommt nichts.› Und ich sagte: ‹Nein danke, nehmt ihr nur, ich kann ganz gut ohne Fleisch auskommen.›») Nach vielen scheiternden Beziehungen heiratete sie einen älteren Mann, mit dem sie keine Kinder haben durfte (sie zeigte darin deutlich die Gegen-Identifizierung mit der Mutter). Als dieser starb, war sie «wie tot» und wurde durch die Begegnung mit dem Ordensgeistlichen wieder lebendig, litt unter quälenden sexuellen Phantasien, wollte ihn unbedingt besitzen, mit ihm verschmelzen, während sie den anderen Menschen gegenüber nach wie vor die Mauer spürte. (Die Aussichtslosigkeit einer Beziehung ist immer ein Hinweis auf die Abwehr von Nähe aus Verschmelzungsangst, wie sie mit einer narzißtischen Schädigung einhergeht. Dabei ist es gleichgültig, welcher Partner die Aussichtslosigkeit verkörpert, der Liebende oder der Geliebte.) In der Gruppe wird Gerdas narzißtische Unersättlichkeit, verbunden mit ihrer Unfähigkeit, Zuwendung anzunehmen, daran deutlich, daß sie sehr viel Aufmerksamkeit verlangt und fordert, aber immer beklagt, daß so wenig Zeit sei. Nimmt man das Bild vom Fleischtopf, dann inszeniert sie folgende Auseinandersetzung mit der Mutter:

Mutter: Gerda, weil du so wenig bekommen hast und so arm dran bist, darfst du den ganzen Topf ausessen.

Gerda: Daran hättest du früher denken müssen. Jetzt mag ich nicht mehr.

Gerda bleibt also allein und hungrig, um die Mutter zu strafen. Diese narzißtische Rache, die das Selbst ebenso schädigt und verletzt wie das Selbst-Objekt, weist auf die ungenügende Abgrenzung des Selbst hin. Zugleich schützt der Rache-Wunsch das Selbst vor der ebenso gefürchteten wie ersehnten Auflösung in der Verschmelzung mit dem omnipotenten Objekt. Auf einer anderen Ebene wiederholt Gerda in der Wunschbeziehung zu einem Priester genau die Beziehung zu ihrer Mutter, die sie in der Erinnerung gelegentlich als jemanden liebt, der alle Kinder gleich liebte – ebenso wie der Geistliche.

Sind es kleinere, durch eine positive Objektbeziehung neutralisierte Enttäuschungen der narzißtischen Phantasie vom Größen-Selbst und von den großartigen Eltern, dann gelingt es, durch Verinnerlichung (Internalisierung und Introjektion) diese Verluste teilweise auszugleichen. Die Verinnerlichung, d. h. das Lernen am menschlichen Modell, ist sicher das Grundprinzip, durch das kulturelle Traditionen erhalten werden. Dabei scheint die Introjektion mit einer Loslösung und Verselbständigung einherzugehen. Das von Freud beschriebene kleine Mädchen, das nach dem plötzlichen Verlust eines Lieblingshundes plötzlich von sich behauptet, ein Hund zu sein, wäre ein Beispiel. Die typische Ablösung von den Eltern durch Identifizierung ist ein anderes, weniger auffälliges, jedoch lebensgeschichtlich ungleich wichtigeres Beispiel. Im Bereich der narzißtischen Entwicklung entsteht aus den nicht integrierbaren Phantasien vom Größen-Selbst und vom allmächtigen Selbst-Objekt durch Verinnerlichung der idealen Seiten der Bezugspersonen das Ich-Ideal. Auch das Über-Ich weist solche idealen Aspekte auf, die seine Verwandtschaft mit der Phantasie von grandiosen, allwissenden und allmächtigen Eltern aufzeigen. Diese innerseelischen Idealisierungen der eigenen Werte und Normvorstellungen haben nun eine stabilisierende, ausgleichende Wirkung auf das Selbstgefühl. Sie verhindern, daß die narzißtische Balance bei kleinen Kränkungen aus dem Gleichgewicht gerät. Wer seine inneren Instanzen mit genügend idealisierender Libido besetzt hat, kann sich etwa sagen: «Heute habe ich schlecht gearbeitet – aber sonst bin ich doch ganz gut.»

Diese Pufferfunktion des gesunden, an verinnerlichte, idealisierte Werte gebundenen Narzißmus kann nun das abgelehnte Kind nicht entwickeln. Wir müssen dabei festhalten, daß «abgelehnt» eine Kurzformel für sehr vielfältige, oft äußerlich durchaus als Verwöhnung, intensive Zuwendung, volle Fürsorge während der Kindheit erscheinende Entwicklungsbedingungen ist.[1] Gemeinsamer Nenner bleibt, daß das Kind sich abgelehnt *fühlte,* weil es nicht genügend Sicherheit in einem einfühlenden Widerspiegeln und Begleiten seiner Entwicklung durch die Bezugspersonen fand. Einfühlung kann nur da entstehen, wo Zuwendung eines innerlich resonanzfähigen, mitschwingenden Menschen gegeben ist, dessen Ich stark genug ist, Über-Ich-Gebote und Es-Impulse zu überwachen. Wo das Ich nur durch Identifizierung mit dem Über-Ich Stärke gewinnt, geht die Einfühlungsfähigkeit verloren und wird durch starre Vorstellungen ersetzt. Diese (hier in ihren Extremtypen geschilderte) Situation bringt eine mehr oder weniger ausgeprägte Schädigung der Selbstwertregulierung mit sich, wenn der Betroffene ein Kind erzieht.

Die Über-Ich-Entwicklung hat für das Helfer-Syndrom große Bedeutung. Das zwanghafte, durch Identifizierung mit dem Über-Ich- und Ich-Ideal-System erreichte Helfen geht mit einem schwerwiegenden Verlust an Einfühlungsfähigkeit einher und behindert dadurch in vielen Situationen die eigenen Ziele.

Was sich der narzißtisch ausbalanciert lebende Mensch durch die Verinnerlichung eines positiven Ich-Ideals[2] selbst geben

1 Die Helfermotivation hat mit spezifischen Eigentümlichkeiten der weiblichen Entwicklung gemeinsam, daß die Sehnsucht nach der frühkindlichen Symbiose durch eine Teil-Erfüllung wachgehalten wird und die Sehnsucht nach einer idealen Beziehung über die Wünsche nach Partial- (Trieb-)Befriedigung dominiert. Vgl. W. Schmidbauer, «Du verstehst mich nicht...!» Die Semantik der Geschlechter, Reinbek 1991.

2 Manche Autoren, so Sandler, Holder und Meers sowie nach ihnen Henseler (a.a.O.), führen zusätzlich noch den Begriff des «Ideal-Selbst» als Norm-Variante des Größen-Selbst ein. Mir scheint, daß das Ich-Ideal genügt, um die entsprechenden seelischen Funktionen zu beschreiben.

kann, muß der narzißtisch Gestörte versuchen, außen zu finden. Ich will versuchen zu zeigen, daß das Helfer-Syndrom ein Weg ist, eine solche frühe narzißtische Schädigung zu bewältigen.

«Damals sollte ich mich in den Ferien auf eine Prüfung vorbereiten. Aber ein Erzieher machte Urlaub, und so habe ich seine Gruppe übernommen und den Religionsunterricht. Als dann noch eine Frau in der Küche krank wurde, habe ich es übernommen, die großen Töpfe zu spülen. So kam ich immer erst spät abends zu meiner eigentlichen Arbeit, der Vorbereitung auf die Prüfung. Als dann mein Vorgesetzter mich einmal wegen einer Kleinigkeit mahnte, bin ich zusammengebrochen. Ich habe geschrien und die Türe zugeschlagen und dann einen ganzen Tag lang geweint... Später übernahm ich dann 24 Stunden Unterricht, leitete eine Jugendgruppe, und weil es so viele Möglichkeiten bietet, übernahm ich auch noch die Jugendbibliothek mit 6000 Büchern und bis zu 120 Ausleihen am Tag. Ich hörte erst auf, als ich dicht an einem Herzinfarkt war.» (Georg, vgl. S. 62f)

Dieses Beispiel verdeutlicht die ständige, bis zur Selbstschädigung gesteigerte Tätigkeit, hinter der ein unersättliches Bedürfnis nach Anerkennung steht. Zugleich ist die Abhängigkeit von äußerer Bestätigung sehr groß. Jede kleine Kritik wird als tief kränkend empfunden. Die rastlose Tätigkeit weist auf den Einfluß des Größen-Selbst hin. Nichts scheint unmöglich. Zugleich bläht diese Phantasie aber nicht nur die eigene Mächtigkeit, sondern auch das eigene Versagen zu grandiosen Dimensionen auf. Es kommt zu einem ständigen Schwanken zwischen Allmachts- und Ohnmachtsgefühlen, zwischen unrealistischen Größenvorstellungen und ebenso unrealistischen, übersteigerten Minderwertigkeitsgefühlen – negativen Größenphantasien. Das Ich-Ideal ist realitätsfremd, an kindliche Idealisierungen gebunden. So wird alles, was der Betroffene schafft, zu einem Beweis seines Ungenügens. Festzustellen, daß andere weit weniger leisten, ist ein nicht selten gesuchter, aber wenig befriedigender Trost.

Kennzeichnend für das Helfer-Syndrom ist, daß der Betroffene die Regulation seines Selbstgefühls weniger an gegenseitige als an einseitige Beziehungen zu anderen Menschen knüpft. Da er oft schon als Kind nicht um seiner gegenwärtigen, persönlichen Gefühle und Eigenschaften willen geliebt wurde, sondern wegen der Verhaltensweisen, mit denen er sich an idealisierte Vorstellungen seiner Bezugspersonen anpaßte, glaubt er, nur für das, was er macht, geliebt zu werden, nicht für das, was er ist. Im Hintergrund dieser Haltung steht eine tiefe narzißtische Kränkung, die ein großes, wegen seiner Verdrängung unersättlich wirkendes narzißtisches Bedürfnis entstehen ließ. Die Kränkung erfolgte aus einer Situation der Abhängigkeit und Nähe heraus, mit denen das Kind ursprünglich seinen Bezugspersonen begegnete.

Diese «primäre Liebe» (Balint) kann freilich nur da fortbestehen und sich weiterentwickeln, wo die Primärgruppe dem Kind einfühlend begegnet, d. h. es als das annimmt, was es augenblicklich ist und aufgrund seiner eigenen Bedürfnisse will. Stößt diese primäre Liebe, die zunächst gegebene Bereitschaft des Kindes, sich mit den Idealen der Primärgruppe zu identifizieren und sie narzißtisch zu besetzen, auf eine ablehnende, nicht einfühlende Haltung, dann kann sie sich nicht allmählich zu einer realistischen Gegenseitigkeit weiterentwickeln. Sie wird abgespalten, bleibt in ihrem archaischen, undifferenzierten, für den Erwachsenen unersättlich wirkenden Charakter erhalten. Zugleich entsteht Haß. Das Kind will die Bezugspersonen zerstören, die es nicht verstehen. Die Zurückweisung seiner Liebe schmerzt es ebenso wie der Zwang, nun zu hassen und zugleich den Haß zu verdrängen, ihn aus dem bewußten Erleben und aus der weiteren seelischen Entwicklung auszuschließen, weil es ja vollständig abhängig ist und nicht weiterleben kann, wenn es die Bezugspersonen zerstört. So lernt es, freundlich zu sein, gehorsam zu sein. Doch die dadurch gewonnene Zuwendung macht es nicht wirklich satt. Der Haß hat die Möglichkeiten beeinträchtigt, narzißtische Bestätigung aufzunehmen und für eine Idealisierung der eigenen Person, der eigenen Werte nutzbar zu machen. Beim Helfer-Syndrom ist der Betroffene nur selten in der Lage, nach Abschluß einer Helfer-Interaktion sich selbst zu sagen: «Das habe ich gut gemacht.» Er fragt sich: «Was war zuwenig, was habe ich übersehen, was habe ich falsch gemacht?!» Er ist, ohne es zuzugeben, hungrig nach den dankbaren Blicken, den anerkennenden Worten seiner Klienten oder Patienten. Aber sie machen ihn nicht wirklich satt, obwohl sie die einzige narzißtische Nahrung sind, die er aufnehmen kann.

Da die ursprüngliche Kränkung in einer Situation der Abhängigkeit und Nähe erfolgte, wie sie für die primäre Liebe (bzw. den narzißtischen Primärzustand) charakteristisch ist, werden beide Gefühle – Abhängigkeit und Nähe – mit schwerem, unerträglichem seelischen Schmerz verknüpft und ganz oder teilweise vermieden, vor allem durch die Hinausverlegung in den Schützling, der den Helfer braucht. Ein soziologischer Beleg dafür ist die geschichtliche Verbindung von Helfer-Diensten und klösterlichen Gelübden: Die Verpflichtung zu Keuschheit und Gehorsam ist ein recht sicheres Mittel, mitmenschlicher Nähe auszuweichen. Gefühle persönlicher Abhängigkeit können sich in einem Orden schwerer einstellen, da ja der ganze Orden für jedes seiner Mitglieder voll verantwortlich ist, die gefürchtete Abhängigkeit also einer anonymen, aber ungeheuer zuverlässigen «Mutter» bzw. Ersatz-Familie anvertraut werden kann.

In einer *narzißtisch-schizoiden* Haltung wird vor allem Nähe gemieden. Der Betroffene läßt niemanden nahe genug kommen, um von ihm abhängig zu werden. In der *narzißtisch-depressiven* Haltung wird die Abhängigkeit vermieden, während Nähe noch gesucht und erlebt werden kann. Die Vermeidung von Abhängigkeit drückt sich dann so aus, daß Beziehungen aufgebaut werden, in denen die Abhängigkeit stets beim Partner (zumindest scheinbar) größer ist als bei dem Betroffenen. Die Helfer-Situation ist ohnehin so beschaffen. Aber auch viele sogenannte Intimbeziehungen von Helfern haben diese Struktur. Die größere Abhängigkeit und Trennungsangst des Partners wirkt wie ein Sicherheitsventil. Der «Schwächere» beginnt unter der Trennungsangst zu leiden und sich anzuklammern, während der «Stärkere» noch Raum hat, sich stark und unabhängig zu fühlen. Auf diese Weise kann der «Stärkere» seine Schwäche und Abhängigkeit verleugnen.[1]

Die strukturbildenden Vorgänge des Helfer-Syndroms wiederholen sich gelegentlich in der beruflichen Laufbahn von Helfern. Das Kind suchte eine für sein Selbstgefühl bedrohliche Zeitspanne seiner Entwicklung dadurch zu bewältigen, daß es sich mit der Bezugsperson identifizierte. Weil es einsam war und das Gefühl hatte, daß sich niemand wirklich für seine Wünsche interessierte, übernahm es die Rolle eines mächtigen Helfers, der sich für andere Menschen einsetzt. Die eigenen Wünsche vergaß es. In ähnlicher Weise wird oft ein Helfer, der Hilfe suchte und sich z. B. in Psychotherapie begab oder an einer Selbsterfahrungsgruppe teilnahm, selbst Therapeut oder Gruppenleiter. Er ist von dem Erlebnis einer Neubelebung und teilweisen Erfüllung seiner kindlichen Bedürfnisse nach Einfühlung und Zuwendung so gefesselt, daß er die Rolle des Therapeuten, des Gruppenleiters übernehmen will.

An diesem Punkt wird die therapeutische Vorgehensweise zu ihrem eigenen Widerstand. Der Veränderungsprozeß des hilfesuchenden Helfers wird dadurch beendet, daß sich das Helfer-Syndrom auf einer neuen Ebene wiederholt und verfestigt. Andererseits ist der Therapeut oder Gruppenleiter in der Regel selbst nicht von dem narzißtischen Urbedürfnis frei, Gefolgsleute zu gewinnen, Anhänger, die seine Weltanschauung weitertragen und damit seine eigene Unsicherheit, ob er überhaupt sinnvoll arbeiten kann, bekämpfen.

Es ergibt sich ein Paradox. Nur wer z. B. Psychoanalyse oder Gruppenselbsterfahrung am eigenen Leib erlebt hat, kann sich ein Urteil bilden, ob er diese Verfahren anwenden will. Gleichzeitig wird dadurch aber sein Urteil bereits verfälscht. Dieses

1 In vielen patriarchalischen Ehen haben die Männer wegen der materiellen Abhängigkeit ihrer Frauen ihre eigene emotionale Abhängigkeit nie bewußt erleben müssen. Wenn der ursprünglich «schwächere» Partner stärker wird, z. B. durch eine Berufstätigkeit, durch eine Psychotherapie u. ä. m., dann zeigen die seelischen Zusammenbrüche der «stärkeren» Partner deutlich die Grundstruktur der Abhängigkeitsvermeidung in der Beziehung.

Dilemma ist nicht aufzulösen. Die Mechanismen des Helfer-Syndroms überschneiden sich hier mit dem Aufbau leistungsorientierter, verinnerlichter Strukturen in der modernen Gesellschaft und teilen deren Widerstandsfähigkeit gegen Veränderung. Dennoch ist es sinnvoll, in jedem Einzelfall der beruflichen Veränderung eines Helfers nachzuprüfen, ob dadurch ein bereits eingeleiteter Befreiungsprozeß abgebrochen wird. Ein wichtiger Gesichtspunkt ist dabei, ob durch die Übernahme der Helfer-Rolle auf einer neuen Ebene die Entwicklung des emotionalen Ausdrucksverhaltens in den Hintergrund tritt und das kontrollierbare Leistungsverhalten wiederum die Vorherrschaft gewinnt. Für einen seelisch und sozial eingeengten Lehrer oder Sozialarbeiter ist es sicherlich oft ein Stück Selbstbefreiung, wenn er in gruppendynamischen Seminaren neue Möglichkeiten des Gefühlsausdrucks und der Gestaltung mitmenschlicher Beziehungen gewinnt. Doch endet dieser Vorgang oft vorzeitig darin, daß er zum Missionar der Gruppendynamik oder selbst zum Leiter von Gruppen wird. Wer heute naiv in eine Selbsterfahrungsgruppe tritt, wird fast immer auf die Frage, wer denn hier «zur Ausbildung» mitmache, einige Wortmeldungen finden. Wie schon gesagt, bietet dieses vorgebliche Ausbildungsinteresse für viele HS-Helfer eine vom Über-Ich geduldete Möglichkeit, etwas für sich selbst zu tun – die einzige, welche eine zeitweilige Übernahme der Rolle des Schützlings rechtfertigt. Andererseits engt die Ausbildungsgebundenheit eine wirkliche Befreiung ein. Hier wiederholt sich die für Veränderungen der Gesellschaft so charakteristische Problematik «Wer ist wessen nützlicher Idiot?». Der Therapeut wird nicht selten das Schicksal des Pfarrers erleiden, der den erkrankten Versicherungsagenten bekehren will, und versichert einen ungläubigen Kaufmann zurückläßt. Die Veränderung des Helfer-Syndroms steht immer in der Spannung zwischen einer Vervollkommnung der bisherigen Abwehrformen und einer wirklichen Weiterentwicklung.

4. Fallgeschichten

Eine psychoanalytische Untersuchung gewinnt erst durch die Darstellung von Personen Anschaulichkeit und Kontur. Hier zeigt sich deutlicher, wie die einzelnen Faktoren zusammenwirken und hinter den typischen Merkmalen die Individualität hervortritt, die nur durch eine kasuistische Beschreibung erfaßt werden kann. Die einzigartige Situation, die von der analytischen Methode geschaffen wird – Freigeben der Spontaneität freier Einfälle; Erfassen der emotionalen, traumhaften Primärprozesse mit den Mitteln bewußter, verbal gestalteter Einsicht –, ermöglicht wahrscheinlich die gründlichsten Einblicke in die Entwicklungsgesetze des menschlichen Erlebens.

Andererseits sind Fallgeschichten gefährlich. Das in einer psychoanalytischen Behandlung gewonnene Erlebnismaterial ist so vielfältig und reichhaltig, daß sich aus ihm Belege für die verschiedensten, teilweise auch für einander widersprechende Hypothesen gewinnen lassen. Jeder Psychoanalytiker findet die Menschen, welche seine Theorie bestätigen. In einem subtilen, kaum wahrnehmbaren und durchaus gegenseitigen Anpassungsprozeß ordnet der Klient seine Erlebnisse gemäß den Auffassungen des Analytikers, während der Analytiker seine Deutungen und Rekonstruktionen wiederum den Erlebnisweisen, den günstigen oder ungünstigen Antworten des Klienten anpaßt.

Für den an objektivierbaren, gesetzhaften Theorien interessierten Forscher ergeben sich in dieser Situation zwei Möglichkeiten. Er kann sich einfach weigern, die ganze Komplexität der Wechselwirkungen in der Psychotherapie wahrzunehmen.

Dann beschränkt er sich auf angeblich gesicherte, experimentelle Grundlagen und überläßt den Rest einer vorwissenschaftlichen, pragmatischen Handhabung.

Die andere Möglichkeit ist die Untersuchung der Interaktionsprozesse selbst. Der Klient wird nicht auf einige Reiz-Reaktions-Verbindungen reduziert, er soll sich als Person entfalten, die von den Einflüssen früherer Interaktionen geprägt ist und diese auf die therapeutische Situation überträgt. Der Therapeut seinerseits bemüht sich, diese Übertragung zusammen mit dem Klienten zu verarbeiten, in ihr entstandene Gefühle zu klären und zugleich seine eigenen Gefühlsreaktionen als Teil dieses Prozesses zu sehen. Damit riskiert der Therapeut, den Klienten in seinen eigenen Entwicklungsprozeß einzubeziehen, sich selbst als unfertig wahrzunehmen. Er handelt sich die Verpflichtung ein, seine eigenen neurotischen Züge zu erkennen und an ihrer Bewältigung zu arbeiten. Diese Auffassung von Psychotherapie enthält die Selbsterfahrung des Therapeuten, in der Ausbildung wie in der praxisbegleitenden Weiterbildung, als notwendiges Teilstück. Diese Selbsterfahrung fördert einerseits die Einsicht des Therapeuten in die eigenen innerseelischen Prozesse, Abwehrvorgänge und Triebwünsche. Zugleich stimuliert sie seine Fähigkeiten, sich in andere Menschen einzufühlen, und sein Vertrauen in die Entwicklungs- und Wachstumsprozesse, die durch Einsicht freigesetzt werden können. Was sonst einfach als moralisches Ideal der Therapeuten-Persönlichkeit gefordert wird, kann auf diese Weise lebendig werden. Dieses Ideal wird nicht als statistisches Ziel, sondern als Prozeß aufgefaßt, der so übersichtlich verläuft, daß es dem Therapeuten möglich ist, seine Klienten einzubeziehen, ohne sie mit eigenen, unverarbeiteten Schwierigkeiten zu belasten.

Die hier aufgenommenen Fallgeschichten sind so weit verschlüsselt, daß die betreffenden Personen nicht wiedererkannt werden können. Sie stammen zum Teil aus Selbsterfahrungsgruppen mit Angehörigen sozialer Berufe, die kein therapeutisches, sondern lediglich ein Bedürfnis nach Weiterbildung voraussetzen; zum Teil aus der Selbsterfahrung von Klienten, die zu Ausbildungszwecken eine Analyse machten; zum Teil von Menschen, die psychotherapeutische Hilfe suchten. In Einzelfällen wurden biographische Daten, die eine Identifizierung ermöglicht hätten, ausgetauscht und durch vergleichbares Material aus anderen Fallgeschichten ersetzt.

Georg

Georg, ein älterer Mann, ist seit zwanzig Jahren als Heimerzieher tätig. In der Selbsterfahrungsgruppe wirkt er stets freundlich. Er stellt sehr häufig Fragen, die ein Bemühen um Einfühlung, aber auch um Beschwichtigung verraten: Es ist ja alles nicht so schlimm, schau doch, wie weit du es anderswo gebracht hast, und ähnliche Äußerungen. Er erzählt, wie schwer es ihm fällt, seine Zöglinge loszulassen, doch tröstet er sich selbst damit, daß sich doch oft, auch wenn sie (er arbeitet mit Jugendlichen) gegen ihn protestieren und ihn angreifen, später daraus ein gutes Verhältnis entwickeln könne. Er spricht leise, gleichmäßig, sanft, mit häufigen Blicken zum Gruppenleiter. Als er am zweiten Tag der Gruppe einen Traum erzählt, geschieht es gegen Ende des Tages, nachdem er sich bisher ständig bemüht hatte, auf andere einzugehen.

Der böse Zwerg und der Diplomat. Georg träumte, er sei Beamter im Außenministerium, unmittelbar dem Minister unterstellt. In die Diensträume sei nun ein Zwerg eingedrungen, ein böser, ungeheuer aggressiver Wicht mit Dreck am Stecken, der allen sehr lästig fiel. Georg wurde nun beauftragt, den Zwerg hinauszuschaffen, obwohl er ihn am wenigsten belästigt hatte. Es kam zu einem Kampf, bei dem Georg große Angst hatte, denn der Zwerg hatte ein langes Brotmesser, er hingegen nur ein kleines, spitziges Küchenmesser. Dennoch gelang es ihm, dem Zwerg das Messer zu entwinden, nachdem er ihn an der Stirn verletzt hatte. Nachher gab es ein Gerücht, der Zwerg hätte dennoch einen wilden Streik angezettelt.

Es gelang den Gruppenmitgliedern nun, Georg dazu zu bringen, sich mit dem bösen Zwerg zu identifizieren. Er erinnerte sich an seinen eigenen Jähzorn als Kind, an den Jähzorn des Vaters, der ihn nie anerkannt habe – «wenn ich etwas gut machte, sagte er nur: ‹Hätt'st schon früher machen können!›». Er habe sehr an sich gearbeitet, um so still und freundlich zu werden, wie er jetzt sei. Das gelinge ihm auch nur gegenüber seinen Zöglingen, nicht gegenüber seinen Vorgesetzten. Da kämpfe er ständig um Anerkennung, tue aber gerade das nicht, was erwartet würde, sondern versuche dauernd, fortschrittlichere Erziehungsmethoden einzuführen. Das sei ein dauernder Kampf, «ähnlich wie der Kampf des Zwerges, der Dreck am Stecken hat», setzt ein Gruppenmitglied hinzu. Georg kann diese Deutung akzeptieren.

Die Identifizierung mit dem Über-Ich. Georgs bewußte Lebenseinstellung läßt sich mit dem Bibelspruch umreißen: «Geben ist seliger als nehmen.» Er stellt stets seine Bedürfnisse zurück, beschreibt sich in der Gruppe als weit weniger hilfsbedürftig, mit weit kleineren Problemen kämpfend als die anderen. Wenn jemand etwas äußert, was ihm mißfällt, versucht er geschickt, seinen Gegner in Widersprüche zu verwickeln. «Obwohl ich immer anecke, können mir meine Vorgesetzten nichts anhaben, weil ich das Recht auf meiner Seite habe.»

Die verborgene narzißtische Bedürftigkeit. Georgs ständiges Fragen, das keine Schweigepause in der Gruppe aufkommen läßt, erweist sein Bedürfnis, sich als den zu erleben, der anderen hilft (dahinter: mehr und besser als jeder andere). «Meine persönlichen Bedürfnisse nach Geborgenheit und Liebe sind so unersättlich, so groß, die kann kein Mensch befriedigen – nur meine Religion.»

Das abgelehnte Kind. Georg idealisiert seine Mutter, während er sich vom Vater nie angenommen gefühlt hat. Seine Mutter habe ihn früh freigegeben, und er könne sich ganz stark eins mit ihr fühlen. Als Beispiel erzählt er, wie er als neunjähriger Junge von der Mutter angeleitet wurde, den Soldaten und Flüchtigen, die um ein Nachtlager baten, Quartier zu machen. «Meine Mutter hat gesagt, von unserem Haus soll niemand fortgehen, ohne daß ihm geholfen würde. Wir hatten oft alle Zimmer so voll Leuten, daß für uns kaum mehr Platz blieb.» Daß ein Kind sich von einer Mutter, die ständig an andere denkt, oft verlassen und überfordert fühlen muß, ist für ihn nicht vorstellbar.

Die indirekte Aggression. Der Zwerg-Traum und Georgs Einfälle dazu belegen sehr deutlich die Abwehr-Spaltung im sozialen Syndrom. Das Kind hinter der diplomatischen Fassade ist zwergenhaft und sehr bösartig, darauf aus, andere zu kränken und zu ärgern. Es hat sich nicht entwickeln dürfen; der jähzornige, kritische Vater wurde abgelehnt, die offenbar ebenfalls an einem Helfer-Syndrom leidende Mutter war das einzige Identifikationsobjekt.

Die Abwehr von Beziehungen und Gegenseitigkeit. Georg ist aus religiösen Motiven unverheiratet. Er schildert seine Beziehung zu einer Frau, die sich in ihn verliebte. Er war dabei stets der widerwillig mehr Nähe, mehr Zärtlichkeit gestattende Teil («ich kann nicht sehen, wenn jemand weint, ohne ihn in den Arm zu nehmen»). «Wenn ich mehr Nähe zu einem Menschen haben würde, dann wäre ich nicht mehr offen für die vielen, die mich brauchen.» Diese Phantasie ist typisch für das Helfer-Syndrom. Der Helfer glaubt, seine Fähigkeit, andere zu unterstützen und zu verstehen, würde durch echte Intimität zu einem Menschen gefährdet. Auf diese Weise stellt er seine Hilfeleistungen in den Dienst der Abwehr von Intimität und Gegenseitigkeit. Die tatsächliche Reihenfolge wird vertauscht: Aus «Ich helfe euch, weil ich keine Nähe ertragen kann», wird «Ich darf mich keinem zu sehr annähern, mich auf keine zu enge Beziehung einlassen, weil ich sonst nicht mehr so gut den vielen helfen kann, die mich brauchen.» Auf diese Weise wird eigene Abhängigkeit vermieden (die Klienten sind abhängiger vom Helfer als er von ihnen). Narzißtische Bestätigung kann ohne wirkliche Gegenseitigkeit gewonnen werden.

Agnes

In einer Selbsterfahrungsgruppe schildert Agnes, eine junge, sportlich gekleidete Frau, sie sei der seelische Mülleimer aller Freunde und Bekannten. Jeder würde ihr seine Probleme erzählen, sie höre immer verständnisvoll zu. Wenn es ihr selbst aber einmal schlecht geht, findet sie niemand, dem sie das sagen kann. Allmählich wird deutlich (ich fasse die Ergebnisse einiger Sitzungen zusammen, in denen Agnes immer wieder an ihren Schwierigkeiten arbeitet), daß sie selbst es darauf anlegt, keine Hilfe zu bekommen, stets stark und mächtig zu bleiben, obwohl sie dahinter ihre eigenen Zuwendungsbedürfnisse deutlich spürt – aber auch als unersättlich entwertet. Sie hat das Gefühl, daß sie ständig um Zuwendung kämpfen muß, daß diese Zuwendung aber eben dadurch, daß sie erkämpft ist, an Wert verliert. Allmählich schälen sich die einzelnen Komponenten ihres Helfer-Syndroms heraus:

Das abgelehnte Kind. Der Vater wollte eigentlich einen Jungen. Sie hat sich vorgenommen, keine Frau zu werden, denn Frauen sind schwach wie die Mutter, und kein Mann zu werden, denn Männer sind hassenswert wie der Vater, sondern sie wollte etwas über beiden sein, etwas noch besseres.

Die Identifizierung mit dem Über-Ich. Agnes braust oft auf, wenn in der Gruppe etwas anders ist, als es ihren Wertvorstellungen entspricht. Sie lehnt alle Werturteile heftig ab, will nur den Ausdruck von persönlichen Gefühlen dulden. Ihre Fragen und Aufforderungen werden von den Gruppenmitgliedern als scharf, wohlformuliert bestimmt, aber kalt, ohne emotionale Beteiligung erlebt.

Die versteckte orale Bedürftigkeit. Agnes schwankt zwischen Bewunderung und Kritik für den Leiter. Sie greift ihn mehrere Male an, wobei sie das Verhalten des Leiters in der letzten Sitzung noch einmal aufgreift: Einmal habe der Leiter aufgehört, obwohl ein anderes Gruppenmitglied geweint habe; «mit mir darfst du das nicht machen!».

Die Angst vor Nähe und Gegenseitigkeit. Zuwendung in der Gruppe verwirrt Agnes. «Ich weiß dann nicht, wie ich dran bin, was ich machen soll; das macht mich ganz verrückt. Was kann ich dann nur tun, um wieder Klarheit in meinen Kopf zu kriegen?» (mit Blick auf den Leiter). Zuwendung belebt die Angst vor den kindlichen Verletzungen wieder; sie wird daher vermieden oder manipulativ in Ablehnung verwandelt.

Indirekte Aggression gegen Nicht-Hilfsbedürftige. Agnes hat ständig Schwierigkeiten mit Vorgesetzten. In ihrem Beruf – sie ist Sozialpädagogin – kämpft sie dauernd gegen Männer, die angeblich etwas besser wissen oder können als sie. Ihr Triumpf ist es, wenn sie ihnen ihr Versagen zeigen kann; auch dem Gruppenleiter gegenüber zeigt sie Ansätze zu dieser Rachehaltung, die wohl ursprünglich ihrem Vater galt.

Franz

Ich lernte Franz auf einer gruppendynamischen Veranstaltung kennen. Er arbeitet als Sozialpädagoge in der Erwachsenenbildung. In der Gruppe konnte er keine Gefühle preisgeben, doch engagierte er sich sehr für andere Mitglieder, die Schwierigkeiten äußerten, und war um den Zusammenhalt der Gruppe besorgt. An einem freien Nachmittag organisierte er mit einigen Gruppenmitgliedern eine Nachsitzung, die sich bis ein Uhr nachts hinzog. Es fiel ihm sehr schwer, sich von den anderen Gruppenmitgliedern zu trennen, obwohl er wenig von seinen tieferen Gefühlen und Ängsten äußerte. Die Deutung seiner eigenen Bedürfnisse nach Zuwendung hinter der rationalen, an den Gefühlen der anderen orientierten Fassade beeindruckte ihn stark, ebenso wie die von ihm zumindest in der Phantasie, im Nacherleben neugewonnene Möglichkeit, sich zusammen mit anderen wirklich nahe und geborgen zu fühlen.

Als Franz von der Gruppe nach Hause kam, «war ich wohl ein ‹anderer Mensch›. Diese Feststellung traf meine Frau, und auch ich selbst konnte feststellen, daß ich wieder Zugang hatte zu meinem in letzter Zeit schwerer verschütteten gefühlsmäßigen Bereich.» So berichtete Franz in einem Brief an den Gruppenleiter. Er konnte mit seiner Frau in eine tiefere emotionale Beziehung eintreten, ihre Orgasmusschwierigkeiten verschwanden, die Kontakte in seinem Bekanntenkreis vertieften sich. Wie oft nach einem ersten, glückenden Gruppenerlebnis waren diese Veränderungen nicht in vollem Umfang beständig. Die alten, fassadenhaften Verhaltensformen kehrten zurück, doch Franz hatte den Ansatz gefunden, weiterzuarbeiten. Seine Reaktion ist charakteristisch: Er bewog seine Frau, sich in psychotherapeutische Behandlung zu begeben. Diese, beeindruckt durch seine Veränderungen, nahm etwa ein Jahr an einer Therapiegruppe teil.

Die Partnerbeziehung. Franz ist älter als seine Frau. In vieler Hinsicht ersetzt er ihr den Vater, der Maria fehlte (er ist früh verstorben). Dennoch ist die Beziehung oft gespannt. Sexuelle Aktivität kann den fehlenden Austausch von Gefühlen nicht ersetzen. In Gesprächen versucht Franz immer wieder, seine Frau in eine Position zu bringen, in der sie über ihre Ängste, Depressionen und anderen Schwierigkeiten spricht. Wenn er ihr dann helfen kann, fühlt er sich wohler. Manchmal aber lehnt Maria diese Hilfe ab. Sie fühlt sich recht wohl und möchte über alltägliche Dinge plaudern. In dieser Situation wird Franz deprimiert und ärgerlich. Er versucht immer wieder, immer drängender, das Gespräch auf Marias Schwierigkeiten zu bringen. Erst wenn sie dann endlich emotional reagiert, wenn sie z. B. auf ihn einschlägt, fühlt er sich wieder besser. Andererseits erwartet Franz auch, daß Maria Elternaufgaben übernimmt. Seine Sehnsucht nach Zuwendung und Nähe drückt er nicht unmittelbar, sondern indirekt aus: einerseits, indem er eine Situation inszeniert, in der er geschlagen wird; andererseits, indem er an psychosomatischen Symptomen erkrankt, die ihm verstärkte Zuwendung sichern. Als Maria im Verlauf ihrer Gruppentherapie allmählich sieht, daß es nicht ihr eigenes Bedürfnis ist, sich einer Behandlung zu unterziehen, sondern Gefügigkeit ihrem Mann gegenüber, bricht sie die Therapie ab.

Das abgelehnte Kind. Franz ist ein Einzelkind. Bis in die Zeit seiner Ehe hängt er mit einer deutlichen Haßliebe an seiner überbeschützenden Mutter. Er ruft oft zu Hause an, doch sobald er mit der Mutter ins Gespräch kommt, fängt er an, mit ihr zu streiten, ihr mangelndes Verständnis und frühere Erziehungsfehler vorzuhalten. Als Anlaß verwendet er meist ihre Versuche, seine Kleidung, seinen Haarschnitt, sein berufliches Verhalten im Hinblick auf ihre Ideale zu kritisieren. Jedesmal, wenn er zu seiner Mutter fährt, werden seine psychosomatischen Leiden heftiger. Dennoch sucht er sie immer wieder auf. Er versucht, sie gewissermaßen auf der Helfer-Seite zu überholen, ihr gegenüber eine ähnlich überbesorgte Haltung einzunehmen, wie sie es mit ihm während seiner Kindheit tat. So empfiehlt er ihr psychologische Bücher oder auch die Teilnahme an Selbsterfahrungsgruppen. Wenn sie ablehnt, gewinnt er neuen Stoff für Vorwürfe. Als beherrschende Gefühle seiner Kindheit schildert er: die Angst vor dem unberechenbaren Verhalten seiner Mutter («wenn sie an mir vorbeiging, hat sie mir eine gewischt... ich konnte ihr nichts recht machen... meine Eltern stritten, und sie drohte mit Selbstmord, da habe ich als Kind eine Gabel genommen und gesagt: Wenn du nicht aufhörst, dann renne ich dir die in den Bauch»), die Enttäuschung über den Rückzug des Vaters, der abdankte und die Bestimmung über die Familie seiner Frau überließ, die ständige Faszination durch Krankheiten («meine Mutter war immer krank... jedes Jahr hatte sie irgendwo anders Krebs»).

Die Identifizierung mit dem Über-Ich. Franz fühlt sich wohl, wenn er in seinem Beruf arbeiten kann. Urlaub macht ihn nervös, unsicher; er wird dann oft krank. Sobald er wieder mit seinen Klienten spricht, sie aufklären, ihnen etwas beibringen kann, wird er entspannt. In seiner Arbeit ist er überaus korrekt, pünktlich und genau. Ärgerlich wird er, wenn jemand zu spät kommt, einen Termin versäumt oder nicht erwartungsgemäß mitarbeitet.

Die verborgene narzißtische Bedürftigkeit. Hier spielt die Neigung zu psychosomatischen Störungen eine große Rolle. Nur auf diesem Weg können sich die sehr intensiven Wünsche, narzißtische Bestätigung zu finden, in einer vom Über-Ich tolerierten Weise äußern. Als sich Franz später einer Analyse unterzog, begann er lange Zeit seine Stunden mit einer Schilderung seines körperlichen Befindens, woran er Appelle an den Analytiker anschloß, ihn doch für seine Wehleidigkeit zu bestrafen oder sich dadurch bestraft zu fühlen («ich möchte, daß Sie mir auf den Kopf schlagen, wenn ich so daherrede und immer jammere... es muß Ihnen doch furchtbar zusetzen, so ein Patient wie ich...»). Franz war immer sehr besorgt, seine Stunden pünktlich zu beenden. Wenn der Analytiker nach den vereinbarten 50 Minuten nicht aufhörte, blickte er nervös auf die Uhr und erinnerte ihn endlich daran, die Zeit sei um. Dieses Bedürfnis nach starker Strukturierung und genauer Zeiteinteilung wirkte wie ein Wall um die narzißtische Unersättlichkeit dahinter. Franz benutzte jede kleine Gelegenheit, um dem Analytiker zu helfen oder ihm doch zumindest «nichts schuldig zu bleiben», seien es auch nur die fünf Minuten über die vereinbarte Sitzungsdauer hinaus oder die Sitzung, welche ihm der Analytiker versehentlich nicht auf die Rechnung gesetzt hatte. Andererseits achtete er genau auf die kleinsten Zeichen mangelnder Einfühlung beim Analytiker. Wenn er tatsächlich Hinweise auf das entdeckte, was er andererseits durch seine Aufforderung immer wieder anzielte («Sie müssen mich härter anfassen... wann werden Sie endlich ungeduldig mit einem wie mir?... ich weiß, daß Sie das sein können, ich habe es neulich in der öffentlichen Diskussion bei X. gesehen»), reagierte er äußerst empfindlich und verletzt. Hier wird deutlich, daß sein Helfer-Syndrom eine Reaktionsbildung gegen seine eigene Hilfsbedürftigkeit ist. Diese ist angstbesetzt und wird kontrolliert, weil sie ihn als Kind, noch von Gefühlen bestimmt, gegenüber den seelischen Verletzungen durch seine wenig einfühlsame Mutter verwundbarer gemacht hatte.

Die indirekte Aggression. Franz äußert nie direkte Aggression, er wird nicht wütend. Die Identifizierung mit dem Über-Ich verhindert das: Ein sozial eingestellter Mensch ist nicht aggressiv. Die aggressiven Phantasien werden projektiv abgewehrt. Franz neigt dazu, andere zu verdächtigen, ihm gegenüber aggressiv eingestellt zu sein. Sein Verhalten ist nicht selten auf eine Provokation dieser in die Umwelt projizierten Aggression abgestellt. Wenn Franz dann offener Aggression begegnet, ist er deutlich erleichtert, er kann dann, von Schuldgefühlen entlastet, seine eigenen Aggressionen äußern. Sein Gegner hat sich ins Unrecht gesetzt.[1] Durch diesen Mechanismus lassen sich seine Schlage-

1 E. Berne beschreibt dieses Verhalten als «JEHIDES»-Spiel: Weiß wartet, bis Schwarz einen Fehler macht, um seine angestauten, projizierten

phantasien während der Analyse und seine Provokation wütenden «Trommelns» von seiten seiner Frau verstehen. Zusätzlicher Gewinn dieses Manövers ist die Vermeidung von Nähe, die wegen der frühen narzißtischen Verletzungen als gefährlich erlebt wird, nach dem Motto: «Ich muß mich kontrollieren, ich kann euch ja nicht vertrauen!»

Die Vermeidung von Gegenseitigkeit in Beziehungen. Die Partner des Menschen, der an einem Helfer-Syndrom leidet, werden infantilisiert und/oder parentalisiert: Die Beziehung auf einer gleichen Ebene, in der jeder im Geben nimmt, im Nehmen gibt, kommt nicht oder doch nur teilweise zustande. Es wurde bereits gezeigt, wie sich diese Situation auf die Ehe von Franz auswirkte. Maria war entweder das Kind, das betreut, belehrt und unterstützt wurde, oder die ideale Mutter, welche die durch die psychosomatischen Symptome ausgedrückten Wünsche nach Versorgt- und Betreutwerden erfüllen mußte. Da sie keine dieser Rollen auf die Dauer befriedigen konnte, war Maria für Franz »schwierig» und einer Psychotherapie bedürftig. Franz wollte stets aufs genaueste über die Gefühle, vor allem die Ängste und Aggressionen, Marias unterrichtet sein, um «ihr zu helfen», d. h. um sich selbst mehr Sicherheit zu geben, seine eigenen, ambivalenten Gefühle aus einer gedeckten Position heraus zu beruhigen, seine Ängste, abgelehnt zu werden, zu kontrollieren. Emotionale Nähe konnte dadurch selten entstehen, da die auf Maria projizierten Aggressionen, die ursprünglich der Mutter galten, nicht geklärt wurden.

Aggressionen herauszulassen, nach dem Motto: Jetzt habe ich dich endlich, du Schweinehund! Voraussetzung auf seiten des Mitspielers ist ein unbewußter Masochismus. Vgl. E. Berne, Spiele der Erwachsenen, Reinbek 1967.

Leonhard

Leonhard wollte ursprünglich katholischer Priester werden. Heute ist er in der Erwachsenenbildung tätig. Ständig bestrebt, sich selbst weiterzubilden, um wirksamer arbeiten und seinen Schülern auch bei persönlichen Konflikten helfen zu können, suchte er die Analyse.

Das abgelehnte Kind. Leonhard ist Einzelkind, sein Vater starb kurz nach der Eheschließung. Die Mutter schloß sich eng an die Familie ihres verstorbenen Mannes an und beteiligte sich an der Idealisierung des toten Partners. Sie ging keine neue Bindung ein, arbeitete in einem Büro und erzog ihren Sohn zusammen mit der Großmutter sehr religiös. Leonhard schildert sie als eine stets unfrohe, sehr kritische Frau, die in jeder Lebenslage die negativen Seiten hervorzuheben, Gegenwart und Zukunft schwarz zu malen wußte. Da die Mutter nur sehr wenig emotionale Bestätigung geben konnte, ist auch Leonhards emotionale Resonanz schlecht entwickelt. Er suchte Ausgleich in einer starken Leistungshaltung, wurde zum Musterschüler, überspielte seine Unsicherheit in Gefühlsbeziehungen durch betonte Idealisierung religiöser und ethischer Werte. Wenn er von Konflikten aus seiner Kindheit spricht, nimmt er in seinem nichtverbalen Verhalten deutlich die Haltung von Erziehern ein, die der Angst und hilflosen Wut des Kindes mit moralisierender, gelegentlich spöttischer Distanz gegenüberstehen. So schildert er etwa, daß er als Kleinkind in einen Kindergarten geschickt wurde, in den er nicht wollte, und sich in einem Wutanfall flach auf die Straße legte. Diese Szene berichtet er als «nette Kindheitserinnerung, die mir oft erzählt wurde». Zu seinen Gefühlen von damals hat er keinen Zugang mehr. Der emotionale Gehalt der Kindheit ist für Leonhard ausgelöscht; nur in der Beziehung zu seinen eigenen Kindern findet er Anklänge daran. Leonhards Entwicklung zeigt, daß es auch dann sinnvoll ist, von dem «abgelehnten Kind» zu sprechen, wenn das Kind von der Familie erwünscht, ja als Ersatz für den verstorbenen Vater sogar besonders narzißtisch besetzt ist. Die Bezugspersonen akzeptieren dann ihre eigene Erwartungshaltung, ihre mit narzißtischer Libido besetzte

Vorstellung von dem Kind, nicht aber das reale Kind mit seinen Gefühlen, Bedürfnissen und Entwicklungsmöglichkeiten. Die Folge ist oft das Erlebnis einer «schrecklichen Undankbarkeit» von seiten des Kindes – falls dieses nicht an einer Neurose oder Psychose erkrankt. Die Eltern sagen: «Was haben wir nicht alles für dich getan ... und so lohnst du es uns!» Tatsächlich fühlt sich das Kind abgelehnt; es spürt, daß die Eltern nur ihr eigenes Ideal lieben und für dieses Ideal etwas tun. Im Fall von Leonhard drohte die Mutter mit Selbstmord, als sie erfuhr, daß ihr Sohn heiraten wollte und somit nicht mehr Priester werden konnte, wie sie es sich vorgestellt hatte. Hier bewährte sich die früh – freilich auf Kosten der Gefühlsentwicklung – erworbene Unabhängigkeit, die Eigenständigkeit im Urteil, wie sie die Identifizierung mit dem Über-Ich vermittelt. Leonhard konnte sich trotz dieses massiven Drucks aus seiner von der Mutter fixierten Rolle befreien. Das ist beim Helfer-Syndrom gar nicht selten der Fall. Hier wird häufig der ursprünglich religiöse, an einem bestimmten Bekenntnis orientierte Anspruch moralischen Verhaltens dadurch «überwunden», daß ihn der Helfer auf der Über-Ich-Seite übertrifft. Er verweist z. B. auf den Widerspruch zwischen den moralischen Forderungen der christlichen Kirchen und dem tatsächlichen Verhalten der Würdenträger und der Gläubigen, während er seinerseits Normen rigoros vertritt, ohne ihren ethischen Ursprung noch bewußt zu durchdenken. Dieser Prozeß ist so produktiv wie problematisch: Er kann den Aufbruch aus einer erstarrten, zum Lippenbekenntnis gewordenen Ethik bedeuten, aber auch zu einer gnadenlosen, deprimierenden Zwangsmoral führen, in der die spezifisch christlich-religiösen Motive der Erlösung, der Verzeihung, der Nachsicht mit fremden und eigenen Mängeln fehlen.

Die Vermeidung von Gegenseitigkeit in der Partnerbeziehung. In den Identitäts-Entwürfen der Pubertät ist Leonhard Held und Helfer. Rittergeschichten faszinieren ihn. Er identifiziert sich mit Prinz Eisenherz und anderen Gestalten schier allmächtiger Helfer. Vor allem rettet er oft Frauen aus der Gewalt von Schurken, Drachen und anderen bedrohlichen Situationen. Gegen Ende der Pubertät überformen die Phantasien vom Priester, dem Stellvertreter Gottes, die Heldengestalten. Wie eine unbewußte Inszenierung mutet der Unfall an, durch den Leonhard seiner späteren Frau so nahekommt, daß ihm eine Ehe möglich wird. Während einer gemeinsamen Bergtour stürzt er durch das unvorsichtige Verhalten Evas gefährlich ab. Sie ist noch viel mehr erschrocken als er, und aus dem Bemühen, ihr zu helfen, ihr Trost zuzusprechen, kommt er ihr näher. Sie ist es dann, die den Anstoß zur Heirat gibt. In der Partnerbeziehung kommt es bald zu Spannungen, weil Eva vermißt, daß Leonhard spontan auf sie zugeht, ihr das Gefühl vermittelt, wirklich an ihr interessiert zu sein, sie nicht lediglich zu unterstützen, weil sie es braucht. Evas eigene Problematik trägt dazu bei; auch sie gewinnt ihre Selbstachtung vorwiegend aus dem, was sie für andere tut. Sie hat es sich und Leonhard nicht verziehen, daß der Schritt zur Eheschließung von ihr ausging. Sie hat sich hier selbst in eine ausweglose Situation gebracht: Weil sie glaubt, nicht liebenswert genug zu sein, hat sie die Eheschließung selbst in die Hand genommen. Weil sie das tat, spürt sie den Beweis, daß sie nicht liebenswert genug ist. Die Ehe wird zu einer Konkurrenz um Selbstlosigkeit und Hilfe für andere. Beide Partner sind unermüdlich tätig: Vier kleine Kinder sind zu versorgen. Sie arbeiten in Kindergarten- und Elternbeiräten, organisieren Selbsthilfe für Nachbarn mit kleinen Kindern, engagieren sich in der Kirchengemeinde, in der Bildungsstätte, an der Leonhard als Religionslehrer arbeitet. In diesen vielfältigen Belastungen hat es Leonhard schwer, an seinem Ideal einer stets positiven Gefühlshaltung, Unerschütterlichkeit und Hilfsbereitschaft festzuhalten. Er spürt oft eine hilflose Wut, wenn er z. B. von der Arbeit heimkommt und Eva ihm gleich neue Tätigkeiten im Haushalt auflädt. Diese Wut richtet sich nicht gegen Eva, sondern gegen das eigene Selbst. Leonhard verlangt ja von sich, nie etwas abzuschlagen, ja die nötigen Aufgaben von sich aus, unaufgefordert, zu erledigen. In diesen Situationen verkriecht er sich in sich selbst, wird gefühlsmäßig noch weniger ansprechbar als sonst. Die vermiedene Gegenseitigkeit in der Partnerbeziehung drückt sich bei Leonhard und Eva in einer Konkurrenz um die Über-Ich-Position aus, in der jeweils der andere Partner sich «von oben» gefordert, kritisiert, ja abgelehnt fühlt. Die dadurch entstehenden Spannungen werden vielfach dadurch bewältigt, daß sich das Paar gegenüber den weniger engagierten, hilfsbereiten Mitmenschen abgrenzt und sie zum Ziel der Aggressionen macht, die in der Beziehung nicht geäußert werden können. Beide gewinnen ihre narzißtische Bestätigung vorwiegend aus den Helfer-Beziehungen außerhalb der Ehe, nicht aus der emotionalen Nähe ihrer Partnerschaft.

Die Identifizierung mit dem Über-Ich. Leonhard wirkt sehr gefestigt, er spricht mit ruhiger, kräftiger Stimme, sehr gleichmäßig und wohlgesetzt. Alle Schwierigkeiten werden mit Ruhe, Umsicht, nach den Regeln von Ethik und Vernunft angegangen. Vor seiner Analyse war Leonhard überzeugt, unempfindlich gegenüber Vorwürfen und Kränkungen zu sein: «Ich dachte, mir kann keiner etwas anhaben.» Diese Unangreifbarkeit ist ein sicheres Kennzeichen der Identifizierung mit dem Über-Ich. Alle denkbaren Einwände gegen emotional gesteuertes, spontanes, darum möglicherweise «falsches» Verhalten und Phantasieren sind bereits vorweggenommen. Freilich geschieht das auf Kosten der Kreativität und Erlebnisvielfalt. Leonhard kann gar nicht anders sein als überlegt, durch nichts aus der Ruhe zu bringen, stets freundlich und hilfsbereit. Gefühle, die dieser Über-Ich-Identifizierung widersprechen, sind von der Abfuhr weitgehend ausgeschlossen. Das drückt sich auch in dem Ablauf der freien Einfälle während Leonhards Analyse aus. Alles, was er sagt, ist wohlformuliert und wohlüberlegt. Auf die Bedeutung der Zwischentöne, des Assoziierens «entlang von Gefühlen», der spontan auftauchenden Bilder hingewiesen, verstummt er. Es ist ihm auch kaum möglich, Beziehungen zwischen den Bildern seiner Träume und spontan auftretenden Einfällen herzustellen. Er möchte die Träume am liebsten gleich in ausgestaltete Deutungen übersetzen bzw. vom Analytiker übersetzt haben und ist unterschwellig enttäuscht, als diese Hilfestellung ausbleibt. Auf seine unausgesprochenen Gefühle dem Analytiker gegenüber hingewiesen, ringt er sich die Aussage ab, «ich hätte mir mehr Hilfe erwartet», schränkt jedoch gleich ein, «aber es ist sicher so richtig, wie Sie es machen, ich muß eben allein draufkommen». Wenn die Möglichkeiten rationaler Berichterstattung erschöpft sind, verfällt Leonhard in hartnäckiges Schweigen, das nur selten von einem Satz unterbrochen wird.

Die verborgene narzißtische Bedürftigkeit. Leonhards Bedürfnis, etwas Besonderes zu sein, sein versteckter Allmachtswunsch sind im Hintergrund seiner Helfer-Rolle gut getarnt. In der Schule trug er in den oberen Klassen nur schwarze Anzüge, wobei er den narzißtischen Anspruch gut mit praktischen Motiven – es handelte sich um Erbstücke – begründen konnte. Leonhard will nichts für sich, er nimmt z. B. bei Streitigkeiten mit Eva stets die ganze Schuld auf sich, er ist nie unzufrieden, nie schlecht gelaunt, stets fähig, auf andere einzugehen und die eigenen Bedürfnisse nach Aufmerksamkeit und Bestätigung in den Hintergrund zu stellen. Seine Panzerung gegen eine narzißtische Unersättlichkeit, die in diesem starren Festhalten am Ideal-Selbst deutlich wird, beeinträchtigt Leonhard in allen Situationen, in denen er keine Helfer-Rolle spielen kann.

Die indirekte Äußerung von Aggressionen. Leonhard kann sich an keine Lebenssituation erinnern, in der er mit offener Wut reagierte. Doch verraten sein steifer Gang, seine stets etwas gepreßte Stimme und seine außerordentliche Empfindlichkeit für aggressive Äußerungen anderer eine dauernde emotionale Spannung in diesem Erlebnisbereich. Leonhards Form, mit eigenen und fremden Aggressionen umzugehen, ist die ruhige Überlegenheit, das gelassene, positive Lebensgefühl. Auf diese Weise läßt er seine Gegner ins Leere laufen und vermittelt ihnen – auch seiner Frau, die gelegentlich in hilflosen Zorn gerät – das Gefühl, im Unrecht zu sein.

Clemens

Clemens ist Facharzt für innere Medizin und arbeitet in einer großen Klinik auf der Privatstation des Klinikchefs. Die enge, freundschaftliche Beziehung zu diesem Vorgesetzten hat, verbunden mit seiner Tüchtigkeit im Beruf, dazu geführt, daß er schon relativ früh Oberarzt wurde.

Das abgelehnte Kind. Der Mangel an narzißtischer Bestätigung in der Kindheit von Clemens wird zunächst durch seine Idealisierung der Mutter verdeckt. Er wuchs in einem großen Haus in der Vorstadt auf, das seinem erfolgreichen, aber schwer gestörten Großvater gehörte. Dieser Großvater war weit mächtiger als der Vater von Clemens, der sich nie aus der Abhängigkeit von ihm lösen konnte und zusammen mit seiner Frau bei ihm wohnte, weil er als freischaffender Künstler nie genug Geld verdiente, um selbständig einen «standesgemäßen» Haushalt einrichten zu können. So zumindest wurde es dargestellt; die Angst des Vaters, sich aus der Abhängigkeit von seinen Eltern zu lösen, blieb im Hintergrund. Charakteristisch für den Großvater war, daß er, stets schlecht gelaunt, alle anderen Familienmitglieder unbarmherzig kritisierte und völlig unfähig war, tatsächliche oder vermeintliche Kränkungen, die er einmal erlitten hatte, zu verzeihen. Er konnte noch nach zehn Jahren mit demselben Haß in der Stimme eine häusliche Szene wieder aufgreifen, in der er eine Verletzung seiner Person sah. Die Haltung der Eltern von Clemens diesem Großvater gegenüber war ängstlich-beschwichtigend. Die Familie verbündete sich insgeheim gegen ihn, doch wagte niemand, sich offen zu widersetzen – am ehesten noch die Mutter, die Clemens als eher hart und energisch schildert, verglichen mit dem weichen, depressiven Vater. Vater und Kinder waren sehr von der Mutter abhängig. Clemens erinnert sich noch an einen Knittelvers, den sein Vater ersann: «Ist die Mutter sauer/stirbt der stärkste Bauer/Typhus, Pest und Cholera/Sind dagegen Tralala.» Die Kindheit war überschattet von der Angst vor dem Großvater und von den narzißtischen Kränkungen durch die wenig einfühlsame Mutter. Beschämung und Ohnmacht sind charakteristische Gefühle von Clemens' Kindheit. Selbst unterdrückt, in ihrer Freiheit eingeschränkt, begegnen die Eltern der naiven Aktivität des Kindes oft spöttisch. Als Clemens z. B. einmal ein großes Beet mit Erdbeeren im Garten anlegen will und die Arbeit, die über seine Kräfte geht, nach einem ersten Anlauf wieder aufgibt, heißt es:

«Da hat er schon wieder den Mund zu voll genommen!» Clemens' ausgeprägte, durch Spott und Strafen nicht unterdrückbare Leidenschaft fürs Naschen zeigt deutlich, daß das Kind einen Mangel an Zuwendung spürt. Rücksicht auf andere ist das vorherrschende Erziehungsprinzip: Die Eltern wehren ihre Aggressionen gegen den Großvater durch diese Ideologie ab und benützen sie, um ihrerseits Aggressionen gegenüber den Kindern als «gerechte Strafe» zu begründen. Clemens erinnert sich, wie ihn die Mutter in einer Gartenecke verprügelte, weil er durch sein lautes Spielen rücksichtslos gegen den kranken Vater war. Das narzißtische Defizit in der Kindheit von Clemens entstand vor allem durch die schwierige Situation der Eltern und durch ihre mangelnde Fähigkeit, sich gegenseitig zu bestätigen. So wurden die Kinder narzißtisch ausgebeutet, einerseits durch Kränkungen («Du hast schon wieder den Mund zu voll genommen, Kleiner» – im Hintergrund: Wieso willst du etwas schaffen und Lob haben, wo wir selbst doch unsere Schwierigkeiten nicht lösen können!), andererseits durch stete Verpflichtung zu Rücksicht und «Liebsein». Zu schwach, um sich gegen den Großvater durchzusetzen, stützten sich die Eltern auf die Kinder. Der Vater suchte eine Zeitlang Bestätigung in außerehelichen Beziehungen, resignierte aber auch hier. Er starb relativ jung. Der Großvater – so berichtet Clemens entrüstet – habe dazu gesagt: «Ich wußte ja schon immer, daß er früh krepieren wird.» Charakteristisch für die Überforderung des Kindes, für Clemens' heftige, doch mit starken Ich-Einschränkungen abgewehrte Aggressionen und sein einschmeichelndes Verhalten den Eltern gegenüber ist die Szene, in der sein Vater ihn fragte, was er denn tun wolle, wenn sich die Eltern trennen würden. «Dann würde ich euch mit dem Holzhammer auf den Kopf hauen und ins Bett legen, und wenn ihr dann am Morgen aufwacht, seid ihr wieder gut miteinander.» Hier wird der Trennungswunsch des Vaters ebenso deutlich wie die heftige, ins Niedliche retuschierte Aggression des Kindes gegen Eltern, die drohen, es im Stich zu lassen. Clemens erinnert sich noch dunkel, daß seine Gefühle bei dieser Frage des Vaters stark aufgewühlt waren und er viel Kraft aufbieten mußte, um diese «witzige» Lösung zu finden.

Der Mangel an Gegenseitigkeit in Beziehungen. Clemens schließt sich schon früh an eine Frau an, die bereits berufstätig ist, während er noch die Schule besucht und dann studiert. Die Beziehung ist durch die Rücksichtnahme und den emotionalen Rückzug von Clemens gekennzeichnet, der aus seinem Beruf weit mehr Befriedigung gewinnt als aus der Beziehung zu seiner Familie. Als Clemens in seiner Analyse die Bedeutung der frühen Bezugspersonen deutlicher sieht, erkennt er eine überraschende und unerwartete Ähnlichkeit zwischen seiner Frau und dem Großvater. Beide seien ähnlich kritisch, hart, oft abweisend. Beiden gegenüber zeigt Clemens oft ein beschwichtigendes Verhalten, oder er entzieht sich. Clemens stellt dadurch emotionalen Abstand zu seiner Frau her, daß er Züge seines Großvaters in sie hineinlegt. Spontane Gefühle zeigt er ihr sehr selten. Als sie ihn einmal betrog und ihm das erzählte, fühlte er sich ihr sehr nahe, weil sie wegen ihrer Schuldgefühle seine Hilfe benötigte. Seine Frau verweigert sich häufig sexuell, und obwohl ihn das kränkt, äußert er keine Ansprüche. Er erinnert sich hier an die Maxime seines Vaters: Du mußt immer Rücksicht auf die Frauen nehmen. Clemens' eigene spontane Bedürfnisse sind fast vollständig hinter dieser beschwichtigenden Elternrolle versteckt, die er gegenüber seiner Frau spielt. Er kann nur überlegen und hilfreich sein – oder sich ganz und gar zurückziehen, in die Arbeit flüchten. Nur in seinen Träumen werden heftige, narzißtisch und sadistisch gefärbte sexuelle Wünsche deutlich – Frauen reihenweise mit einem riesigen Penis zu befriedigen.

Die Identifizierung mit dem Über-Ich. Rücksicht auf andere, soziales und ärztliches Engagement, Verzicht auf spontane Gefühlsäußerungen kennzeichnen diese Abwehrhaltung. Besondere Schwierigkeiten hatte Clemens (vor seiner Analyse), aggressive Gefühle zu äußern. Er wurde dann vollständig hilflos, redete lang und weitschweifig, versuchte alle Gegensätze zu kitten, alles zu verstehen, auch wenn es auf seine Kosten ging. Einen Teil der dadurch entstehenden Spannungen erledigte er psychosomatisch. Die Über-Ich-Identifizierung drückt sich auch in der Körperhaltung aus: Clemens geht steif, gerade, er bewegt sich langsam und gebremst, spricht sehr gleichmäßig, sein Gesicht wirkt ausdrucksarm, verrät allenfalls eine unbestimmte Nervosität. Die Übernahme der Über-Ich-Positionen der Eltern – Rücksicht, Hilfsbereitschaft, Vernunft («mein Vater hat mir immer alle Gründe gesagt, wenn er mich verdrosch») – ist dabei deutlicher als die negative Identifizierung mit dem Großvater. Clemens will auf keinen Fall so unvernünftig, aggressiv, gehässig wie der Großvater sein. Andererseits ist sein Ideal doch an diesem orientiert. Er phantasiert z. B., durch seine berufliche Karriere seinen Großvater zu übertrumpfen und zu beeindrukken, so daß dieser sagt: «Das hätte ich nicht geschafft.» Er stellt sich vor, wie er viele akademische Titel hat oder wie er durch großartiges Orgelspiel in der Kirche den Großvater niederschmettert. Zu sozialem – vor allem beruflichem – Erfolg leistet die Über-Ich-Identifizierung in der Regel einen erheblichen Beitrag. Clemens ist in der Klinik beliebt, weil er freundlich und tüchtig ist, die formalen Regeln beherrscht und vertritt, aber sich auch um menschliche Hilfsbereitschaft und Vermittlung bemüht. Ein Stück weit ist ihm hier gelungen, was er in der Auseinandersetzung zwischen Eltern und Großeltern zu Hause vermißte: Gegensätze zu versöhnen, Konflikte konstruktiv anzugehen. Er leitet den Personalrat – «ich kann mir nicht vorstellen, daß es grundsätzliche, unüberbrückbare Gegnerschaft zwischen Arbeitnehmern und Arbeitgebern gibt». Clemens wirkt dabei immer etwas gehetzt, nervös, bis an die Grenzen seiner Belastbarkeit angespannt. Hier zeigt sich die Nähe der Identifizierung mit dem Über-Ich zu einem unbewußten Strafbedürfnis. Aus dem Protokoll einer Analysestunde: «Seit ich diesen schlimmen Schnupfen habe, ist das nervöse Zittern besser, und ich bin insgesamt ruhiger ... Ich lebe dahin, arbeite viel, ein Termin nach dem anderen, ohne daß ich meine Gefühle wirklich wahrnehmen kann ... Meine Frau schläft nicht mit mir, weil sie die Pille nicht verträgt. Ich bin gekränkt, aber ich sage es nicht. In der Klinik fühle ich mich wohler, ich bleibe abends immer länger.» – «Sie leben zentrifugal, hetzen von einem Ergebnis zum anderen. Was ist innen?» – «Ich weiß nicht ... ich möchte ganz zärtlich sein, mit einem Mädchen, möchte Ruhe haben und schmusen ... Mir ist da ein blöder Spruch eingefallen: Geben ist seliger als nehmen ...»

Die verborgene narzißtische Unersättlichkeit. Ein sehr wichtiges Thema zu Beginn von Clemens' Analyse ist seine Beziehung zu einer Krankenschwester, die immer wieder mit ihm flirtet und ihn dann kränkt, indem sie sich von ihm abwendet und mit anderen spricht, tanzt, während sie von ihm kaum mehr Notiz nimmt. Obwohl formal ihr Vorgesetzter und eigentlich an einer Intimbeziehung gar nicht ernstlich interessiert, reagiert Clemens auf diese Szenen immer wieder mit tiefen Depressionen, in die sich Ärger über seine Verletzlichkeit und Wut auf diese Frau mischen. Doch schon wenige Tage später ist er ganz für sie da, bemüht sich um sie, fühlt sich ihr nahe, wenn sie wieder freundlich zu ihm ist. Bei seiner Frau zu Hause hat er nie dieses Gefühl, sondern sieht sich eher kritisiert und auf Distanz gehalten. Gefragt, was denn Frau X. tun müsse, um seine Wünsche zu befriedigen, sagt Clemens: Sie soll mir versichern, daß ich für sie der liebste, beste Mensch bin, der engste Vertraute und Freund.

Die narzißtische Unersättlichkeit beim Helfer-Syndrom, die (verbunden mit der Über-Ich-Identifizierung) den Helfer häufig dazu führt, sich über die Grenzen seiner physischen und seelischen Leistungsfähigkeit hinaus zu überarbeiten, entsteht 1. aus einer frühkindlichen Entwicklungsstörung des Selbstgefühls, 2. durch die Einschränkungen, welche das Über-Ich dem spontanen Verhalten auferlegt, und 3. durch die Vermeidung von Gegenseitigkeit in Beziehungen. Auf gegenseitiger Spontaneität und Intimität beruhende Gefühlsbeziehungen sind die sicherste, wahrscheinlich die einzig wirklich sättigende Quelle narzißtischer Bestätigung, weil hier die Wenn-dann-Situation weitgehend aufgehoben ist, die den Wert der narzißtischen Bestätigung durch Leistung (in einem Beruf, in künstlerischer Arbeit, in der Hilfe für andere) für den Betroffenen immer wieder unsicher macht, ihn weitertreibt. Clemens lebt in einer Situation, die diese Zusammenhänge beleuchtet: Er ist mit großem Einsatz und entsprechendem Verdienst in der Klinik tätig, sein Privatleben ist äußerlich geordnet, für ihn jedoch ganz unbefriedigend. Der Schwerpunkt seines Lebens liegt eindeutig im beruflichen Bereich, im Einsatz für andere. In der Analyse änderte sich das teilweise, doch nicht vollständig. Clemens beendete sie, als die für seine Ausbildung nötige Stundenzahl erreicht war. Sein Analytiker erhob keine Einwände, weil er die weitere Entwicklung abwarten wollte und es für wenig sinnvoll hielt, einem äußerlich nicht gestörten Klienten wider dessen Willen eine längere Analyse anzuraten. Er vereinbarte mit Clemens, dieser könne jederzeit ein Stück weiterarbeiten, wenn seine Lebenssituation das nötig erscheinen lasse. Da die Identifizierung mit dem Über-Ich ein gesellschaftlich häufig sehr erfolgreicher und anerkannter Abwehrmechanismus ist, fehlt der für eine Veränderung notwendige Leidensdruck. Der sozial anerkannte und erfolgreiche Klient mit einem Helfer-Syndrom zögert, seine Form der Anpassung zugunsten eines erneuten Entwicklungsschrittes in Frage zu stellen. Seine Befriedigungsmöglichkeiten sind eingeschränkt, das Risiko einer psychosomatischen Erkrankung ist relativ hoch, doch tritt keine deutliche neurotische Symptomatik auf, die gebieterisch eine Änderung verlangt. Die Zeit ist durch Arbeit ausgefüllt, die aus den wenig bedrohlichen, einseitigen Beziehungen gewonnene narzißtische Befriedigung tröstet immer wieder über Enttäuschungen, Ängste und Selbstzweifel hinweg, die sich aus den Schwierigkeiten ergeben, sich zu erholen und ein befriedigendes Privatleben zu führen.

Die indirekte Aggression. Clemens kann keine aggressiven Gefühle ausdrücken. Er fühlt sich dann vollständig blockiert, verspürt eine starke Neigung zu beschwichtigen, zu kitten, wenn eine aggressive Auseinandersetzung droht. Diese Aggressionshemmung, die zur Zeit seiner Analyse merklich nachließ, machte sich schon in der Kindheit bemerkbar. Clemens stand bei den Streichen seiner Schulkameraden abseits. Er hatte das charakteristische Gefühl, dafür noch nicht alt genug und gleichzeitig schon zu alt zu sein. Die kindliche Trennungsangst einerseits, die Identifizierung mit dem Über-Ich andererseits führen dazu, daß das nicht mehr Kindliche sogleich vergreist, erstarrt. Der Helfer erlebt seine Gefühlsbedürfnisse meist als etwas «Kindisches», er spürt die Verpflichtung, «darüber zu stehen», über solche Dinge erhaben zu sein. Weil er seine Wünsche nicht äußern kann, ohne sich kindlich und in dieser Kindlichkeit abgelehnt zu fühlen, gibt er sich souverän, während dahinter seine Bedürftigkeit wuchert – auch seine Bedürftigkeit, sich aggressiv durchzusetzen. Clemens träumte z. B. von Orgien, von Gruppensex, aber auch von Prügeleien. Diese Aggressionen gelten meist den versagenden Eltern oder ihren Stellvertretern, z. B. auch dem Analytiker. Ein Traumbeispiel: «Wir sind eine Gruppe Jugendlicher, alle in Jeans und mit Lederjakken, ich bin mitten darunter. Wir schlagen Sie zusammen, weil Sie einen Vortrag gehalten haben und uns alle Fragen an Sie so zynisch zurückgegeben haben.» Das Ausleben der Aggression in der Gruppe zeigt sowohl die Menge der angestauten Wut als auch das Bedürfnis nach Entlastung: Wenn alle aggressiv sind, dann darf ich es auch sein (vgl. den Umgang mit Aggressionen bei Franz, S. 69f). Die durch den weitgehenden Verzicht auf phallisches Verhalten gekennzeichnete Reaktionsbildung gegen phallisch-sadistische und anal-sadistische Phantasien wird aus einem anderen Traum deutlich: «Ich schlafe mit meiner Frau. Auf einmal fängt sie an, fürchterlich aus dem Genital zu bluten, als ob sie ihre Periode hätte. Ich wache ganz erschreckt auf.»

An solchen Beispielen wird die Richtigkeit von Freuds Bemerkung deutlich, Helfenwollen sei sublimierter Sadismus. Wie bei vielen Aussagen Freuds ist es auch hier wichtig, sie unter einem Ich-Aspekt zu sehen, nicht unter einem Über-Ich-Aspekt. Gemeint ist die Reaktion des Lesers auf solche Aussagen. Er kann sie in sein Über-Ich aufnehmen und mit der moralisierenden Energie des Über-Ich gegen sie vorgehen, sie unsinnig, bösartig, unwissenschaftlich usw. nennen. In diesem Fall wird eine aus der psychoanalytischen Arbeit gewonnene Einsicht in einen innerseelischen Zusammenhang mit Werturteilen vermengt und bekämpft wie eine umfassende, philosophisch-ethische Aussage. Doch ist mitmenschliche Hilfsbereitschaft ein viel weiteres Thema als der Zusammenhang zwischen Sadismus und Helfenwollen. Die Beobachtung eines solchen Zusammenhangs besagt nicht, daß Helfenwollen immer und überall, unter allen gesellschaftlichen und kulturellen Bedingungen, mit sublimiertem Sadismus verbunden ist. Zudem schwingt im Protest gegen solche Verknüpfung die Überzeugung mit, daß die Abteilung sozial hochgeschätzter Verhaltensweisen aus weniger respektablen Grundlagen den Wert des ethisch orientierten Handelns schmälert. Psychoanalytische Aussagen sind immer Hinweise, keine absoluten Gesetze. Grundsatz der Analyse ist die Annahme einer mehrfachen Determination. Der Wunsch zu helfen kann neben sublimiertem Sadismus auch durch eine vorgegebene, nicht weiter ableitbare Hilfsbereitschaft, durch die Suche nach narzißtischer Bestätigung, durch eine verantwortungsvolle ethische Entscheidung oder durch die Absicht, mit einer vielseitigen Tätigkeit Geld zu verdienen, motiviert sein. Keine dieser Motivationen schließt die andere aus. Nur wenn sie alle zusammen in Betracht gezogen werden, kann das Verhalten des Helfers wirklich verstanden werden. Es ist eine von Freud begründete und sehr achtenswerte Tradition in der Psychoanalyse, von keiner Aussage anzunehmen, daß sie die mehrfache Determination menschlichen Handelns erschöpfen könne.

Sabine

Sabine ist Krankenschwester. Sie sucht wegen Angstzuständen, Depressionen und Menstruationsbeschwerden mit Unfruchtbarkeit psychotherapeutische Hilfe.

Das abgelehnte Kind. Sabines Vater ist Beamter, sehr ehrgeizig, leistungsorientiert; er braucht viel Bestätigung und neigt zu Depressionen, in denen er durch seine Klagen und seine Ansprüche, gestützt zu werden, Frau und Kinder überfordert. Die Mutter schildert Sabine als schwach, unsicher, unreif und launisch. Sie hat ständig Mahnungen im Ohr, sie doch nicht aufzuregen, nicht zu lärmen – «Wenn ihr so laut seid, Kinder, wenn ihr ungezogen seid, bekomme ich Herzschmerzen». Das Gefühl, letztlich nicht angenommen zu sein, nur dann toleriert zu werden, wenn sie etwas für andere tut, hat Sabine bis zu ihrer Analyse verleugnen können. Sie erlebt sich nur unter dem Zwang, für andere zu arbeiten. Wenn Gäste kommen, kümmert sie sich um sie. Wenn sie selbst zu Gast ist, kann sie es nur schlecht ertragen, daß andere sie umsorgen. Die Ängste und Schwierigkeiten ihrer Freunde sind auch Sabines Probleme, sie hört geduldig zu, nimmt Anteil, rät und hilft. Ihre eigenen Ängste und Depressionen bekämpft sie auf einsamen Spaziergängen. Zu Beginn der Analyse weinte sie sich auf solchen Spaziergängen vor der Stunde aus und erschien äußerlich ausgeglichen – «ich kann Ihnen doch nicht zumuten, daß ich hier weine... ich kann mir nicht vorstellen, wie Sie das schaffen, sich den ganzen Tag mit solchen Leuten abzugeben». Sabines Berufswahl wurde durch zwei Einflüsse bestimmt: Die Mutter wollte rasch die Verantwortung für das Kind loswerden, die sie überforderte. Sie drängte deshalb auf eine frühe Berufsausbildung, während der Vater – selbst Akademiker – Sabine lieber studieren lassen wollte. Andererseits hatte aber der Vater als Soldat im Lazarett eine schwärmerische Beziehung zu einer Krankenschwester, von der er Sabine manchmal erzählte. Hilfsbereitschaft, Bedürfnislosigkeit und Rücksicht auf die kleineren Geschwister waren die wichtigsten Mittel, mit denen Sabine Zuwendung bekommen konnte. In ihrem Beruf und später in ihrer Ehe mit einem stark auf narzißtische Bestätigung und sexuelles Entgegenkommen angewiesenen Mann wiederholte Sabine diese Formel: «Ich helfe euch allen und brauche selber nicht viel.»

Die Identifizierung mit dem Über-Ich. Beim Helfer-Syndrom identifiziert sich das Kind mit dem von den Eltern oder anderen Bezugspersonen bewußt oder häufiger unbewußt an es herangetragenen Idealen, wobei diese Identifizierung sehr starr festgehalten wird, weil sie die einzige Möglichkeit zu emotionalem Überleben bietet. Der Helfer lernt elterliche Fürsorge kennen – nur ganz selten findet sich massive Vernachlässigung des Kindes –, doch kann er sich in dieser Fürsorge nicht als Kind mit den alterstypischen Bedürfnissen akzeptiert fühlen, sondern muß hier Zurückweisung und Einengung empfinden. Narzißtische Bestätigung erhält er nur für die Identifizierung mit dem Idealbild, das sich die Eltern aufgrund ihrer eigenen, ungestillten narzißtischen Bedürfnisse schufen. Im Fall von Sabine war die

Krankenschwester mit ihren Nebenbedeutungen der Garant des emotionalen Überlebens. Diese Identifizierung wurde von ihr unbewußt hartnäckig verteidigt, während sie absichtlich immer wieder Fluchtversuche unternahm. So versuchte sie zu Beginn ihrer Ehe, das Abitur nachzuholen. Nachdem sie die schriftliche Prüfung bestanden hatte, erlitt sie vor dem mündlichen Examen einen schweren Anfall von Angst und Selbstentfremdung und bestand nicht. Später begann sie eine Ausbildung als Kindergärtnerin, doch sobald sie aufgehört hatte, halbtags im Krankenhaus zu arbeiten und sich voll dem Studium zuwenden wollte, begannen erneut Ängste, Depressionen und Arbeitsstörungen. Sie konnte kein Buch zu Ende lesen, fürchtete, deshalb erneut zu versagen, und gab den Versuch auf. Sowie sie wieder im Krankenhaus arbeitete, ging es ihr wesentlich besser. Auch Sterilität zeigte im Verlauf der Analyse deutlich eine Abwehrfunktion. Sie diente dazu, die Rolle der Krankenschwester zu schützen. Diese darf sich ja nicht für ein eigenes Kind interessieren, sondern soll ihre ungeteilte Liebe den Kranken zuwenden, wie Sabine als Älteste sich um ihre jüngeren Brüder und Schwestern kümmern mußte.

In der analytischen Bearbeitung der psychosomatisch bedingten Kinderlosigkeit erwies sich, daß dieses Symptom Sabine viele innere Auseinandersetzungen ersparte. Sie war vorher über ihre Sterilität unglücklich, glaubte aber, daß sie gerne Kinder hätte und eine sehr gute Beziehung zu ihnen aufnehmen könne. Im Lauf der Therapie wurde deutlich, daß Sabine Kinder keineswegs nur liebte, sondern daß sie oft von archaischem Haß gegen kindliche Ansprüche überschwemmt wurde. Ebensolche Haßgefühle erlebte Sabine später auch den von ihr betreuten Patienten gegenüber, was sie früher nie für möglich gehalten hatte. Als ihr Arzt Sabine mitteilte, sie könne mit Unterstützung durch eine hormonelle Medikation jetzt Kinder bekommen, kam es zu einem intensiven Konflikt mit starkem inneren Druck, sich jetzt den lange gehegten Kinderwunsch zu erfüllen, zugleich aber wachsender Unsicherheit, ob sie überhaupt ein Kind wolle. Das psychosomatische Symptom der Sterilität hatte Sabine vor diesen Ängsten bewahrt, unter denen sie nun heftig litt. Sie entschloß sich endlich, vorläufig auf Kinder zu verzichten und ihre weitere Entwicklung abzuwarten.

Die verborgene narzißtische Unersättlichkeit. Narzißtische Unersättlichkeit entsteht dadurch, daß der Betroffene die Ablehnung vitaler Bedürfnisse seines kindlichen Selbst in eine vorwegnehmende Ablehnung der eigenen Person umgesetzt hat. Sie veranlaßt ihn, von außen die stabilisierende, sein Selbstgefühl aufbauende Bestätigung in einer indirekten Form zu erwarten, die er sich unmittelbar weder selbst geben noch von anderen erbitten kann. Der am Helfer-Syndrom Leidende kann gewissermaßen im narzißtischen Bereich kein Fett ansetzen. Er ist nicht in der Lage, einen Vorrat an narzißtischer Libido zu speichern, der ihm über schlechte Tage hinweghilft, ihm das Gefühl vermittelt, zwar manchmal zu versagen, manchmal abgelehnt zu werden, doch im großen und ganzen tüchtig, beliebt, liebenswert und wertvoll zu sein. Er muß dauernd trachten, sich diese narzißtische Zufuhr von außen zu verschaffen, und erfährt einen Zusammenbruch seines Selbstgefühls mit heftigen Aggressionen gegen sich selbst und gegen andere, vermeintlich Schuldige, wenn der Zustrom an Bestätigung von außen zu versiegen droht, Kritik sich bemerkbar macht usw. Wichtig ist hier, daß die Kritik unerwartet kommt. Durch seine Selbstkritik und seine ständigen Selbstzweifel schützt sich der Helfer häufig vor solcher nicht schon vorweggenommener, sein narzißtisches Gleichgewicht gefährdender Kritik. Da die Hauptquelle narzißtischer Zufuhr für den Helfer nicht die Befriedigung von Triebbedürfnissen oder gegenseitige soziale Beziehungen sind, sondern die dankbare Zuwendung, die er für seinen scheinbaren Verzicht auf eigene Bedürfnisbefriedigung erhält, ist er oft sehr stark von seinen Klienten abhängig, ohne doch diese Abhängigkeit offen äußern zu können. Unbewußt erwartet er eine großartige, schier ozeanische Belohnung, die durchaus der Rückkehr zu den ozeanischen Gefühlen des primären Narzißmus entspricht. In der Dankbarkeit und Anerkennung seiner Schützlinge verschmilzt er insgeheim mit dieser bestätigenden Zuwendung, während er offen die Bedeutung dieser Dankbarkeit herunterspielt, sie ignoriert oder beschwichtigend sagt, er habe nur seine Pflicht getan.

Sabines narzißtische Unersättlichkeit wurde in einer schweren Krise während ihrer Gruppenpsychotherapie deutlich. Sie kam pünktlich in die Gruppe, ließ stets den übrigen Gruppenmitgliedern den Vortritt, ging unbefriedigt, äußerte aber diese Unzufriedenheit nur sehr selten und so zaghaft, daß die restlichen Gruppenmitglieder alsbald wieder zur Tagesordnung übergingen. Nach anderthalb Jahren kam es zu einer heftigen Krise in ihrer Ehe: Sabine trennte sich zeitweise von ihrem Mann. Wenig später setzte sich Sabine zum erstenmal kritisch und aggressiv mit ihrer darüber völlig verblüfften Mutter auseinander. Diesen Schritten zu einer Befreiung von der lastenden Über-Ich-Identifizierung folgten heftige Ängste und Depressionen, in denen sie nicht mehr schlafen konnte und zeitweilig daran dachte, in eine psychiatrische Klinik zu gehen. Sie suchte sogar einmal einen befreundeten Arzt in einer solchen Klinik auf und blieb über Nacht dort. Parallel dazu wurde sie in der Gruppe und in den Einzelstunden, die ihr der Therapeut gewährte, anklagend und fordernd. Ihre innere Leere, ihr Gefühl, ständig zu kurz zu kommen, zuwenig zu erhalten, wurden ihr schmerzlich bewußt und äußerten sich in heftigen Selbstanklagen, die sie zögernd und auf entsprechende Deutungen hin in Angriffe gegen die abweisenden Gruppenmitglieder und vor allem gegen den Therapeuten umsetzte, der ihr nicht genug Einzelstunden gewähre (sie hatte auf einer Stunde täglich bestanden, während er ihr nur eine Stunde pro Woche, nach der Beendigung der Gruppentherapie zwei Stunden pro Woche einräumte). Diese Situation klärte und beruhigte sie, sobald Sabine sah, daß sie in ihren Beziehungen zur Gruppe und zum Therapeuten die Beziehung zu ihren Eltern – vor allem zur Mutter – wiederholt hatte: Identifizierung mit einer Helfer-Rolle, Zurückstellen eigener Bedürfnisse, dahinter aber die Erwartung einer vollständigen, passiven Befriedigung. So stand hinter Sabines Furcht, den Therapeuten zu langweilen oder zu überanstrengen, hinter ihrer ständigen Angst, in der Stunde nicht pünktlich Schluß zu machen, der Wunsch nach ständiger, un-

unterbrochener Aufmerksamkeit, nach einer Verschmelzung, die sie durch ihre ständige Rücksicht (tatsächlich, im ursprünglichen Sinn, ein Zurückschauen und Zurückerinnern an die durch die Mutter erlittenen narzißtischen Verletzungen) abwehrte.

Die indirekte Aggression. Wie häufig beim Helfer-Syndrom, sind Sabines Aggressionsäußerungen vom Typ «Verteidigung des Dritten». Sie greift z. B. in der analytischen Gruppe kaum je ein anderes Mitglied unmittelbar an, sondern wartet, bis sie diese Gefühle in die Verteidigung eines anderen Mitglieds einbauen kann. Also nicht: «Ich finde es unerträglich, daß ihr euch nicht mit mir beschäftigt», sondern: «Ich finde es unerträglich, daß ihr so schnell von den Schwierigkeiten von Peter, Hans, usw. ... abgekommen seid, daß ihr so von einem zum anderen springt.» In den Krankenhäusern, in denen sie arbeitet, kommt es oft zu Auseinandersetzungen mit anderen Schwestern, weil diese nicht rücksichtsvoll genug auf die Bedürfnisse der Patienten eingehen, sondern sich nach ihrer Bequemlichkeit richten. In der Therapie erzählt sie oft lange und mit nachdrücklicher Kritik von Ärzten oder Psychotherapeuten, die sich nicht genügend um ihre Patienten kümmern würden. Allmählich erkannte Sabine, daß sie hinter ihrer rücksichtsvollen, zuvorkommenden Höflichkeit voller infantiler, archaisch-ungestalter Wut war, von der sie gelegentlich überschwemmt zu werden drohte.

Dann traten als Notfall-Abwehr die Angstzustände und gelegentlich auch Zwangsgedanken auf – ob sie den Patienten auch die richtige Medizin und keine tödliche Überdosis gegeben, die Infusion wirklich kontrolliert habe.

5. Die Ohnmacht des Helfers

Die wichtigsten Konfliktbereiche der Helfer-Persönlichkeit sind:

die in früher Kindheit erlittene, meist unbewußte und indirekte (1) Ablehnung seitens der Eltern, welche das Kind nur durch besonders starre (2) Identifizierung mit dem anspruchsvollen elterlichen Über-Ich emotional durchzustehen sich bemüht;

die (3) verborgene narzißtische Bedürftigkeit, ja Unersättlichkeit;

die (4) Vermeidung von Beziehungen zu Nicht-Hilfsbedürftigen auf der Grundlage von Gegenseitigkeit des Gebens und Nehmens und

die (5) indirekte Äußerung von Aggressionen gegen Nicht-Hilfsbedürftige.

Wie wirken sich nun diese fünf Konfliktbereiche auf die praktische Tätigkeit von Helfer-Persönlichkeiten in den sozialen Berufen aus?

In den Fallgeschichten ist bereits deutlich geworden, daß soziale Geltung und beruflicher Aufstieg durchaus mit milderen Formen des Helfer-Syndroms verträglich sind. Die Identifizierung mit dem Über-Ich, mit den allgemein anerkannten, altruistischen Normen der Gesellschaft, bedingt oft Zuverlässigkeit, rastlosen Einsatz und die entsprechenden beruflichen Positionen. Es ist sogar anzunehmen, daß die sozialen Dienste unserer Gesellschaft gar nicht mehr funktionieren könnten, wenn sich durch die Mechanismen des Helfer-Syndroms nicht immer wieder Menschen fänden, die bereit sind, sich selbstschädigend aufzureiben. Selbstlosigkeit und Aufopferung sind nach wie vor Werte, die von einer christlich orientierten Ethik vertreten werden. Das «wie dich selbst» hinter «liebe deinen Nächsten» wird oft nicht deutlich genug gehört.

In der Alltagspsychologie ersetzt Moral meist die Differenzierung. Ein «gutes» Verhalten hat auch «gute» Motive. Die psychoanalytische Fragestellung lautet eher: In welchem Maß ist es in der Entwicklung einer solchen Charakter-Abwehr gelungen, wirklich eine stabile, realitätsorientierte Situation herzustellen? Die Sublimierung narzißtischer Störungen und sadomasochistischer Bedürfnisse im Helfer-Syndrom kann chronisch oder akut, teilweise oder vollständig aus dem Gleichgewicht geraten. Eine entsprechende Sequenz wurde von Eric Berne in «Spiele der Erwachsenen» beschrieben.[1] Es handelt sich um die IVEDIH-Transaktion – «Ich versuche nur, dir zu helfen».

Der Sozialarbeiter, Arzt, Lehrer oder Psychotherapeut gibt in diesem Spiel einem Klienten eine Empfehlung. Dieser berichtet beim nächsten Treffen, der angezielte Erfolg habe sich nicht eingestellt. Der Helfer versucht es mit einem anderen Vorschlag und argumentiert über seine Empfehlungen. Bei genauer Selbstbeobachtung würde er schon jetzt ein Gefühl der Frustration bemerken. Doch achtet er nicht darauf, sondern begründet sein Vorgehen damit, daß viele seiner Kollegen mit der gleichen Ausbildung das gleiche täten («Identifizierung mit dem Über-Ich»). Gerät der IVEDIH-Spieler an einen entsprechenden Mitspieler, der äußerlich unersättlich in seinem Hilfsbedürfnis ist, unbewußt jedoch wütend auf alle Eltern-Figuren, die vorgeben, ihm helfen zu können, dann wird die Situation bald eskalieren. Die Situation verschlechtert sich allmählich, und eines Tages hört der Helfer Äußerungen wie: «Sehen Sie nur, was Sie da angerichtet haben!» In diesem Augenblick macht sich beim Helfer die Bestürzung über das ihm angetane Unrecht in der Formel bemerkbar: «Ich habe ja nur versucht, Ihnen zu helfen.» Berne nimmt an, daß IVEDIH als verdecktes Motiv die Annahme ent-

1 E. Berne, Spiele der Erwachsenen, Reinbek 1967, S. 192f

hält, die Menschen seien undankbar und enttäuschend; der Helfer sabotiert seinen eigenen Erfolg, um die eigenen, unbewußten Annahmen nicht ins Wanken zu bringen.

Der akute Zusammenbruch des Helfer-Syndroms äußert sich manchmal als schweres psychosomatisches Leiden, z. B. als Magengeschwür, als Herzinfarkt. Auf der seelischen Ebene entspricht ihm der plötzliche Ausbruch sadistischen oder masochistischen Verhaltens bei Personen, die bisher durch ihre Rücksichtnahme, Selbstlosigkeit und Hilfsbereitschaft auffielen. Die Umwelt spricht rücksichtsvoll von einem Nervenzusammenbruch, wenn ein Lehrer nach einer scheinbar geringfügigen Kränkung wild um sich schlägt, einem Schüler das Nasenbein bricht und endlich mit einem Weinkrampf in eine nahe Arztpraxis gebracht wird, nachdem er bisher durch seine Freundlichkeit gegen Schüler und Kollegen, seine Unfähigkeit, etwas abzuschlagen, sich einer mit Mitleid gemischten Beliebtheit erfreute. Ich habe das selbst als Schüler mit hilflosem Schrecken miterlebt.

Masochistische Triebdurchbrüche wie Selbstmordversuche, Sucht, psychosomatische Symptome sind bei Helfern relativ häufig, wobei statistische Daten vor allem über Ärzte vorliegen (S. 14f). Allgemein scheint die psychoneurotische Morbidität, d. h. die Anfälligkeit für lebensgeschichtlich erworbene seelische Störungen, bei den Angehörigen typischer Helfer-Berufe (Lehrer, Ärzte, Krankenschwestern, Sozialarbeiter) besonders hoch. Doch interessieren die meist sehr unzulänglichen statistischen Angaben hier weniger als die seelische Dynamik der Dekompensation eines Helfer-Syndroms. Es ist hier nützlich, ein Zusammenwirken von *autoplastischen* und *alloplastischen Anpassungsformen* anzunehmen. In der autoplastischen Anpassung *verändert* das Individuum seinen *eigenen Organismus,* in der Regel sein Verhalten, um sein psychisches Überleben in einer bestimmten Situation zu sichern. In der alloplastischen Anpassung *verändert* es seine *Umwelt* zu demselben Zweck. Das psychoanalytische Konzept des Wiederholungszwanges besagt, daß beide Mechanismen zusammenwirken. Der Mensch paßt sich autoplastisch an die Situation in der Primärgruppe an und versucht sie später alloplastisch in seinen sozialen Beziehungen als Erwachsener wiederherzustellen. Dabei bleibt die Struktur der Primärsituation erhalten, während ihre Elemente ausgetauscht, ja ins Gegenteil verkehrt werden können.

In einer Supervisionsgruppe berichtet ein Sozialarbeiter über heftige, fast unkontrollierbare Aggressionen gegen manche Jugendliche, mit denen er arbeitet. Er fürchtet manchmal, einfach dreinzuschlagen, und sei schon sehr ironisch oder bissig geworden. Dieses Verhalten tritt immer dann auf, wenn ein Jugendlicher sich narzißtisch aufbläht, d. h. trotz seiner offenkundigen Hilflosigkeit und Schwäche behauptet, der Beste, Größte, allen Überlegene zu sein. Der Gruppenleiter geht davon aus, daß es sich um eine Übertragungsreaktion handelt, und fragt, ob der Sozialarbeiter ähnliche Gefühle schon früher empfunden habe. Dieser schildert einen Konflikt mit seinem Vater, der nie eine Schwäche zugeben konnte, obwohl er doch schwach gewesen sei. Zum Beispiel habe er mit allen Mitteln seine Autorität zeigen wollen und ihm einmal, als er nur eine Viertelstunde zu spät nach Hause kam, vier Wochen Hausarrest gegeben. Durch die Fragen der Gruppe wird schrittweise deutlich, daß der Sozialarbeiter den Vater auch bewunderte, weil er spontaner und gefühlvoller war als die abweisende, gefügige Mutter. Endlich bemerkt ein Mitglied, er habe die Phantasie, er hätte sich damals unbewußt absichtlich verspätet, um den Vater zu seiner Strafaktion und zu der damit verbundenen Zuwendung zu provozieren. Diese Vermutung führt bei dem Sozialarbeiter zu einem Aha-Erlebnis – er sieht plötzlich, daß er trotz seiner äußerlich radikalen Trennung von der Familie unbewußt eine Szene aus der eigenen Kindheit neu herstellt, in der er einerseits der durch kleine Unbotmäßigkeiten zu heftigen Strafaktionen provozierte Vater ist, andererseits aber die narzißtische Aufblähung des Vaters, die ihm selbst keinen Raum zum Wachsen seines Selbstgefühls ließ, an den Klienten bekämpfen möchte.

Die akuten Dekompensationen des Helfer-Syndroms sind für den Betroffenen und die unmittelbar Beteiligten schmerzlich, teilweise auch destruktiv. Da sie den Helfer jedoch in der Regel aus seiner beruflichen Funktion herausnehmen, bleiben die Auswirkungen beschränkt. Viel problematischer scheinen die partiellen, chronischen Dekompensationen vom Typ des oben geschilderten «Ich versuche ja nur, dir zu helfen», in denen das Thema des abgelehnten Kindes hinter der Fassade des Helfers deutlich wird. Der Helfer ist in dieser Situation unbewußt überzeugt, daß er gar nicht helfen kann, daß Hilfe unmöglich ist, ebenso wie eine auf gegenseitiger Bestätigung beruhende menschliche Beziehung unmöglich ist.

Daher arrangiert er nach dem Prinzip der alloplastischen Anpassung die Situation so, daß seine Anstrengungen erfolglos bleiben.

Eine pädagogisch sehr engagierte, mit einem Arzt verheiratete Krankenschwester hat ihren Beruf aufgegeben, um ihre beiden kleinen Kinder zu versorgen. Sie kommen ins Kindergartenalter. Die Mutter beschließt, durch die Lektüre von psychoanalytischen und sozialpsychologischen Werken angeregt, an dem Kindergarten Elterngruppenarbeit einzuführen. Mit großem Aufwand an Telefonaten, Briefen und Besuchen kommt eine Elterngruppe zustande. Allerdings wurde «vergessen», die Kindergärtnerinnen zu beteiligen, die sich übergangen fühlten und nicht ganz zu Unrecht annahmen, in den Elterngruppen werde gegen ihre Arbeit Stimmung gemacht. Bald gibt es in der Gruppe Schwierigkeiten. Die Organisatorin hat die Widerstände der Eltern gegen ihre progressiven Gedanken nicht richtig eingeschätzt und geht mit ihnen vorwurfsvoll-kritisch um. Ihre Einfühlungsfähigkeit läßt sie mehr und mehr im Stich. Die Gruppenmitglieder bleiben aus, ziehen sich unter Vorwänden zurück. Endlich, als auf einem Elternabend im Kindergarten die Arbeit der Gruppe zur Sprache kommt, wenden sich viele Eltern gegen die Leiterin der Gruppe und unterstützen die Arbeit der Kindergärtnerinnen. Die Frau ist enttäuscht – sie hat ja nur versucht, Gutes zu tun, die Kindererziehung in ihrer Wohngegend nach psychohygienischen Gesichtspunkten zu gestalten. Sie war auch an Zusammenarbeit interessiert und wäre nie auf den Gedanken gekommen, daß die Kindergärtnerinnen ihre Aktivitäten mißtrauisch betrachten könnten.

Diese Frau war als uneheliches Kind geboren worden und in heftigem Mißtrauen gegen alle angeblich «bessergestellten» und daher übelwollenden Menschen aufgewachsen. Sie bewältigte das Mißtrauen und die Aggressionen durch die Identifizierung mit der Helfer-Rolle, doch zeigte die oben beschriebene Situation ebenso wie die von ständiger Unzufriedenheit belastete Ehesituation deutlich die Macht der Wiederkehr des Verdrängten.

Eine mildere, sehr verbreitete Form dieses Arrangements ist die Überzeugung, daß rasche *und* wirksame Hilfe unmöglich sei. Hilfe, die rasche Erfolge bringt, wird dann für oberflächlich gehalten, ihre Beständigkeit angezweifelt. Das gilt vor allem in der Psychotherapie, wo in psychoanalytischen Behandlungen die Dauer und «Vollständigkeit» der Analyse weit wichtiger zu sein scheinen als der subjektiv und objektiv vom Klienten erzielte Gewinn. Die Ausbildung zum Psychotherapeuten an einem analytischen Institut ist oft eine Schule des Mißtrauens in die eigene Effektivität. Wir wissen wenig über die Wirkungen von Pausen im Verlauf einer Analyse, über die Möglichkeiten der Kurz- und Fokaltherapie, nicht zuletzt deshalb, weil die fortlaufende, am möglichst vollständigen «Durcharbeiten» interessierte Analyse nach wie vor die theoretische Diskussion beherrscht.

Viele psychiatrische Diagnosen, wie «endogene Psychose», «Schizophrenie» («Prozeßschizophrenie»), «Rauschgiftsucht», «Alkoholismus», «Psychopathie», werden zu Schlüsselbegriffen in einem Helferverhalten, das von einer Sabotage der eigenen Maßnahmen geprägt ist. So wird z. B. der «Schizophrene» bei jeder Krise rasch in eine Klinik aufgenommen. Dieses Verhalten der Helfer, die sich um ihn sammeln, macht ihn immer mehr zum unselbständigen, aufsichts- und pflegebedürftigen Kranken. Seine Symptome verstärken sich, seine Bereitschaft, trotz seiner gelegentlichen Wahnvorstellungen oder Entfremdungserlebnisse ein aktives Leben zu führen, verschwindet allmählich.

Die Motive für die Selbst-Sabotage der Maßnahmen des Helfers sind komplex. Ihr Schwerpunkt dürfte im Konfliktbereich des «abgelehnten Kindes» liegen. In der Identifizierung mit den Bezugspersonen der Primärgruppe, die ihn nicht so akzeptierten, wie er war, hat der HS-Helfer[1] ein tiefes Mißtrauen gegen die Selbststeuerung des menschlichen Verhaltens erworben. Er glaubt selbst nicht mehr daran, daß ein positives Lebensgefühl, Bewältigung des Alltags, die Heilung körperlicher und seelischer Wunden die Regel menschlichen Lebens, nicht die Ausnahme sind. Er setzt an die Stelle eines biologisch sinnvollen Wachstumsmodells der Veränderungen seiner Klienten ein mechanisches, maschinelles Modell.

Wenn eine Uhr kaputt geht, nimmt sie der Uhrmacher in der Regel vollständig auseinander, reinigt sie, behebt den Schaden (falls er ihn findet) und setzt sie wieder zusammen. Da der Helfer ständig in einem unbewußten Abwehrkampf steckt, in dem er mit dauernder Anstrengung seines Ich seine Aggressionen und narzißtischen Bedürfnisse von seinem Bewußtsein fernhält, sieht er auch die Schwierigkeiten seiner Klienten als ein Problem, an dem dauernd gearbeitet werden muß, bei dem es ständig nötig ist, «etwas zu machen».

Das Helfer-Syndrom macht den Helfer verführbar für selbstschädigende und/oder aggressive Manöver, die hilfesuchende Klienten an ihn herantragen. Voraussetzung dafür ist stets das mechanische Leistungsmodell, mit dem sich der HS-Helfer seine Hilfeleistung selbst erklärt. Eine kognitiv ausgerichtete Instruktion über emotionales Wachstum, natürliche Selbstheilungstendenzen u. ä. m. ändern daran meist nicht viel. Bereits Freud hat darauf hingewiesen, daß therapeutischer Ehrgeiz in der Regel wenig nützlich ist und gelegentlich den Erfolg einer Behandlung gefährdet. Der Ehrgeiz zu helfen dient oft dazu, ein unbewußtes Mißtrauen auszugleichen, ob Hilfe überhaupt möglich sei. Die dem französischen Chirurgen Ambroise Paré (1517–1590) zugeschriebene Formel, daß der Arzt den Kranken behandelt, während ihn nur Gott heilen kann, spiegelt diese Einschränkung wider. Durch die Identifizierung mit dem Über-Ich neigt der HS-Helfer dazu, eine Haltung einzunehmen, in der er von sich behauptet, helfen zu können, weil er diese oder jene

1 Ich werde im folgenden für Helfer mit Helfer-Syndrom kurz HS-Helfer sagen.

Ausbildung besitzt. Damit kann er in Szenen verwickelt werden, in denen der HS-Helfer die gesamte Verantwortung für den Heilungsprozeß seines Klienten auf sich nimmt und diesen ähnlich einer überbeschützenden Mutter abhängig und schwach macht.

Da auf diese Weise keine wirklichen Erfolge erzielt werden können, kommt es endlich zu direkten oder häufiger indirekten Aggressionen, in denen der Klient dem HS-Helfer sein Versagen vorwirft und der HS-Helfer den Klienten als «selbstdestruktiv», «zu primitiv für eine solche Behandlung» oder «psychopathisch» ansieht. Der Klient wird letzten Endes für die ehrgeizigen Idealvorstellungen des Helfers bestraft. Andererseits bestraft sich dieser selbst für sein Versagen und versucht mit doppeltem Eifer, die Niederlage wiedergutzumachen oder doch wenigstens zu verleugnen. Alle Helfer neigen dazu, günstige Veränderungen des Klienten ihrem Einfluß zuzuschreiben, während die ungünstigen Veränderungen auf andere Einflüsse, z. B. die Familienangehörigen, den Betrieb, die Gesellschaft, Erbanlagen, unbezähmbaren Masochismus usw. zurückgeführt werden. Diese Tendenz wird in der oben beschriebenen Interaktion noch verstärkt und dient dazu, das Selbstgefühl des HS-Helfers aufrechtzuerhalten.

Helfer-Ehrgeiz und Helfer-Resignation hängen eng zusammen. Es kennzeichnet den HS-Helfer, daß er zwischen beiden schwankt. Dabei ist oft nicht deutlich, ob der Ehrgeiz nun als Reaktionsbildung gegen die Resignation zu verstehen ist oder ob umgekehrt die Resignation einen heftigen Ehrgeiz verdeckt. Beide Möglichkeiten schließen sich nicht aus. Es handelt sich um verschiedene Phasen der Wiederkehr des Verdrängten und der Nach-Verdrängung. Der HS-Helfer ist primär von tiefem Zweifel über die Möglichkeit erfüllt, daß sich Menschen überhaupt gegenseitig akzeptieren und in ihren Beziehungen befriedigen können. Er hat in seiner Kindheit die Identifizierung mit einem Über-Ich wählen müssen, das nur Selbstverleugnung bestätigte. Wie er sich selbst durch diese Identifizierung gegen Gefühle der Wut und Verlassenheit innerlich abstützt, so glaubt er auch andere – seine Klienten – ständig stützen zu müssen. Dadurch bekämpft er die eigenen Gefühle in einer äußeren Situation und erleichtert sich auf diese Weise ihre Kontrolle. Doch wird diese Kontrolle gefährdet, sobald der Klient sich verselbständigt und zeigt, daß er den Helfer nicht braucht. Ein wichtiges Anzeichen dafür ist, daß der Helfer Berichte über das Wohlbefinden des Klienten einschränkend oder skeptisch aufnimmt, meist mit der Absicht, «ihn mit der Realität zu konfrontieren» oder «die Enttäuschung über eine erneute Verschlechterung aufzufangen» (*seine* Enttäuschung, nicht die des Klienten!). Beispiel: Der Klient sagt: «Seit meiner Reise klappt die Beziehung mit meiner Frau viel besser. Ich glaube, ich bin jetzt überm Berg, ich schlafe gut und freue mich auf meine Arbeit, wenn ich morgens aufwache.» Der HS-Helfer: «Ja, aber haben Sie schon bedacht, daß Sie vier Wochen Urlaub hinter sich haben?»

In therapeutischen Interaktionen spielt dieses «Aber» eine sehr große Rolle. Teilweise ist das sicher durch die große Vielfalt der Faktoren bedingt, die berücksichtigt werden müssen. Der Helfer ist stets darauf angewiesen, selbstkritisch zu bleiben, nichts ohne Überlegung hinzunehmen, wenn er nicht in die Irre gehen soll. In einer wichtigen Periode seiner Ausbildung hat er unter der Überwachung durch ältere, erfahrene Kollegen gearbeitet, deren «Aber» ihn gelegentlich vor Schaden bewahrt hat.

Doch gewinnt das Aber des Helfers häufig auch eine andere Bedeutung, vor allem, wenn Einflüsse eines Helfer-Syndroms mitspielen. In diesem Fall bedroht ein Erfolg der Hilfsmaßnahmen den Helfer auf einer unbewußten Ebene, so sehr er auch diesen Erfolg durch seine bewußte Absicht herbeiwünschen mag (er wird das, wenn er ein Opfer des Helfer-Syndroms ist, sogar mit besonderem Ehrgeiz tun). Der erfolgreiche Klient stabilisiert das Selbstgefühl des Helfers, doch bedroht er es andererseits auch, denn er wird sich über kurz oder lang ablösen, wird den Helfer verlassen. Für den HS-Helfer mit seinen unbewußten, unersättlichen narzißtischen Bedürfnissen ist das schwierig. Er wird gegen den Klienten, der sein Selbstgefühl stabilisierte, einen anderen eintauschen, der vielleicht weniger erfolgreich ist. Weiter fürchtet der HS-Helfer die narzißtische Katastrophe, die eintritt, wenn ihn eine Enttäuschung trifft –

wie der unerwartete Rückfall eines Klienten, dessen Erfolg den persönlichen Ehrgeiz des Helfers befriedigte. Endlich mag auf einer sehr bewußtseinsfernen Ebene der erfolgreiche Klient Gefühle von Neid und Rivalität beim HS-Helfer wecken – sollte es ihm besser gehen als dem Therapeuten selbst? Sollte er in der Lage sein, gegenseitige Beziehungen zu anderen Menschen zu finden, sich wirklich vom Therapeuten bestätigen und narzißtisch ernähren zu lassen, während der Therapeut nicht in der Lage ist, solche Bestätigung anzunehmen?

Dieser Zusammenhang wird in einer Selbsterfahrungsgruppe von psychologischen Therapeuten verdeutlicht, in der zwei Mitglieder den Leiter deshalb angriffen, weil er sich A freundlich zugewendet und B kalt behandelt hätte bzw. (einen Tag später) B freundlich und A kalt. Jeder von beiden hatte die gleiche Form der Zuwendung erhalten, und jeder konnte die Freundlichkeit nur dann wahrnehmen, wenn sie der andere erhielt. So glaubte jeder vom anderen, dieser habe etwas erhalten, während er selbst leer ausgegangen sei. Durch diese mangelnde Empfänglichkeit für Zuwendung, verbunden mit dem geschärften Blick für die narzißtische Bestätigung anderer, hält der HS-Helfer seine Distanz zu anderen Menschen aufrecht.

Da diese Einflüsse nur eine Schicht in der sehr vielschichtigen Beziehung zwischen Helfer und Klient ausmachen, ist es durchaus möglich, daß sie oft durch andere Faktoren zurückgedrängt werden. Dennoch scheint es wesentlich, sie zu kennen. Nur dann werden sie kontrollierbar; Bekenntnisse zu aufrichtiger Zuwendung, Einfühlung und Wärme allein genügen nicht, solange das Selbstgefühl des Helfers unerforscht bleibt.

Die Formulierung «Ja, aber» klingt an das von Eric Berne beschriebene Spiel «Warum nicht – Ja, aber» an. Hier geht es darum, daß auf einer Ebene Ratschläge, Hilfeleistungen, Deutungen, Empfehlungen usw. gefordert, alle erhaltenen Antworten jedoch in Frage gestellt oder abgelehnt werden. Berne unterscheidet dabei eine «faire» Form dieses Spiels von einer «unfairen». Im ersten Fall weist der Ja-aber-Klient nur die Empfehlungen und Deutungen zurück, die er bereits als nutzlos kennt, während er in der Lage ist, einen wirklich neuen, unerwarteten Lösungsvorschlag zu akzeptieren (z. B. auch die Deutung, daß er es darauf anlegt, Ja-aber zu spielen). Der «unfaire» Spieler wird überhaupt keine Deutung und keinen Rat akzeptieren, sondern nur das wahrnehmen, was er ablehnen kann.

Der verdeckte Sinn des Ja-aber-Verhaltens liegt darin, dem Pfarrer, Therapeuten, Sozialarbeiter, Arzt oder «hilfreichen Bekannten» zu zeigen, daß er unfähig ist. Gleichzeitig können ein Anspruch auf Bestätigung und ein aggressiver Triumph verwirklicht werden: Hinter dem scheinbar hilflosen Erwachsenen steckt ein pfiffiges Kind, das sich von niemandem etwas sagen läßt. Das von Berne angenommene Motto des Ja-aber-Verhaltens liegt in der Formel: «Reg dich nicht auf, das Eltern-Ich verliert immer!»[1] Der Höhepunkt des Spiels liegt in betretenem Schweigen, wenn endlich den HS-Helfern des Ja-aber-Spielers deutlich ist, daß sie nicht weiterkommen.

Aggression und Wut in Helfer-Interaktionen

«Ich habe Hunger, schrecklichen Hunger. Bitte, gebt mir etwas zu essen, ich kann mir selbst nichts verschaffen.»
«Hier hast du Brot.»
«Ja, aber ich will kein Brot. Von Brot bekomme ich Verstopfung.»
«Du kannst auch Käse und Wein haben.»
«Ja, aber Wein bekommt mir nicht, und von Käse habe ich immer Leibschmerzen.»
«Dann mache ich dir einen Haferbrei, das ist gut für einen empfindlichen Magen.»
«Ja, aber ich bin doch kein Baby mehr – was denkst du eigentlich von mir. Aber ich wußte ja gleich, daß du mir in Wirklichkeit gar nichts geben wolltest.»

Die Ja-aber-Situation ist wahrscheinlich das schwierigste und wesentlichste Problem in den helfenden Berufen. Sie hat zwei Seiten – das Ja und das Aber, den Helfer und den Klienten, den wünschenden und den wütenden Aspekt. Beide sind in einem gewissen Sinn austauschbar. Die Erfahrung zeigt, daß HS-Hel-

1 E. Berne, Spiele der Erwachsenen, Reinbek 1970 (TB-Ausgabe), S. 157

fer, wenn sie während einer Ausbildung oder aus anderen Gründen eine therapeutische Selbsterfahrung machen, sehr zu einem offenen oder (häufiger) verdeckten Ja-aber-Spiel neigen. Tatsächlich verlegt der Ja-aber-Spieler einen Teil seiner inneren Dynamik nach außen – die beschwichtigende, überbeschützende Bezugsperson, mit der er sich in der Kindheit auseinandersetzte. Damals hat diese Bezugsperson auf der Macht-Ebene gesiegt. Doch wie meist in solchen Kämpfen zwischen aufeinander angewiesenen Personen gibt es auch in dieser Situation keinen wirklichen Gewinner, sondern zwei Verlierer (ähnlich ist es z. B. in einem Ehestreit), da der Unterlegene außerhalb der Regeln des Siegers weiterkämpft. Aus diesem Grund äußert sich die Wut des Ja-aber-Spielers nicht direkt, sondern indirekt, aus der Position des scheinbar Hilflosen heraus, und in dem Ärger, den er bei anderen auslöst. Er gewinnt dadurch insgeheim Macht, daß er seine eigene Situation viel besser kennt als die der Helfer. Wer die Ja-aber-Haltung in therapeutischen oder in Selbsterfahrungsgruppen beobachtet, findet sehr häufig, daß Ja-aber-Spieler ihrerseits sehr dazu neigen, anderen gute Ratschläge und beschwichtigende Deutungen zu geben. In diesem Fall wird nicht der Helfer gesucht, sondern das Kind, dem «geholfen» werden soll.

Die Rationalität dieser Analyse des Ja-aber-Spiels gibt ein einseitiges Bild. Tatsächlich ist der Ja-aber-Spieler kein Spieler, der seine Regeln ändern kann, wenn er sie nur erst einmal sieht. Er ist das Opfer starker Gefühle von Hilflosigkeit, Ohnmacht und Sehnsucht nach passivem Befriedigt- und Versorgtwerden einerseits, von heftiger Wut andrerseits. Beide Gefühle kann er nur in sehr ungenügendem Maß äußern. Er spricht von sich oft distanziert, entfremdet, wie von einem Menschen, mit dem er gar nichts zu tun hat. Seine Identifizierung mit einem bösartigen, kritischen Über-Ich blockiert ihn, seine kindlichen Ansprüche in ihrem vollen emotionalen Druck zu äußern. Sie hemmt ihn auch, die Wut zu äußern, die in ihm angestaut ist, weil ihn niemand wirklich akzeptiert, weil er als Kind in eine Lebensform gepreßt wurde, die er einerseits nicht erreichen, andererseits nicht aufgeben kann.

Das Ja-aber-Spiel wird erst dann wirklich verständlich, wenn man seine narzißtische Seite berücksichtigt. Im ganzen Ablauf geht es um bestimmte Ideale, die meist unbewußt sind und durch diese Unbewußtheit verteidigt und bewahrt werden. Der Ja-aber-Spieler würde das Aber sogleich fortlassen, wenn er den idealen Helfer fände. Dieses Idealbild ist ihm selbst jedoch sehr wenig deutlich. Wenn es (in der Regel nur nach einer längeren analytischen Arbeit) auftaucht, zeigt es die Umrisse eines narzißtischen Selbst-Objektes, d. h. einer Bezugsperson, die ähnlich den Erlebnissen in der frühen Kindheit, vor der Ausbildung deutlicher Ich-Grenzen, als nicht von der eigenen Person getrennt erlebt wird. Ein Zeichen, daß der Ja-aber-Spieler (wie der HS-Helfer häufig auch) ein mächtiges, ungestilltes Bedürfnis nach passiver Verwöhnung und Verschmelzung hat, sind die Wünsche solcher Patienten nach Hypnose, die in der Behandlung laut werden, sobald die Aussichtslosigkeit der bisherigen sozialen Verhaltensweisen unabweisbar deutlich wird.

Es scheint zum Wesen narzißtischer Bedürfnisse zu gehören, daß sie – im Gegensatz zu Triebbedürfnissen – nicht nachträglich wirklich gestillt werden können. Der Hunger nach Bestätigung und Verwöhntwerden, der hinter den Manövern des Ja-aber-Spielers steht, weist Eigenschaften auf, die eine wirkliche Sättigung unterbinden. Der Betrachter gewinnt manchmal den Eindruck, daß es möglich sein müßte, für diese Menschen die Zeit rückgängig zu machen, sie in ihre Kindheit zurückkehren zu lassen und ihnen dort das zu geben, was sie heute überhaupt nicht mehr aufnehmen können. Die Übertragung und die mit ihr verbundenen Regressionsvorgänge sind ein dürftiger Ersatz, zumal die verbale Bearbeitung von Konflikten kaum an die Ebene der «Grundstörung»[1] heranreicht. Es ist hier wesentlich, ohne Resignation zu sehen, wie wenig Hilfe wir letztlich geben können – die Psychotherapie erfüllt kein narzißtisches Ideal, doch bietet sie eine Grundlage, diese Vor-

1 M. Balint, Therapeutische Aspekte der Regression, Die Theorie der Grundstörung, Stuttgart 1970

gänge zu verstehen und auf diese Weise Kristallisationskerne für eine neue Entwicklung zu schaffen.

Es ist viel Zeit vergangen, seit der Ja-aber-Spieler in seinen narzißtischen Bedürfnissen gekränkt und verletzt wurde. Solche Wunden heilen nicht. Es ist jedoch möglich, Schmerz und Wut, die sie bewirken, in konstruktivere Formen des Narzißmus umzusetzen – in Humor, Kreativität, Verschmelzung mit ästhetischen Objekten oder mit der Natur, in Übungen bestimmter Körpergefühle (Meditation, Eutonie, Bioenergetik), auch in das Abenteuer analytischer Einsicht oder in menschliche Beziehungen, in denen Gefühle der Empfindlichkeit, Kränkung und Wut nicht mehr verleugnet und unterdrückt werden müssen. Aus eigener Selbst-Erfahrung und aus der Beobachtung menschlichen Verhaltens in Gruppen weiß ich, wie stark in unserer Gesellschaft die Neigung ist, die eigene Empfindlichkeit zu unterschätzen, ja schlechthin abzuleugnen. Diese Verleugnung wird bereits in der Kindheit eingeübt («Zimperliese!» – «Beleidigte Leberwurst») und später z. B. durch die Unterscheidung zwischen Empfindlichkeit und Empfindsamkeit fortgeführt. Menschen mit Helfer-Syndrom neigen ganz besonders dazu, die eigene Empfindlichkeit zu verleugnen. Sie verlieren dann sehr viel an Einfühlungsfähigkeit (vgl. Leonhard, S. 71 ff). Ich bin Menschen begegnet, die jede Empfindlichkeit und Kränkbarkeit leugneten und die Gruppenmitglieder aufforderten, sie doch rücksichtslos anzugreifen, denn nur so könnten sie etwas lernen. Verräterisch ist in diesen Fällen ausgesprochener Verleugnung der Körper, der noch deutlich auf Kränkungen reagiert, die verbal abgestritten werden. Oft wird auch die verleugnete Empfindlichkeit projiziert. Die Betroffenen fordern andere auf, sie zu kritisieren, während sie selbst große Angst verspüren, Kritik zu äußern, Aggressionen zuzulassen.

Die übrigen Gruppenmitglieder bzw. der Leiter oder Therapeut werden für äußerst wenig belastbar, für extrem verletzlich angesehen. Sie müssen dauernd in Schutz genommen werden. Daraus ergibt sich ein besonders wirkungsvolles Manöver indirekter Aggression. A sagt etwa: «Ich meine, etwas an dir stört mich... aber das kann ich dir nicht sagen, es würde dich verletzen, und das will ich nicht.» B kann in dieser Situation A bedrängen oder A's «rücksichtsvolle» Zurückhaltung akzeptieren. In vielen Fällen wird B betroffener reagieren als angesichts einer offenen Aggression. Manchmal antwortet B auch kongenial: «Mir geht es ähnlich, ich wollte dir schon längst meine Meinung sagen, aber du verträgst ja keine Kritik.»

In der normalen Entwicklung des Narzißmus werden die frühkindlichen Bezugspersonen allmählich ihrer Allmacht, ihrer Eigenschaften als Selbst-Objekte (d. h. als Teil des Selbst, mit denen das Kind in Krisensituationen verschmelzen kann) entkleidet. Diese Entwicklung verläuft wohl nie ganz störungsfrei. Bei vielen Menschen bleiben die urtümlichen narzißtischen Bedürfnisse auf einer undifferenzierten Stufe bestehen, das Bedürfnis nach einem Selbst-Objekt tritt nicht vollständig in den Hintergrund. Die Ursache sind Kränkungen in der frühen Kindheit – das Gefühl des Kindes, nicht gewissermaßen in seinem ganzen Umriß, auf der gesamten Oberfläche seines Körpers und seines Verhaltens bestätigend und akzeptierend angesehen zu werden. Je geringer der Erlebnisbereich war, der von den frühen Bezugspersonen akzeptiert wurde, je weiter er vom emotionalen Schwerpunkt des Kindes entfernt war, je schlechter die Einfühlungsfähigkeit der Bezugspersonen funktionierte, desto weniger kann sich das Kind von seinem Bedürfnis nach Selbst-Objekten und nach umfassender, passiver Bestätigung befreien und aktiv auf die Suche nach neuen Menschen gehen, die auf der Grundlage gegenseitiger Bestätigung das Selbstgefühl des Erwachsenen aufbauen.

Die frühen Verletzungen umgeben dieses narzißtische Bedürfnis mit einem Wall von Wut, Trauer und Haß. Eine bildhafte Analogie ist die Sage von Brunhilde, die in einen Flammenkreis eingeschlossen wurde. Ihn kann nur der Auserwählte, der Held, durchbrechen. Nur er kann Brunhilde erlösen. Das Dornröschen-Märchen enthält ein ähnliches Motiv, doch ist die Geschichte von Brunhilde ehrlicher. Die Dornröschen-Fabel spiegelt ein mögliches gutes Ende vor, das in Wirklichkeit sehr unwahrscheinlich ist. Denn nach hundert Jahren wird kein Prinz mehr ein Dornröschen wachküssen, das sich wegen seiner narzißtischen Wunden mit stachligen Dornen gegen alle Beziehungen abgrenzte, die es hätte haben können. Brunhilde endet tragisch: sie sorgt dafür, daß Siegfried getötet wird, der sie unter falschen Vorspiegelungen erlöste, und stirbt dann durch eigene Hand. Dieser Ausgang sollte jedem Psychotherapeuten zu denken geben, den nicht mehr ganz junge, attraktive Frauen aufsuchen, deren einzige Schwierigkeit zu sein scheint, daß sie bisher noch nicht den richtigen Mann gefunden haben. Wenn der Therapeut sich hier nicht von seinen eigenen Größen- und Heldenphantasien distanzieren kann, gerät er in Gefahr, den Siegfried zu spielen und auch dessen Ende zu nehmen.

Die Wut, die in der frühen Kindheit aufgrund der narzißtischen Kränkungen entstand, wird verdrängt, weil sie ja die Beziehung zu den Bezugspersonen gefährdet, von denen das emotionale und unter nichtzivilisierten Lebensbedingungen auch das körperliche Überleben des Kindes abhängen. Dadurch entsteht eine Distanz zu den Bezugspersonen. Sie begleitet fortan eine mehr schlecht als recht gelingende Anpassung. Das Kind kann sich gegen die Aggression der Bezugspersonen nicht wehren, die seine angeblich «schlechten» Seiten trifft. Es schlägt den Abwehr-Weg der Identifizierung mit dem Angreifer ein. Die Folge sind ständige, peinigende Schuldgefühle. Die eigenen Erlebnisse werden nicht mehr unbefangen wahrgenommen und an den Befriedigungsmöglichkeiten der Realität gemessen, sondern von vornherein nach den Kategorien «richtig» oder «falsch» sortiert. Die spontanen Wünsche sind in der Regel «falsch». Sie werden deshalb blockiert und in Vorwürfe umgesetzt, die sich gegen das eigene Ich oder die Umwelt richten.

Eine Patientin inszeniert in einer Gruppe «Dornröschen», indem sie häufig darauf hinweist, sie hätte Angst, für eine alte Jungfer gehalten zu werden, obwohl sie blühend und attraktiv aussieht. Sie bricht alle Beziehungen zu Männern nach wenigen Begegnungen ab, weil die Männer nicht anziehend genug sind bzw. weil sie selbst nicht anziehend genug ist (um das zu erreichen, beginnt sie in dieser Situation übermäßig viel zu essen). Dahinter steht ein heftiger Haß auf die Männer, die es – wie ihre Brüder – besser haben, die vorgezogen werden. Die Selbstbestimmung «alte Jungfer» bietet in dieser Situation Sicherheit, weil sie eine drohende Gefahr vorwegnimmt und HS-Helfer dazu verleiten wird, der Patientin das «auszureden». Zugleich drückt sich in diesem negativen Selbstbild die in die Umwelt projizierte Aggression, die Wut des abgelehnten Kindes, aus.

Der Ja-aber-Spieler ist meist in der Dornröschen-Situation. Seine Wünsche sind groß, ja unersättlich. Doch allein daß er sie hat, erfüllt ihn andererseits mit Wut. So steckt er in der Zwickmühle. Wenn er die Wut äußert, erhält er nichts. Wenn er Hilfe erbittet, hindert ihn die Wut, sie anzunehmen. Wird er abgelehnt, schmerzen die narzißtischen Wunden, und er kann seine Wut offen ausdrücken. Diese Situation zieht er vor, wobei er bewußt annimmt, Zuwendung zu suchen, unbewußt jedoch diese Zuwendung nicht akzeptieren kann, sie entweder nicht wahrnimmt oder durch Fehlleistungen verscherzt.

In einer Selbsterfahrungsgruppe greift Sieglinde Erna an (beide sind von Beruf Psychologen). Sie spreche mit einer sanften Stimme, und sie habe den Verdacht, daß hinter dieser Freundlichkeit etwas anderes stehe, daß diese Freundlichkeit nicht echt sei. Erna würde sich allen anderen in der Gruppe mit dieser Freundlichkeit zuwenden, während sie selbst so oft Aggression und Ärger spüre. Erna fragt zurück: «Wie hättest du mich denn gern?» In der anschließenden Auseinandersetzung wird deutlich, daß Erna ihre Geschwister durch ihre bessere soziale und intellektuelle Anpassung «besiegt» hat, doch auf diesem Weg die Fähigkeit verlor, sich durchzusetzen – sie kann sich nur noch durch Anpassung beliebt machen. Als sie schließlich sieht, daß sich hinter dieser Anpassung das Gefühl verbirgt, abgelehnt zu werden, sobald sie es nicht mehr allen recht macht, bricht sie in Tränen aus – sie fühlt, daß sie sich alle Sympathie in der Gruppe verscherzt hat. Der Leiter, der versucht hat, durch einige Fragen und Deutungen Erna in diesem Klärungsprozeß zu unterstützen, wird daraufhin von Sieglinde angegriffen. Er wende sich nur Erna zu, ihr aber nicht. Sieglinde lebte in einer Familiensituation, in der sie sich abgelehnt fühlte, während ihre Schwester vorgezogen, aber von der Mutter auch «aufgefressen» wurde. Nachdem sie durch ihren Angriff Erna zu ihrem emotionalen Durchbruch und der Auseinandersetzung mit ihrer Helfer-Rolle gebracht hat, wird Sieglinde unsicher und sagt, sie fürchte, jetzt wegen ihrer Aggression abgelehnt zu werden. Mehrere Gruppenmitglieder widersprechen ihr, sagen ihr, sie hätten positive Gefühle für sie. Sieglinde nimmt diese Gefühle offensichtlich nicht wahr. Sie hat den Eindruck, man respektiere sie vielleicht, aber gemocht werde sie nicht. Darauf geht ein Gruppenmitglied auf sie zu und versucht, sie zu streicheln. Sieglinde wehrt ab, sie könne das nicht ertragen. So wird deutlich, daß sie andere heftig um die Zuwendung beneidet, die diese erhalten. Sie sieht ihre intensiven Wünsche gewissermaßen in den anderen befriedigt und spürt dann ihren eigenen Mangel. Zuwendung kann sie aber nicht annehmen, weil sie fürchtet, dadurch wieder so verletzlich zu werden, wie sie als Kind war, ehe sie sich von den narzißtisch kränkenden Eltern distanzierte. (Solche Mechanismen, die im Alltagsleben oft weitgehend unbemerkt bleiben – gerade bei HS-Helfern, die ja enge Beziehungen vermeiden –, treten durch die in Selbsterfahrungsgruppen beobachtbare Konfliktsteigerung oft sehr deutlich hervor.)

Der «Gewinn» des Ja-aber-Spiels ist sehr vielschichtig. Der Versuch, den Kuchen zu essen und zu behalten – die Zuwendung zu bekommen und die Distanz aufrechtzuerhalten –, gelingt nur dadurch, daß die gewünschte positive narzißtische Bestätigung in negative Bestätigung – Kritik, Ablehnung usw. – verwandelt wird. Der Triumph, die Gruppe bzw. den Therapeuten oder anderen Ersatzfiguren für die frühen Bezugspersonen als unfähig, ja sogar als böse erwiesen zu haben, kann den narzißtischen Hunger nicht stillen, wird aber die Berechtigung der aggressiven Dornenhecke erneut bestätigen. So ist der Ja-aber-Spieler zu ständiger Wiederholung seines Spiels gezwungen, ähnlich wie der HS-Helfer ohne seine Hilfeleistung buchstäblich nicht leben kann.

6. Die Helfer-Schützling-Kollusion

Zur Thematik des Helfer-Syndroms gehört, daß seelische Unterstützung, Belehrung, Zuwendung und Pflege nicht frei gehandhabt und sinnvoll eingegrenzt werden. Sie überwuchern das Privatleben der HS-Helfer, beherrschen ihren Feierabend. Die im vorausgehenden Kapitel beschriebenen Formen des überbeschützenden Helfens und der Ablehnung von Hilfe zeigen, wie Helfer-Verhalten die eigenen Ziele nicht erreichen kann und in Wechselwirkung mit der Ablehnung von Hilfe bei äußerem, passivem Hilfsanspruch tritt. Dabei wurde deutlich, daß die überbeschützende Hilfe auf der einen, die Ja-aber-Position der Ablehnung von Hilfe auf der anderen Seite zwei Aspekte eines inneren Zusammenhangs sind, der nun mit dem Kollusions-Konzept weiter verfolgt werden soll.

Kollusion ist eine gemeinsame Illusion, ein uneingestandenes, voreinander vertuschtes Zusammenspielen von zwei oder mehreren Partnern (es gibt auch Kollusionen zwischen dem Leiter einer Therapiegruppe und der Gruppe). Der Begriff wurde von H. V. Dicks[1] geprägt und von J. Willi[2] mit vier Typen einer psychoanalytischen Kollusionstheorie von Intimpartnern verknüpft.

Die Wurzeln einer Kollusion liegen darin, daß beide Seiten einen gleichartigen, unbewältigten Grundkonflikt aufweisen, der in verschiedenen Rollen ausgetragen wird. Dadurch kann

1 H. V. Dicks, Marital Tensions. Clinical studies toward a psychological theory of interaction. New York 1967
2 J. Willi, Die Zweierbeziehung, Reinbek 1975

der Eindruck entstehen, der eine Partner sei geradezu das Gegenteil des anderen.

Kollusionen sind häufig auch Ausdruck gesellschaftlich vorgegebener Konfliktmuster. Die traditionelle, bis in vorgeblich «biologische» Aussagen über die «Natur der Frau» gehende patriarchalische Kollusion ist die Lehre von der seelischen Unabhängigkeit und Stärke des Mannes, der die abhängige, schwache Frau schützen und anleiten muß. Daß es sich um einen gemeinsamen Konflikt handelt, wird da deutlich, wo die Kollusion zusammenbricht. Der Mann, der bisher seine Abhängigkeit und seine Ängste vor einer Trennung von seiner Frau verleugnen konnte, weil diese sich ängstlich an ihn klammerte und – nicht zuletzt aus Angst vor den wirtschaftlichen Folgen einer Trennung – ihre Abhängigkeit betonte, wird seinerseits das Opfer heftiger Angst und Depression, wenn ihn seine Frau zu verlassen droht, z. B. weil sie in Beziehungen außerhalb der Ehe mehr Sicherheit gewonnen hat. Hat der Mann nichts aus dieser Situation gelernt, wird er in der Regel versuchen, eine Neuauflage der früheren Abhängigkeitsbeziehung einzuleiten, um seine eigenen Trennungsängste weiterhin verleugnen zu können.

Hier scheint der Mann unabhängig und stark, die Frau abhängig und schwach. Doch dient dieser scheinbare Gegensatz nur dazu, den gemeinsamen, unbewältigten Konflikt – die Trennungsangst – zu verleugnen. In diesem Lösungsversuch, den die Kollusion immer enthält, tritt in der Regel die Polarisierung in einen regressiven und einen progressiven Part ein. Regressiv bedeutet dabei, daß der Betroffene zu kindlichen Verhaltensweisen zurückkehrt, in denen er seine Schwäche, seine Hilfsbedürftigkeit, seine Wünsche, gepflegt und versorgt zu werden, direkt oder indirekt ausdrückt. Die positiven Seiten der Regression sind die Rückkehr zu den kreativen Primärprozessen, in denen Gefühle und Denkprozesse noch nicht getrennt sind. Dadurch ermöglicht die Regression Verschmelzung, Intimität, Einfühlung und den offenen Ausdruck von Gefühlen. Gleichzeitig macht sie weich und verletzbar. Sie kann nur in einer geschützten Umwelt ihre günstigen Wirkungen entfalten. Das Vorherrschen regressiver Erlebnisformen ist der sozialen Durchsetzung abträglich. Das Gegenteil gilt von der progressiven Position des Erlebens und Verhaltens: Sie entspricht einer Identifizierung mit dem Über-Ich, mit den Werten der Erwachsenenwelt, in der alle Verhaltensweisen vermieden werden, die als schwach, hilfsbedürftig, abhängig oder ängstlich interpretiert werden könnten. Die positiven Seiten dieser Progression sind Realitätsorientierung, Kontrolle der Umwelt, Hilfe für andere.[1]

In der Helfer-Schützling-Kollusion werden Regression und Progression zu neurotischen Abwehrhaltungen. Die regressive Position wird zum Ausdruck eines unersättlichen Nachholbedarfs in der Kindheit versagter Bedürfnisse und zur Vermeidung der mit Selbständigkeit und Eigenverantwortung verbundenen Risiken für das Selbstgefühl. Die progressive Haltung dient dazu, eigene Schwäche und Kindlichkeit zwanghaft zu überspielen, niemals einen Anschein von Schwäche, von unkontrolliertem Gefühl zuzugeben. Diese überkompensierende Progression ist eine Reaktionsbildung auf unbewältigte regressive Bedürfnisse, ebenso wie umgekehrt die Regression eine Reaktion auf übersteigerte Forderungen nach progressivem Verhalten sein kann, vor denen der Betroffene zurückweicht. Die Gefahr der Kollusion drückt sich darin aus, daß der neurotisch Progressive seine Überkompensation (d. h. sein Image als Führer, omnipotenter Helfer usw.) nur dadurch aufrechterhalten kann, daß er mit Menschen umgeht, die besonders regressiv, hilflos, passiv und abhängig sind. Er muß sie in diesem Zustand festlegen, um seine Fassade aufrechterhalten zu können, während sie ihn andererseits brauchen, um der Verantwortung für eine eigene Progression zu entgehen und abhängig bleiben zu können.

Es ist möglich, die orale Entwicklungsperiode in der Kindheit

1 Willi identifiziert Progression schlechthin mit Pseudoreife, Regression mit Unreife. Mir scheint es wesentlich, auf die positiven Seiten beider Positionen hinzuweisen – auf die «Regression im Dienst des Ichs», z. B. beim Künstler, und auf die positiven Auswirkungen der Über-Ich-Identifizierung, wenn Ich und Über-Ich synergistisch arbeiten.

als Grundmodell der Helfer-Schützling-Kollusion aufzufassen. Die klassische Beschreibung der Psychoanalyse, wie sie Freud etwa in den «Drei Abhandlungen zur Sexualtheorie»[1] vertritt, ist dann freilich durch die Entwicklung im narzißtischen Bereich zu ergänzen. Dadurch wird das monologische Modell Freuds zu einem dialogischen. Der für Freud noch selbstbezogen nach Befriedigung strebende Säugling, der zunächst die Mutterbrust als Teil seines Körpers erlebt, wird als von Anfang an auf die Interaktion, den Austausch von Signalen mit der Bezugsperson angewiesenes Wesen verstanden.[2]

In der oralen Phase äußert der Säugling seine Bedürftigkeit durch Unruhe, Strampeln und Schreien, wobei das Stillen von Hunger und Durst nur eine Seite dieser Bedürftigkeit ausmacht, die man in der Analyse als beispielhaft hinstellt, obwohl aus biologischer Sicht das Bedürfnis nach Wärme, Hautkontakt, nach einfühlenden Antworten von seiten der Bezugspersonen ebenso wesentlich ist. Die Bezugsperson verspürt als Reaktion auf das Weinen den Wunsch, den Säugling zu «stillen», d. h. seine Unlustsituation zu beheben. Dieser Austausch wird gegenseitig, sobald das Kind durch seine Signale – seine positiven Antworten auf das Genährt- und Befriedigt-Werden – zum Selbstgefühl der Mutter beiträgt.

Ein frühes Merkmal des Dialogs ist das Lächeln des Säuglings, das vom Alter von etwa drei bis sechs Wochen an immer deutlicher auf die Bezugsperson ausgerichtet und von dieser meist mit großer Freude aufgenommen wird. Die Dauer, in der Mütter mit ihren Kindern scherzen und spielen, nimmt sprunghaft zu, sobald sich dieses erste Lächeln einstellt. Dieser Dialog befriedigt beide – den Erwachsenen und das Kind. In ihm entwickelt sich normalerweise auch allmählich die Fähigkeit, zu warten, Bedürfnisbefriedigung aufzuschieben, indem das Kind durch Erfahrung das Vertrauen ausbildet, daß seine Bedürfnisse zu gegebener Zeit zuverlässig gestillt werden. So lernt das Kind, die Mutter auch gehen zu lassen, ohne von übermäßiger Angst oder

1 S. Freud, Ges. Werke V, London 1950
2 W. Schmidbauer, Vom Es zum Ich, München 1975

Wut erfüllt zu werden. Es hat die positiven Aspekte der Beziehung, die «gute Mutter», gewissermaßen in sich aufgenommen. Dieses Vertrauen zerbricht, wenn die Zuverlässigkeit der Mutter ernstlich in Frage gestellt werden muß. Das kann bei einer dem Kind nicht verständlichen Trennung von der Bezugsperson, z. B. anläßlich eines Krankenhausaufenthaltes in der frühen Kindheit, der Fall sein. Die Kinder mit der engsten Mutterbeziehung reagieren hier am empfindlichsten. Der Trennungsschmerz ist heftig, dann setzen Apathie und Depression ein. Wenn das Kind wieder nach Hause kommt, sind zwei scheinbar entgegengesetzte Verhaltensmuster möglich. Es kann die Zuwendung der Mutter, die es erst suchte, ablehnen und sich ihr entziehen – oder es kann sich ängstlich an die Mutter klammern und sie keinen Augenblick mehr aus den Augen lassen, ohne in panische Angst oder Jähzorn zu geraten. Beide Verhaltensmuster lassen sich noch in den Beziehungen Erwachsener nachweisen, die entweder alle Gefühlskontakte mit scheinbarer Kälte und oft bissiger Ironie abwehren oder sich an das einmal gefundene Objekt mit heftigen Ängsten und Aggressionen klammern.

Diese Entwicklung kann entgleisen, wenn die Mutter oder sonstige Bezugsperson[1] nicht in der Lage ist, mit dem Säugling in einen von Einfühlung bestimmten Dialog zu treten. Wenn z. B. die Mutter eines Kindes selbst die Entwicklungsanforderungen der oralen Phase konflikthaft bewältigt hat (wie wir das in unserer Bestimmung des Helfer-Syndroms annehmen), dann kann sie die ungehemmte, offene Äußerung oraler Bedürfnisse durch das Kind nicht ohne innere Sperren erleben. Sie ist nicht in der Lage, mitzuschwingen und sich einzufühlen, sondern wird durch Ängste und Abwehrmechanismen gehindert, die Wünsche des Säuglings angemessen wahrzunehmen und zu befriedigen. Sie kann ihre eigene, ungestillte Bedürftigkeit in das Kind projizieren, es für buchstäblich unersättlich halten und dann vor dem Hunger des Kindes nach Nahrung und Zuwendung ebensoviel Angst haben wie vor den eigenen, verdrängten

1 Die psychologische Bedeutung der frühen Bezugspersonen sollte unabhängig von den konventionellen Geschlechtsrollen gesehen werden.

Phantasien. Aus dieser gespaltenen Einstellung heraus wird die Mutter entweder das Kind oral verwöhnen, es uneinfühlsam auch dann zu befriedigen suchen, wenn es keine Nahrung möchte oder keine aufdringliche Zuwendung verarbeiten kann. Oder sie wird das Kind ebenso uneinfühlsam abweisen, sich von ihm distanzieren oder es gar bestrafen, wenn die Ansprüche des Kindes sie überfordern und die Mutterrolle sie mit Unlust erfüllt. Da sie selbst Schwierigkeiten hat, ihre Bedürfnisse aufzuschieben, kann auch das Kind nicht lernen, die Mutter für kürzere und später schrittweise längere Zeit zu entlassen, ohne Angst zu verspüren. Zugleich erlebt die Mutter ihre oft wenig einfühlsamen Reaktionen selbst schuldbewußt, was ihre überbeschützende Haltung gegenüber dem Kind steigert, damit aber auch ihre Ängste, aufgefressen und dauernd um das eigene Leben gebracht zu werden. Diese Ängste drücken angesichts der immer noch sehr geringen Beteiligung der Väter an der Sorge für kleine Kinder auch einen gesellschaftlichen Mißstand aus.

In der entgleisten Beziehung zwischen Mutter und Säugling bildet sich ein Teufelskreis: Die Mutter fühlt sich gespannt, nervös und unzufrieden, weil sie sich für unfähig hält, ihr Baby zufriedenzustellen. Das Kind wird durch diese uneinfühlsame Haltung der Mutter frustriert, weinerlich und abweisend, wodurch es die Schuldgefühle und Spannungen in der Mutter wieder verstärkt. Einen anderen Teufelskreis hat Erikson[1] beschrieben: Wenn die Mutter fürchtet, vom Säugling beim Stillen gebissen zu werden, wird sie ängstlich warten, bis sie die Andeutung eines Bisses spürt, und dann rasch die Brustwarze entziehen. In diesen Fällen entwickelt sich ein Beißreflex: Der Säugling schnappt nach der Brust, die sich zu entziehen droht. Dieser durch Erbanlagen vorprogrammierte Teil des Saugverhaltens dient normalerweise dazu, den Säugling fester mit der Mutterbrust zu verbinden (was stillende Mütter ausnützen, indem sie einem trinkfaulen Kind scheinbar die Brust entziehen, um seine Saugaktivität zu steigern).

Wenn der Dialog zwischen Mutter und Kind entgleist, dann

1 E. H. Erikson, Kindheit und Gesellschaft, Stuttgart 1968, S. 69

gestaltet dieser an sich nützliche Mechanismus eine Situation, die sich als oral-kannibalische Kollusion beschreiben läßt und grundlegende Merkmale der anal-sadistischen Kollusion vorwegnimmt. Erikson vermutet, daß diese Situation «das Modell für eine der tiefgreifendsten Störungen der interpersonalen Beziehungen darstellt. Das Individuum hofft zu bekommen, die Quelle wird entzogen, worauf reflektorisch versucht wird, festzuhalten und zu nehmen, aber je fester man hält, desto entschiedener entfernt sich die Quelle.»

Hier wie in der anal-sadistischen Kollusion geht es darum, daß Maßnahmen, einen Mangel zu beheben, diesen Mangel bedingen. Beispiele: Die Ehefrau verfolgt eifersüchtig die Berufstätigkeit ihres Mannes, weil sie das Gefühl hat, der Beruf sei ihm wichtiger als sie. Dadurch entzieht sie ihm die narzißtische Bestätigung aus der Zweierbeziehung, so daß er sich verstärkt seinem Beruf zuwendet, der ihm als einzige Quelle narzißtischer Befriedigung erhalten bleibt. Die innere Formel des Teufelskreises lautet dann: «Weil du dich entziehst, muß ich dich verfolgen – weil du mich verfolgst, muß ich mich entziehen.» Ähnlich ist auch die Eifersuchts-Untreue-Kollusion: «Ich bin so eifersüchtig, weil du so verschlossen und abwehrend bist – ich bin so verschlossen und abwehrend, weil du so eifersüchtig bist.» Die Helfer-Kollusion lautet: «Ich muß dich stützen, weil du so schwach bist – ich muß schwach bleiben, weil du mich dauernd stützt.»

Die Helfer-Schützling-Kollusion ist dadurch vom Zusammenbruch bedroht, daß sich beide Tendenzen in einem Teufelskreis verstärken, bis der Helfer in seiner «Stärke» ebenso überfordert ist wie der Schützling in seiner «Schwäche». Handelt es sich z. B. um die überbeschützende Mutter, dann führt sich ihre Bedürftigkeit, alle eigenen Geborgenheitswünsche durch die Aufopferung für das Kind befriedigt zu sehen, endlich selbst ad absurdum. Die Hoffnung auf die konflikt- und spannungslose Verschmelzung mit einem Wesen, das ganz ihr gehört, wird durch die Frustrationen und Kränkungen gestört, welche die eigenen, autonomen Wünsche und Initiativen des Kindes mit sich bringen. Da der Verschmelzungswunsch der Mutter ein tief verwurzeltes Mißtrauen ausgleichen soll, überhaupt nicht liebenswert und vertrauenswürdig zu sein, führen schon kleine Störungen zu einem drohenden Zusammenbruch der ganzen Beziehung.

Die Symbiose mit dem überbeschützten Kind scheint nur durch den Tod auflösbar. Entsprechende Phantasien werden verdrängt und durch verstärkt überbeschützendes Verhalten abgewehrt. Andererseits spürt das Kind die Unsicherheit hinter der Fassade von Aufopferung. Da sich kein festes Vertrauen in die eigenen Ich-Kräfte und in den inneren Zusammenhalt des eigenen Selbst entwickelt, wird die überbeschützende Mutter zugleich geflohen und gesucht. Die Trennungsängste sind sehr heftig. In manchen Fällen muß die überbeschützende Mutter etwa auf jeden Kino- oder Theaterbesuch verzichten, weil das Kind sie abends nicht gehen läßt. Dadurch steigern sich die Aggressionen der Mutter, ihre überbeschützende Haltung und zugleich die Unsicherheit und Angst des Kindes.

Der oral-progressive Charakter (Pflegecharakter; HS-Helfer)

Mir scheint der Ausdruck «oral-progressiver» Charakter treffender als «mütterlicher Pflegecharakter» (Willi), weil ich die selbstverständliche Verknüpfung von Pflegefunktion und Mutterschaft für fragwürdig halte. Ansonsten stimmt Willis Charakterisierung in vielen Punkten mit der Beschreibung des Helfer-Syndroms überein. Es handelt sich um Menschen, die anspruchslos und bescheiden erscheinen. Sie bieten sich bei jeder Gelegenheit zu Hilfeleistungen an, scheinbar ohne Gegenleistungen zu verlangen. Ihre Art, auf Schwäche einzugehen, führt gehäuft zu Kontakten mit Menschen, die Hilfe brauchen. Diese Ebene der Hilfe- und Pflegeleistungen erweist sich dann oft als einzige Basis, auf der Kommunikationen möglich sind. Die Art der Hilfe fördert Regressionen beim Schützling, dem sich der Pflegecharakter nur dann gewachsen fühlt, wenn er klein und schwach bleibt. «Gerade bei Krankenschwestern läßt sich oft beobachten, daß sie am Patienten mehr Freude haben, solange er völlig hilflos im Bett liegt, als wenn er seine Autonomie zurückgewonnen hat. Wie sehr diese bemutternde Haltung mit eigenen infantilen Bedürfnissen gekoppelt ist, zeigt sich nicht selten in der Zimmerausstattung von Krankenschwestern, die in Plüschtieren und Teddybären einen speziellen Akzent findet», erläutert Willi[1].

Der oral-progressive Charakter sucht sich aus einer unbefriedigenden Mutterbeziehung zu lösen, indem er sich mit Mutterfunktionen identifiziert. Da ihn die Mutter bzw. die Primärgruppe nie wirklich akzeptiert hat, bleibt er stets auf der Suche nach diesem Akzeptiertwerden. Der Verlust mütterlicher Fürsorge wird durch Identifizierung mit dem Idealbild einer solchen Fürsorge ausgeglichen. Der Helfer setzt sich gewissermaßen an die Stelle der versagenden Mutter und sucht andere so zu behandeln, wie er selbst behandelt werden möchte. Nicht er soll befriedigt werden – denn dieser Anspruch würde die Schmerzen der frühen Versagungen wiederbeleben –, sondern ein hilfloses, dankbares Objekt.

Hinter der Unfähigkeit, die Befriedigung seiner eigenen Bedürfnisse in Angriff zu nehmen, findet sich – ganz ähnlich wie bei der Ja-aber-Persönlichkeit – «eine orale Gier, die als unstillbar abgewehrt wird und auch angsterregend ist, da sie gekoppelt ist mit destruktiver Aggressivität, verzehrendem Neid, reaktiven Schuldgefühlen und schlechtem Selbstwertgefühl».[2] Der oral-progressive Charakter glaubt, nicht um seiner selbst willen Zuwendung zu erhalten, sondern sich diese stets mit Leistungen für andere verdienen zu müssen – ähnlich wie der oral-regressive Charakter annimmt, Zuwendung nicht für seine Person in ihrem Hier-und-Jetzt-Zustand zu erhalten, sondern sie durch regressive Manöver erbetteln oder erzwingen zu müssen (z. B. durch kindliches Verhalten, psychosomatische Krankheiten, exhibitionistische Äußerung von Bedürftigkeit). Im Gegensatz zum oral-regressiven Charakter haben die Pflege-Charaktere aber eine aktive Abwehr aufgebaut (die Identifizierung mit

1 Willi, a. a. O., S. 96
2 Willi, a. a. O., S. 96

dem altruistisch formierten Über-Ich), die sie von einem spendenden Objekt unabhängig macht und ihnen die Möglichkeit gibt, ihr ursprünglich schwaches Selbstwertgefühl durch die Aufopferung an eine große Aufgabe und die Dankbarkeit vieler Schützlinge zu stabilisieren (von denen sie auch – im Gegensatz zum oral-regressiven Charakter – meist weniger offen abhängig werden).

Willis Beobachtungen an dem oral-progressiven Charakter weisen ebenfalls darauf hin, daß diese Menschen seltener an Symptomen erkranken – sie sind für ihn «geradezu ein Musterbeispiel der Möglichkeit, sich mittels psychosozialen Agierens im Gleichgewicht zu halten».[1] Obwohl der mütterliche Pflegecharakter dann sozial schädlich wird, wenn er andere zu oraler Regression führt, werden seine Handlungen in der Regel sozial anerkannt und mit hohem Status belohnt. Wenn einmal doch Symptome auftreten, handelt es sich nicht selten um schwere psychosomatische Störungen wie Magengeschwüre, Fettsucht, Magersucht. Psychotherapeutische Hilfeleistung wird in der Regel abgelehnt, nicht nur, weil die damit verbundene Regression ängstlich vermieden und das eigene Hilfsbedürfnis abgewehrt wird, sondern bereits deshalb, weil die Abwehrhaltung «ich darf niemandem zur Last fallen» schwer überwindbar ist. Der progressiv-orale Charakter ist kaum davon abzubringen, daß andere Menschen die Hilfe des Therapeuten weit dringender benötigen als er.

Der oral-regressive Charakter

Die orale Frustration, die in dem Thema des «abgelehnten Kindes» enthalten ist, hat vielfältige Folgen für die Charakterentwicklung. Dabei ist davon auszugehen, daß solche Zusammenhänge stets konditionaler, nicht kausaler Natur sind: Ein voll gestilltes Kind, dem sich die Mutter durch günstige soziale Umstände längere Zeit zuwenden kann, wird dadurch keineswegs

1 Willi, a. a. O., S. 97

mit absoluter Sicherheit vor oralen Versagungen und den anschließenden Fixierungen bewahrt, ebensowenig wie andererseits alle mit der Flasche aufgezogenen, über kürzere oder längere Zeit von Ersatzpersonen (z. B. in einer Kinderkrippe) aufgezogenen Säuglinge nachweisbare Schäden davontragen.

Die Konditionalität eines Zusammenhangs besagt (im Gegensatz zur Kausalität), daß noch weitere Bedingungen hinzukommen müssen – der Einfluß der Konstitution etwa (es gibt vermutlich oral besonders bedürftige Säuglinge), aber auch der Einfluß so schwer meßbarer und nachweisbarer Bedingungen wie der Einfühlungsfähigkeit der Bezugspersonen, ihrer Bereitschaft, mit dem Säugling in einen Dialog wechselseitiger Bedürfnisbefriedigung einzutreten. Jedenfalls ist eine an Werten von Leistung, Sauberkeit, wirtschaftlicher Zeiteinteilung und Konsum (auch von Babynahrung und ähnlichen Artikeln) orientierte Gesellschaft ein nicht zu unterschätzender Risikofaktor für orale Frustrationen.

Diese Frustrationen haben folgende Aspekte:

1. Durch künstliche Säuglingsernährung wird der ererbte, saugspezifische Antrieb (eine der wenigen instinktiven Handlungen des Menschen) nicht angemessen befriedigt. Der Flaschensauger bietet eine künstliche, apparative Lösung für eine Situation, welche die Wiege menschlicher Beziehungen und die erste Erfahrung der Verbindung von Arbeit und Befriedigung ist. Der Flaschensauger geht immer gleich schwer, d. h. er erfordert eine konstante Anstrengung. Fast immer ist er zu weit, d. h. der saugspezifische Antrieb des Babys wird nicht befriedigt, das dann – wie übrigens aus dem Eimer getränkte Kälber auch – «im Leerlauf» zu saugen beginnt. Das Geschrei wird lauter, der Bettzipfel oder Daumen wird intensiver belutscht, das Kopfwenden, mit dem der Säugling normalerweise die Brustwarze sucht, kann sich zum Kopfschütteln (Jactatio capitis) steigern. Vermutlich ist die kindliche Bedürfnisstruktur während der oralen Phase noch auf die «primitiven» Lebensverhältnisse eingerichtet, in denen das Kind in ständigem Hautkontakt mit der Mutter bleibt und jederzeit gestillt werden kann. Hier ermöglichen Hautkontakt, Schaukeln und orale Befriedigung eine optimale

Spannungsabfuhr, die unter zivilisierten Bedingungen nur ganz selten gegeben ist. Autoerotisch-orale Verhaltensweisen wie das Daumenlutschen sind in Primitivkulturen extrem selten.

2. Kurzdauernde Frustration eines Antriebs führt zu seiner Übersteigerung, die sich in Erniedrigung der Reizschwelle, verminderten Möglichkeiten zum Aufschub der Befriedigung und suchtartiger Gier ausdrückt. Es entwickelt sich ein oral-aktiver Charakter, der seine oralen Fixierungen durch gieriges Verhalten zu kompensieren sucht. Dahinter läuft er stets Gefahr, in eine Depression zu verfallen, sobald die Befriedigung ausbleibt, wobei der Beobachter nicht selten den Eindruck gewinnt, daß der oral-aktive Charakter gerade durch seine Gier, seine Unfähigkeit, abzuwarten und Entwicklungen geduldig geschehen zu lassen, sich Frustrationen verschafft, die ihn zu noch heftigeren Bestrebungen führen, seine innere Leere auszufüllen. Dem Sexualpartner wird z. B. keine Zeit gelassen, allmählich die Beziehung zu verbessern – wenn er nicht gleich in allen Punkten den Ansprüchen gerecht wird, wird er verlassen, wird der nächste Partner gesucht.

Carola F. kommt aus einer Familie, in der mütterlicherseits abnorme Eßgewohnheiten bis in die Generation der Großeltern nachweisbar sind. Die Großmutter nahm zeitlebens Abführmittel. Carolas Mutter leidet unter einem Schlankheitsfimmel. Sie ißt z. B. nicht zu den Mahlzeiten, sondern vorher oder nachher heimlich in der Küche. Von Geburt Carolas an war es die ständige Sorge der Mutter, Carola könnte zu dick werden. Die oralen Bedürfnisse des Kindes wurden von der Mutter nicht angenommen und in einem normalen Dialog erwidert, in dem sich ihr Gestaltcharakter erweisen kann (d. h., das Bedürfnis erreicht einen Höhepunkt und ebbt nach der Befriedigung wieder ab). Sie wurden ständig unterbrochen und abgewehrt, wie Carolas Mutter ihre eigenen oralen Bedürfnisse abwehrte. Das Kind begann früh, den Eltern Geld zu stehlen und dafür Süßigkeiten zu kaufen. Es aß heimlich bei Nachbarn. Als die Mutter anfing, den Kühlschrank zu verschließen, bastelte die zehnjährige Carola einen Nachschlüssel und feierte nächtliche Freßorgien. Nachdem ihre erste Männerfreundschaft mit 14 Jahren unglücklich endete – ihr Freund verließ sie –, begann Carola noch mehr zu essen. Sie schlich sich nachts aus dem Haus, ging in obskure Kneipen und ließ sich mit vielen Männern ein, wobei die Beziehungen sich nie zu einer wirklichen Intimität entwickelten. Mehrmals steckte sie sich mit Geschlechtskrankheiten an. Die oralen Störungen fixierten sich als starkes Rauchen, jähe Freßgier (Carola konnte zehn Stücke Kuchen hintereinander essen), die dann durch Abführmittelkonsum und Fasten wieder bekämpft wurde. Ihr schlechtes Selbstgefühl führte dazu, daß sich Carola nie mit einem Mann befreundete, der ihr intellektuell annähernd gewachsen war. In der ungehemmten Art ihres Forderns und Bittens hat Carola den Charme eines Kleinkindes. Sie kann herzzerreißend flehen und schmeicheln. Andererseits kann sie Frustrationen nur sehr schlecht ertragen. Sie glaubt (und das mit Recht), daß die Umwelt ihre Ansprüche nicht auf Dauer befriedigen kann, und meint daher, sie müsse die Möglichkeiten des Augenblicks voll ausschöpfen, solange dieser etwas hergibt.

3. Werden die oralen Bedürfnisse («oral» hier in dem erweiterten Sinn nicht nur libidinöser Befriedigung, sondern auch narzißtischer Bestätigung und Einfühlung von seiten der Bezugspersonen) nicht kurzdauernd versagt, sondern über längere Zeit hin, so ergibt sich ein anderes Bild. Während die kurzdauernde Frustration einen Antriebsbereich hypertrophieren läßt, führt die langdauernde zu seiner Atrophie. Der aktiv-orale Charakter wird von der Phantasie beherrscht, die Befriedigung seiner Bedürfnisse nur durch ständige Aufmerksamkeit, Hast, Gier und Forderung erzwingen zu können. Er steht daher dem oral-progressiven Charakter näher als der oral-passive Charakter, der sich aus einer langdauernden Versagung der oralen Bedürfnisse ergibt. Diese Menschen sind von einem tiefen Gefühl der Aussichtslosigkeit und Wertlosigkeit erfüllt. Sie sehen keine Möglichkeit, etwas für die Erfüllung ihrer Ansprüche zu tun, sondern ziehen sich vor den realen Befriedigungsmöglichkeiten zurück und suchen einen Ersatz in ihrer Phantasiewelt. Zugleich finden sie sich verächtlich, projizieren ihre nagende Selbstkritik in die Umwelt und können sich selbst wegen ihrer

Gehemmtheit, Trägheit und Passivität nicht leiden. Mehr noch als der oral-aktive Charakter neigt der oral-passive Charakter zu dem Ja-aber-Verhalten: er sucht einerseits Zuwendung, wünscht sich unbegrenzte Nähe und grenzenlose Verwöhnung, während er andererseits fürchtet, abhängig zu werden, zurückgewiesen zu werden, und diese Gefahr der Zurückweisung durch die Verwandlung von Passivität in Aktivität bekämpft, d. h. die eigene Ablehnung inszeniert.

Die 24jährige Studentin Marga S. beklagt sich in der zweiten Sitzung einer Therapiegruppe bitter über das Versagen des Leiters. Er tue nichts, sitze da, habe gar nicht versucht, sie aus ihrem Schweigen herauszuholen. Er sei ganz überflüssig, denn schweigend dasitzen könne sie überall, und es sei ganz falsch gewesen, wenn ihr Einzeltherapeut ihn ihr als ausgezeichneten Gruppenleiter empfohlen habe. In der Gruppe sei auch nichts geschehen, sie habe sich nur gelangweilt, mit ihren Freunden könne sie sich viel besser unterhalten. Außerdem sei es sehr störend, daß die Sitzung pünktlich beendet würde. Hinter dieser vorwurfsvollen Kritik am Leiter und an der Gruppe wird ein Wunsch nach schrankenloser Zuwendung deutlich (z. B. in der Forderung nach dem Verzicht auf die Zeitbeschränkung), dessen orale Eigenart wenig später in Margas Phantasie hervortritt, doch das nächste Mal einen Tisch mit Getränken in die Mitte zu stellen und ein Faß Bier anzuzapfen.

Marga verwandelt hier in ihrer Kritik am Leiter und an der Gruppe ihre Angst, abgelehnt zu werden, in aktives Verhalten. Sie drückt aus: *Ja,* ich will eure Zuwendung haben, *aber* ich bin wütend auf euch, weil ich wütend auf meine frühen Bezugspersonen bin und weil ihr mir ohnedies nicht genügend zu bieten habt. Häufig wird dabei das Gefühl, die Befriedigung der oralen Bedürfnisse sei aussichtslos, durch die Phantasie ergänzt, daß die Bezugspersonen an sich die erhofften, spendenden Möglichkeiten haben, sie jedoch aus bösem Willen vorenthalten.

«Was mich besonders ärgert, ist das Gefühl, daß Sie mich und meine Probleme genau kennen und eine Lösung wüßten, die Sie mir aber bewußt vorenthalten und mich bald da, bald dort mit einem Tropfen abspeisen» (eine Teilnehmerin an einer Gruppentherapie).

Wenn oben von oral-aktiven und oral-passiven Charakteren die Rede ist, so dürfen diese Begriffe nicht als Zurückführung menschlicher Personen auf die Dimension eines einzigen Konfliktes verstanden werden. Unsere psychologischen und psychoanalytischen Persönlichkeitslehren leiden allesamt darunter, daß sie einzelne Aspekte aus einem vielfältigen Strukturzusammenhang herausgreifen und dann mehr oder weniger absolut von «oralen», «narzißtischen», «schizoiden», «depressiven», «zwanghaften», «hysterischen» usw. Persönlichkeiten oder Strukturen sprechen. Die Verbindung zwischen Charakterstruktur und einer bestimmten Phase der kindlichen Entwicklung, z. B. zwischen zwanghaftem Charakter und analer Phase, ist zwar für eine anschauliche Darstellung und für die Zusammenschau von Kindheitssituation und Erwachsenenverhalten sehr nützlich. Doch ist erfahrungsgemäß zu erwarten, daß Störungen in der oralen Phase nicht isoliert auftreten, sondern sich in ähnlicher Form in die anale und phallische Phase fortsetzen, einerseits, weil eine belastende Familiendynamik nach dem Abschluß einer Entwicklungsphase nicht mit einem Schlag neutralisiert wird, andererseits, weil das oral gestörte Kind schlecht ausgerüstet ist, um sich erfolgreich mit den Anforderungen späterer Phasen auseinanderzusetzen. Das gleiche gilt für andere frühe Störungen. So ist bei fast allen «hysterisch» strukturierten Kranken eine Vor-Schädigung in der frühesten, primärnarzißtischen und oralen Periode zu beobachten, ohne die spätere Auffälligkeiten gar nicht verständlich wären.

Der orale Charakter ist auf die Anforderungen der ödipalen Phase mangelhaft vorbereitet. In seinem Selbstgefühl schwankend, in seinem Vertrauen in die wohlwollende, narzißtisch nährende Zuwendung der Umwelt geschwächt, fürchtet er oft, erwachsen und verantwortlich zu werden. Gerade das vermeidet er unter anderem durch die Ja-aber-Haltung, in der er einerseits einen (HS-)Helfer sucht, der ihm die Verantwortung für die Bewältigung seines Lebens abnimmt, andererseits aber aus Angst vor Abhängigkeit und Frustration diesem Helfer auch seine Ohnmacht beweisen und sich selbst die überlegene Macht seiner kritischen, zerstörerischen Fähigkeiten – letztlich seines Masochismus – bestätigen möchte.

Die narzißtischen Schäden äußern sich vor allem auch in einer mangelnden Bewältigung des Ödipuskomplexes, d. h. in nicht geglückter Identifizierung mit dem gleichgeschlechtlichen Elternteil (und der eigenen Geschlechtsrolle) einerseits, der Vorstellung einer libidinösen Beziehung zum gegengeschlechtlichen Elternteil bzw. zu Personen des anderen Geschlechts andererseits. Die Sexualität wird in die Ja-aber-Position einbezogen: Die Frau (der Mann) erwartet vom männlichen (weiblichen) Partner schrankenlose Erfüllung, zweifelt jedoch unbewußt daran, ob diese überhaupt möglich sei, und weist in der Realität ihrer Beziehungen jedem Partner nach, daß er unfähig ist, den Anspruch zu erfüllen.

Das Zusammenspiel des progressiven und des regressiven oralen Charakters

Der regressive Partner möchte seine oralen Bedürfnisse befriedigt haben, ohne mehr eigene Aktivität als die des Empfangens entfalten zu müssen. Er wünscht sich einen Helfer, der ihn umsorgt, schützt und bestätigt, wobei er aufgrund seiner schlechten frühkindlichen Erfahrungen ständig unter der Angst leidet, der Partner könnte in seiner Zuwendung nachlassen. Er selbst ist nicht in der Lage, sich zu bestätigen und zu akzeptieren. Er sucht dauernd von außen, was er sich innen nicht geben kann, weil er fürchten muß, sich dann ähnlich wie seine eigene Primärgruppe zu verhalten. Er selbst definiert sich als unselbständig, zu kurz gekommen, hilflos, während er die aktiven, bewältigenden Funktionen in idealer Weise an seinem Partner wahrnimmt.

Der progressive Partner hingegen sucht seine Ängste vor den verdrängten eigenen oralen Ansprüchen zu bewältigen, indem er jegliche Bedürftigkeit verleugnet und ganz für andere da ist. Insgeheim befürchtet er, als Spender von Hilfe, Verständnis und «richtigem» Verhalten überflüssig zu werden und damit auch die bestätigende Dankbarkeit des regressiv-oralen Partners in der Kollusion zu verlieren. Dieser verkörpert orale Wünsche, die er selbst an sich ablehnt und fürchtet. Solange die Beziehung auf dieser Ebene des Gleichgewichts von Progression und Regression funktioniert, werden beide Partner stabilisiert. Jeder kompensiert die Schwierigkeiten des anderen. Die Beziehung wird zur Symbiose, da der Partner nicht für einen Austausch auf gleicher Ebene benötigt wird, sondern als Hilfsmittel zur Bewältigung eigener Probleme: Der oral regressive Partner drückt nicht nur die eigenen oralen Bedürfnisse aus, sondern auch die seines Helfers, während dieser nicht nur seine eigene Überlegenheit, Tüchtigkeit und Hilfsbereitschaft dokumentiert, sondern auch die nährenden Seiten seines Schützlings. Jeder beutet den anderen aus. Echte Gegenseitigkeit und innere Freiheit können nicht entstehen.

Ausbeutung und Symbiose zeigen sich in den heftigen, verdrängten Aggressionen, die erst bei einer Krise in der oralen Kollusion deutlich werden: Todeswünsche und Mordphantasien lassen sich dann im Hintergrund der bisherigen Idylle fast immer nachweisen.

Vermutlich können solche auf einer Kollusion beruhenden Beziehungen über längere Zeit stabil bleiben.[1] Genauer analysiert werden vorwiegend die Fälle, in denen die Kollusion aus dem Gleichgewicht gerät und einer oder beide Partner therapeutische Hilfe suchen – meist in der Form, daß der progressive Partner für den regressiven «Maßnahmen ergreift». Die Konflikte ergeben sich aus der «Wiederkehr des Verdrängten», d. h. aus dem Versagen der Abwehr, einen stabilen Zustand herzustellen. Dadurch müssen immer neue Abwehrmechanismen eingesetzt bzw. die bisherigen Abwehrformen so übersteigert werden, daß das ganze System zusammenbricht. Der regressive

1 Frank S. Pittman und Kalman Flomenhaft haben in «Die Behandlung der ‹Ehe im Puppenheim›» einen solchen Fall geschildert, in: C. J. Sager, H. S. Kaplan, Handbuch der Ehe-, Familien- und Gruppentherapie, München 1973

Partner wird bei leisen Anzeichen, daß der progressive «Helfer» nicht alle Erwartungen zuverlässig erfüllt, durch Bewährungsproben sichern wollen, ob dieser tatsächlich die positiv idealisierte Bezugsperson verkörpert. Wie jede durch ständigen Verdrängungsaufwand gestützte Idealisierung ist auch diese davon bedroht, daß die abgespaltenen, negativen Qualitäten des Partners mit einem Schlag die Abwehrschranke durchbrechen und sein bisher so bewundertes Bild plötzlich nur noch negativ gesehen werden kann.

Wenn die Kollusion zusammenbricht, schlägt die Bewunderung für den starken, uneigennützigen Partner in das negative Bild eines herrschsüchtigen, vorwurfsvollen Tyrannen um. Das regressive Verhalten, durch das sich der «Schwache» Hilfe und sorgende Fürsorge verschafft, hat auf die Dauer sein Selbstgefühl untergraben. Er fühlt sich als Leibeigener, der keine gleichen Rechte hat, als ohnmächtiges, nicht ernstgenommenes Kind. Dieses Selbstbild wirft er dem Helfer vor – wobei ihm dieser Anlaß dazu gibt, weil er signalisiert, daß er den Schützling eben nur in seiner Hilflosigkeit und Pflegebedürftigkeit akzeptiert.

Alle Rollenmöglichkeiten, stark zu sein, einmal nicht der Empfangende, sondern der Gebende zu werden, sind für den regressiven Partner ausgeschlossen, da sie der progressive «Helfer» besetzt. So bleibt für den «Schützling» kein anderer Weg, als mit ebenden Mitteln, die seinen Eintritt in die Kollusion ermöglicht haben, auch seine Aggression auszudrücken: Er verlangt so unersättlich nach Zuwendung, wird so unzufrieden und undankbar, daß der «Helfer» in das Dilemma der Mutter gerät, deren unbefriedigter Säugling in die Brust beißt. Er ist verantwortlich, den Anspruch zu befriedigen, durch den er bedroht und verletzt wird. Im zwischenmenschlichen Verhalten äußert sich das darin, daß der «Schützling» dem «Helfer» die dankbare Anerkennung verweigert und statt dessen mehr und noch mehr Zuwendung und Stütze verlangt – einerseits aus Wut über die Rolle des Schuldners, in die er sich gedrängt fühlt, andererseits aus Sorge darüber, daß ein Nachlassen seiner Ansprüche die Stützung durch den «Helfer» beendet, die er zunehmend entgleiten fühlt. Der «Helfer» ist in der Zwickmühle: Je mehr er Stütze bietet, desto stärker kränkt er den «Schützling» und stürzt ihn in Abhängigkeitsängste. Je weniger er aber hilft, je weiter er sich zurückzieht, desto eher ist er die versagende böse Bezugsperson, die wiederzufinden der «Schützling» fürchtet.

Da der progressive Partner seine eigenen Regressions- und Abhängigkeitswünsche durch Identifizierung mit der progressiven Haltung des Über-Ichs abwehrt, fühlt er sich ständig von seiner unbewußten Regressionsneigung bedroht. Er wird danach trachten, den Schützling stets schwach, unkontrolliert, hilfsbedürftig zu halten. Sobald der Schützling aber nicht mehr mit Dankbarkeit und Anerkennung reagiert und damit dem Helfer narzißtische Bestätigung seiner Leistung (die wichtigste verbliebene Form einer oralen Bedürfnisbefriedigung) versagt, fällt es diesem doppelt schwer, zu geben, was verlangt wird, und die Abwehr der eigenen oralen Wünsche aufrechtzuerhalten. Er hat das Gefühl, sich an ein Faß ohne Boden zu verausgaben, und beginnt in gelegentlich auftretenden, allmählich häufiger werdenden Krisen dem Partner seine Undankbarkeit vorzuwerfen, seine Opfer aufzuzählen.

Die orale Kollusion muß trotz ihres zunächst verheißungsvollen Zusammenspiels scheitern, weil der progressive Partner letztlich ebenso unsicher ist wie der regressive. Er stellt spiegelbildliche Ansprüche an die unterwürfige Dankbarkeit des regressiven Partners wie dieser an seine stützende, überlegene Hilfeleistung. So reagiert endlich jeder mit Wut und Enttäuschung, die aus seiner Sicht auch berechtigt sind.

Das Kollusionsmodell der Helfer-Schützling-Beziehung zeigt, wie eine gewissermaßen «professionelle», vom Über-Ich bestimmte Gestaltung zwischenmenschlicher Beziehungen das Gelingen von Partnerschaft und Ehe vereiteln kann. Wo der eine unangreifbarer «Therapeut», der andere nur hilfsbedürftiger «Patient» bleiben muß, kann sich keine Gegenseitigkeit entwickeln, gerät die Beziehung in den Strudel zunächst scheinbar positiver, alsbald jedoch mehr und mehr destruktiver Abhängigkeiten. Die Problematik des Helfer-Syndroms ist damit von zwei Seiten her verdeutlicht: einmal aus der Struktur der berufsmäßigen Hilfeleistung (Kapitel 5), zum anderen aus dem Schicksal der oralen Kollusion in einer Partnerbeziehung (Kapitel 6). Die sozialen und persönlichen Probleme, die durch das Helfer-Syndrom entstehen, beruhen zum Teil darauf, daß der Helfer private Beziehungen und berufliche Arbeit nach ganz ähnlichen Prinzipien gestaltet.[1]

Ein 38jähriger Geschäftsmann schildert in seiner zweiten Analyse, wie sein früherer Psychotherapeut ihn noch heute fast jeden Sonntag zu einem gemeinsamen Frühschoppen einlädt. Jeweils vor Weihnachten kommt ein Anruf, in dem sich der Therapeut teilnahmsvoll erkundigt, wie es denn um die Depressionen seines (vor sieben Jahren aus der Behandlung entlassenen) Patienten stünde, die doch um diese Zeit immer aufträten.

Solches Verhalten des Helfers löst beim Schützling sehr gemischte Gefühle aus. Einerseits empfindet er die Zuwendung und das Interesse als angenehm. Doch da sie mit der Auflage verbunden bleiben, schwach und hilfsbedürftig zu bleiben, vom Helfer über sich bestimmen zu lassen, wecken solche die eigentliche Arbeit überdauernden Beziehungen auch Aggression, die wegen der Verpflichtung zur Dankbarkeit mit Schuldgefühlen erlebt wird und deshalb zu einer Art überbeschützender, gefügiger Haltung des «Patienten» seinem (ehemaligen) «Therapeuten» gegenüber führt. Es ist für den «Patienten» nicht leicht, die Beziehung gegenseitig zu gestalten. Er neigt dazu, die Bedürftigkeit des «Therapeuten» nach Zuwendung und Bestätigung zu unterschätzen und sie gemeinsam mit dem «Therapeuten» zu verleugnen, fühlt sich aber andererseits verpflichtet, die erhaltene Hilfeleistung zu glorifizieren.

In der normalen Beziehung zwischen Helfer und Klient wird die Gegenseitigkeit dadurch hergestellt, daß der Helfer vom Klienten entweder indirekt (über das Steueraufkommen bzw. von der Krankenkasse) oder unmittelbar bezahlt wird. Auf diese

1 Eine ausführliche Analyse der Wechselwirkungen zwischen «privaten» und «beruflichen» Beziehungen bei Helfern findet sich in W. Schmidbauer, Helfen als Beruf – Die Ware Nächstenliebe, Rowohlt 1983, erweiterte Neuauflage 1992

Weise wird dem Verlangen nach und der Verpflichtung zur Dankbarkeit vorgebaut. Beide Seiten können einander unbelastet zuwenden. Natürlich entstehen starke Abhängigkeitsgefühle, doch können sie, solange die Gegenseitigkeit einer berufsmäßigen Beziehung erhalten bleibt, auch auf der Grundlage dieser Arbeitsbeziehung durchleuchtet werden.

In der oralen Kollusion scheitert die Beziehung an dem Mangel an Gegenseitigkeit. Da der progressive Partner den regressiven schwach und abhängig halten muß, um selbst stabil zu bleiben, kann er dessen Gegenleistungen nicht voll erkennen und anerkennen. Die Beziehung wird durch die dadurch entstehenden Aggressionen stark belastet und kann an ihnen zerbrechen.

Ein HS-Helfer, der solche Sätze liest, wird sich z. B. fragen: «Soll ich mich jetzt gar nicht für meine Klienten einsetzen? Wenn das alles stimmt, dann müssen mir die Klienten ja gleichgültig sein!» Diese Reaktion findet sich häufig, wenn eine unbewußt begründete Haltung angesprochen wird. Der Aggressionsgehemmte sagt etwa: «Aber ich kann dem Chef doch nicht sagen, daß er ein Trottel ist!» Und die Frau in der Dornröschen-Haltung: «Aber man kann doch nicht mit dem erstbesten Mann ins Bett gehen!» Die Abwehr eines seelischen Motivs bedingt auch, daß sich sein Gestaltcharakter nicht entfalten kann (Anschwellen, Höhepunkt, Abschwellen), sondern der Eindruck einer dauernden Drohung, einer alles verschlingenden Überschwemmung geschaffen wird, die durch ebenso dauernde Abwehrleistung vermieden werden muß. («Wenn ich jetzt meine Tränen zulasse, dann kann ich tagelang überhaupt nur noch weinen», sagt eine Klientin; tatsächlich kämpft sie schon tagelang den Impuls zu weinen nieder.) Darüber hinaus bleiben abgewehrte Motive in ihrer ursprünglichen, meist infantilen Gestalt erhalten – sie können sich nicht im Kontakt mit der Realität differenzieren. So ist die Aggression des Aggressionsgehemmten urtümlich geblieben – Schreien, Schlagen, Strampeln – und wird deshalb für unzumutbar gehalten.

Ähnliche Widerstände machen sich bemerkbar, wenn der HS-Helfer auf den Mangel an Gegenseitigkeit in seinen Beziehungen hingewiesen wird. (Vgl. Fallbeispiel Georg, Seite 62 ff: Seine eigenen Bedürfnisse nach Zuwendung sind so unersättlich, daß nur Gott sie befriedigen kann.) Seine regressiven Wünsche nach passiver Bestätigung, Zuwendung und Anerkennung, nach Verwöhnt- und Umsorgtwerden sind wenig differenziert und werden wegen der dauernd gegen sie wirkenden Reaktionsbildungen als so mächtig und bedrohlich erlebt, daß es mit dem Weiterleben der Helfer-Rolle unvereinbar scheint, sie zuzulassen. Da die überbeschützende Haltung auch dazu dient, Aggression gegen die Klienten abzuwehren, kann sie nicht aufgegeben werden, weil sonst ein Durchbruch der Aggressionen droht.

Die Mutter einer psychotisch erkrankten Tochter hat ihr Leben lang das Kind in der Position des hilflosen Schützlings festgehalten. Sie opfert sich auf, tut alles für sie, wobei sie nicht müde wird zu betonen, wie wenig ihr das doch ausmache. Die Tochter klammert sich entsprechend an sie, kann nicht allein sein, kann sich nicht um ihr Stipendium kümmern, liegt den ganzen Morgen im Bett, badet und frühstückt dann ausgiebig usw. In ihren Wahnvorstellungen erlebt sie die aggressive Seite ihrer Mutter in einen politischen Kampf zwischen «bösen Nazis» und «guten Sozialisten» projiziert. Als die Tochter später heiratet und nun ihren Ehemann ähnlich idealisiert wie früher die Mutter, bricht in einem Gespräch die bisher vermiedene Aggression der Mutter durch, die das Kind wohl immer gespürt hat: «Was bist du schon, wenn ich mich nicht um dich kümmere? Ein Nichts!»

In beruflichen Helfer-Klient-Beziehungen tritt dieser Umschlag des therapeutischen Ehrgeizes in Haß selten an die Oberfläche. Häufiger läßt sich ein Umschlagen in Gleichgültigkeit und Kälte finden. Der Ja-aber-Position des oral regressiven Klienten entspricht beim Helfer die Formel «Ich habe alles versucht, aber Ihnen ist nicht zu helfen». Weil der HS-Helfer in einer unrealistischen Weise an seinen Ehrgeiz, seine Leistungstüchtigkeit als Helfer gebunden ist, bietet er sich anfangs als Retter an, gewährt Gratis-Stunden, nimmt den Klienten in seinen Haushalt auf, mobilisiert Behörden oder Verwandte. Einwände deckt er mit einer «Wir werden das schon schaffen»-Haltung zu.

Doch die Kollusion ist zum Scheitern verurteilt, weil über die Helfer-Klient-Beziehung nicht mehr offen gesprochen werden kann, weil beide Teile gezwungen sind, wesentliche Gefühle zu verleugnen, und dadurch einen nicht auflösbaren Druck aufeinander ausüben.

Eine politisch engagierte, von ihrem Hausfrauenleben unbefriedigte Frau nimmt einen Gastarbeitersohn aus der Nachbarschaft in ihren Haushalt auf. Der Junge, der bisher unter deprimierenden sozialen Umständen lebte (sein Vater trank, unternahm keine ernsthaften Anstrengungen, eine Arbeit zu finden, und ließ sich von den Frauen in der Familie unterhalten), blüht zunächst in dem wohlversorgten Akademikerhaushalt auf, zumal er äußerlich so behandelt wird wie die gleichaltrigen Kinder des Ehepaars. Die Pflegemutter mobilisiert Lehrer und die örtliche Schulleitung, um den Jungen besser in die Klasse zu integrieren. Sie plant eine kindertherapeutische Behandlung. Doch der Junge, der sie zunächst durch seinen Charme und seine Dankbarkeit bezauberte, wird immer schwieriger. Er schwänzt die Schule, stört durch unzähmbare Angriffslust den Unterricht, wird auch zu Hause immer schwerer integrierbar. Endlich muß er, schlechter angepaßt als vorher, zu seinen Eltern zurück, da sich die Pflegemutter der Aufgabe nicht mehr gewachsen fühlt.

Hier konnte die Helferin aufgrund ihrer eigenen Persönlichkeitsstruktur nicht sehen, welche Aggressionen ihr Verhalten bei ihrem Schützling in Bewegung setzen mußte. Ihr Allmachtsanspruch wirkte zunächst auf den Jungen, der sehr wohl seine inneren Schwierigkeiten spürte, verführerisch und überwältigend. Gleichzeitig weckte er die narzißtische Konfliktsituation, sich – ähnlich dem gescheiterten Vater – in einer von Frauen beherrschten Umwelt nicht behaupten zu können. Der elfjährige Junge kämpfte mit «männlichem» Verhalten dagegen an, indem er in der Schule Schlägereien provozierte und zu Hause die Töchter seiner Pflegemutter drangsalierte. Dieses Verhalten diente dazu, sein schwankendes Selbstgefühl als künftiger Mann zu festigen, wobei Schuldgefühle («mir geht es besser als meiner Familie») in Aggression umgesetzt und durch die strafenden Reaktionen der Umwelt leichter erträglich wurden.

Zugleich enthielt dieses Verhalten jenen «Zuwendungstest», den man bei verwahrlosten Kindern, Jugendlichen und (meist in subtilerer Form) auch bei kontaktgestörten Erwachsenen beobachten kann. Er entspricht dem Verhalten des regressiven Partners einer Kollusion, der die «gute Mutter», die er erhofft, ständig auf die Probe stellen muß, weil seine tatsächliche Lebenserfahrung ihn nur eine «schlechte Mutter» erwarten läßt. Er muß auch die Gefühle fürchten, die dadurch entstehen, daß er seine innere Härte, die auf Ablehnung und Kampf eingerichtet ist, aufgibt und sich seinen Bedürfnissen nach Wärme und Zuwendung öffnet, die ihn ja – wie er einst als Kind war – sehr verletzlich machen.

Der HS-Helfer in der progressiven, oralen (narzißtischen)[1] Position ist wegen seiner eigenen Aggressionsvermeidung nicht in der Lage, die mit dem Prozeß seiner Hilfe verbundenen Aggressionen zu klären. Sein überbeschützendes Verhalten dient dazu, Aggressionen – eigene und fremde – zu überspielen und zu verleugnen. Da der HS-Helfer eigene Bedürfnisse verdrängt

1 Dem Leser wird die Überschneidung der Begriffe «oral» und «narzißtisch» möglicherweise auffallen. Sie ist teilweise geschichtlich bedingt: Die orale, d. h. auf den Mund bezogene Phase der Libidoentwicklung wurde lange vor der auf den Aufbau des Selbst(-gefühls) bezogenen Dynamik der narzißtischen Entwicklung beschrieben. Daher wurde und wird häufig unter den oral-libidinösen Bedürfnissen, aufzunehmen, zu verschlingen, zu saugen und zu beißen, auch das Bedürfnis nach bestätigender Zuwendung und dem positiven Widerspiegeln des eigenen Selbst in den Augen der Bezugspersonen («mirroring») beschrieben. Es gehört aber nicht in den Bereich der Triebentwicklung, sondern in den der Entwicklung des Selbst. Die Überschneidung beider Bereiche beruht jedoch nicht nur auf mangelnder begrifflicher Unterscheidung. Sie hat auch praktische Gründe. Entwicklungspsychologisch ist zu erwarten, daß oral-libidinöse Befriedigung und narzißtische Bestätigung einem Kind häufig zusammen verweigert bzw. in deformierter Weise gegeben werden. Die klinischen Folgen, d. h. die seelischen Störungen, sind entsprechend so, daß bei «oralen Charakterneurosen» immer auch massive narzißtische Störungen nachweisbar sind. Übermäßiges Essen bzw. Hungern oder Erbrechen verbindet sich z. B. mit Störungen des Selbstgefühls (innere Leere, drohender Zerfall des Selbst, Identifizierung mit Mode-Idealen).

und daher nicht in der Lage ist, von Anfang an auf eine angemessene Entschädigung seiner Arbeit und einen notwendigen Ausgleich in seiner Lebensführung zu achten, wird er manipulierbar (z. B. durch Institutionen, die angeblich «selbstlosen Einsatz» verlangen), manipuliert aber auch seine Klienten.

Da er ihre Dankbarkeit und das Gefühl braucht, etwas für sie zu tun, andererseits aber Schwierigkeiten hat, außerhalb seiner Arbeit, außerhalb seiner nach dem Modell der oralen Kollusion gestalteten Beziehungen Bestätigung zu gewinnen, sind die Klienten ihm bald alles: Kinder, Freunde und Elternersatz. Dann muß aber unterbleiben, was für die Selbständigkeit des Klienten oft unentbehrlich ist: die Möglichkeit, aus Angst vor Liebesverlust blockierte Aggressionen (die sich depressiv gegen das eigene Ich richten) in der Übertragungsbeziehung zum Helfer erneut zu durchleben und konstruktive Äußerungsmöglichkeiten der Aggression (Neugieraktivität, Kreativität, von offener Auseinandersetzung bestimmte Beziehungen) zu entwikkeln. Wenn ein Klient unbewußt spürt, daß der Therapeut seine Dankbarkeit als Gegenleistung braucht, weil er die berufliche Befriedigung (z. B. Honorar, wissenschaftliches Interesse, spontanes Mitgefühl) nicht für sich lohnend gestalten kann, wird er in seiner Entwicklung blockiert.

Spiegelbild oder Ergänzung?

Über die allgemeine Helfer-Schützling-Kollusion hinaus lassen sich auch Typen von Beziehungen ermitteln, in denen der Helfer seine Bedürfnisse zu befriedigen sucht. Sie sind ebenso weit verbreitet wie intensiv verdrängt. In kaum einem sozialen Beruf erfährt der Ausbildungsteilnehmer an Universitäten oder Fachhochschulen etwas über den Umgang mit seinen inneren Wünschen, die ja schließlich eine ausschlaggebende Rolle in seiner Studienwahl und in seiner späteren Tätigkeit spielen. Es wird ihm vermittelt, welche Ergebnisse der Grundlagenforschung und welche Techniken des praktischen Vorgehens in seinem Arbeitsgebiet wichtig sind. Er muß den Eindruck gewinnen, die einzig rechtmäßige Befriedigung aus seiner Tätigkeit sei es, diese erlernten Instrumente auch richtig anzuwenden, während die Gefühlsbeziehungen zwischen ihm und seinen Schülern, Patienten oder Klienten nicht wichtig sind, weil ja keiner der Ausbilder über sie spricht. Der Student «weiß ja nicht, daß seine Lehrer meist nur deshalb über diese persönliche Motivationsproblematik nicht zu reden wagen, weil sie früher genauso eingeschüchtert worden sind, wie es ihm jetzt ergeht»[1].

Obwohl anzunehmen ist, daß in dem durch eine Selbsterfahrung über die eigenen Motive zumindest der Tendenz nach aufgeklärten Beruf des Psychoanalytikers persönliche Motive die Auswahl bevorzugter Schützlinge eher weniger bestimmen als in anderen Helfer-Berufen, gibt es auch in dieser Gruppe solche Sonderformen der Helfer-Schützling-Beziehung. Dieter Beckmann hat vor allem zwei grundlegende Mechanismen ermittelt, nach denen sich psychoanalytisch geschulte Ärzte und Psychologen ihre Klienten suchen. Die Macht dieser Helfer drückt sich bereits im Auswahlmodus aus. Jeder von ihnen kann in der Regel aus einer Warteliste von Interessenten jene nehmen, von denen er sich eine besonders fruchtbare Zusammenarbeit erwartet. Beckmann verglich die Ergebnisse eingehender Testuntersuchungen von Analytikern und Patienten. Es zeigte sich, daß

- depressiv-mißtrauische Ärzte bevorzugt ebensolche Patienten aussuchen, mit denen sie enge, von Verschmelzung bestimmte Beziehungen anstreben;
- zwanghaft kontrollierte Therapeuten eher impulsive Patienten suchen und
- gefühlsbestimmt-impulsive Therapeuten zwanghaft kontrollierte Patienten bevorzugen.[2]

Der Helfer identifiziert sich im ersten Fall mit seinem Klienten, mit dem zusammen er sich gegen eine als feindselig phantasierte Umwelt verteidigen kann. Im zweiten Fall sucht er sich den Klienten als Ergänzung seines als mangelhaft erlebten

1 H. E. Richter, Flüchten oder Standhalten, Reinbek 1976, S. 144
2 D. Beckmann, Der Analytiker und sein Patient, Bern 1974, S. 72

Selbst. «Diese Beziehung verspricht beiden Partnern unmittelbaren Lustgewinn, da jeweils der eine das auslebt, was der andere sich vermehrt wünscht», sagt Beckmann.[1] In ihrem Selbstbild unsichere Therapeuten vermeiden eindeutig die Arbeit mit selbstbewußten Klienten. Offensichtlich helfen ihnen unsichere, fügsame Patienten, sich selbst so großartig zu fühlen, wie sie es gerne hätten. Kurz gesagt: der Helfer braucht den Schützling, um besondere Kontaktbedürfnisse abzusättigen. Diese Auswahlverfahren sind so lange unschädlich, ja möglicherweise nützlich, als Gegenseitigkeit und Einfühlung erhalten bleiben.

Dann kann der Therapeut, der sein Spiegelbild sucht, durch seine ausdauernde Bestätigung und stützende Empathie dem Klienten, der ebenso ängstlich und depressiv ist wie er selbst, zu mehr Selbstvertrauen und Durchsetzungsfähigkeit verhelfen. Der Therapeut, der einen komplementär-ergänzenden Klienten findet, kann ihm durch sein Vorbild und durch den Hinweis auf die Erlebnislücken des Klienten einen Teil seiner eigenen Kontrolle oder auch Impulsivität abgeben. Problematisch wird diese Zusammenarbeit, wenn sie dem Klienten keinen Raum mehr für eine Entwicklung läßt, die den Bedürfnissen des Helfers zuwiderläuft. Dann droht der Helfer, den Klienten im Stich zu lassen, sobald dieser nicht mehr bereit ist, seine Bedürfnisse zu erfüllen. Je unbewußter dem Helfer die eigenen Motive sind, d. h. je ausgeprägter sein HS, desto größer wird diese Gefahr. Richter sieht die Angst vor Isolation und Verlassenheit (den Bereich des «abgelehnten Kindes») als wichtigen Einfluß. Der sozial Mächtigere verleugnet seine Ängste, indem er den Anklammerungszwang des Schwächeren verstärkt und sich zugleich strikt mit einer beruflichen Ideologie identifiziert, die mit sektiererischem Eifer vertreten wird[2].

Der Schützling kann für den Helfer ein Ersatz für die Verwirklichung eigener Ich-Ideale sein, die er selbst nicht erreicht. Im günstigen Fall mag der Helfer befriedigt erleben, daß er den

1 D. Beckmann, a. a. O., S. 72

2 H. E. Richter, Flüchten oder Standhalten, Reinbek 1976, S. 150f

Schützling zu Leistungen bringen kann, die ihm selbst nicht möglich sind. Er gleicht den Eltern junger Schauspieler oder Sportler, die ihre Kinder zu Erfolgen fördern, die sie selbst nicht hatten. Das kann gelingen, wenn kein zu starker Druck ausgeübt wird. Es scheitert, wenn der Helfer sich nicht mehr in den Schützling einfühlen kann und dessen tatsächliche Möglichkeiten nicht richtig einschätzt. Dann droht die Gefahr eines Umschlagens der stützenden Beziehung in ihr Gegenteil, nach dem Motto «Was habe ich alles für dich getan, und so lohnst du es mir...».

Die letzte Formel zeigt den inneren Zusammenhang der positiven und negativen Ideale, die ein Helfer in seinem Schützling suchen kann. Der vergeblich positiv idealisierte Partner, der geben soll, was dem eigenen Selbst an Vollkommenheit fehlte, kann mit bösartiger Kritik zerpflückt und fortgeschickt werden, wenn seine Stützfunktion versagt. In der Ehe wird beispielsweise nicht selten die Schwiegermutter zunächst zum Träger aller negativen Seiten des Partners. Doch gelingt es oft nicht, diese Spaltung aufrechtzuerhalten. Die Folge kennt jeder Eheberater: Paare, die den Partner mit einer Erbitterung hassen, die genau ihrem frühen Idealanspruch entspricht, mit dem sie sich von ihm eine Lösung aller Schwierigkeiten ihres Lebens versprachen.

In einer anderen Grundsituation wird der Schützling für den Helfer von Anfang an zum Träger der verdrängten, negativen Seite, des «Schattens» (C. G. Jung) oder der «negativen Identität»[1]. Solange der Helfer bei den Schützlingen jene Züge sucht, die er selbst fürchtet, wird es ihm nicht gelingen, seinen eigenen Schatten anzunehmen. Er ist einerseits von seinem Schützling fasziniert, andrerseits versucht, ihn wegzustoßen – «man sucht den Sündenbock, aber man möchte ihn eben doch, wie beim alten israelischen Versöhnungsfest, periodisch in die Wüste schicken».[2] Die Lösung liegt hier darin, daß sich der Helfer mit

1 H. E. Richter, Eltern, Kind und Neurose, Stuttgart 1963. – Ders.: Flüchten oder Standhalten, Reinbek 1976, S. 156f

2 H. E. Richter, Flüchten oder Standhalten, S. 157

den gemiedenen Seiten seines Selbst versöhnt, statt zu erwarten, daß «böse» Schützlinge seinen Schatten mit hinaus in die Wüste nehmen.[1]

1 Vgl. vom Standpunkt der Jungschen Psychologie und zum Aspekt des «Schattens» auch A. Guggenbühl, Macht als Gefahr beim Helfer, Basel 1975, S. 28: «Der berufliche Schatten des dem Patienten helfenwollenden Psychotherapeuten ist der Scharlatan, der betrügerische Heiler, der für seine eigenen Interessen arbeitet.»

7. Helfer untereinander

Der HS-Helfer bewältigt die aus seiner Kindheit stammenden Mängel seines Selbstgefühls durch die Identifizierung mit dem Über-Ich. Durch diese Entwicklung seines Charakters wird nicht nur sein persönliches Leben beeinträchtigt, die Gegenseitigkeit seiner intimen Beziehungen gefährdet und endlich auch seine Leistung als Helfer bedroht. Auch sein gesellschaftliches Verhalten gewinnt bestimmte Eigenarten.

In den helfenden Berufen macht sich häufig das «autistisch-undisziplinierte Denken» bemerkbar, das Eugen Bleuler beschrieben hat.[1] Medizin, Psychotherapie, Pädagogik und Sozialarbeit sind in weiten Bereichen von Rationalisierungen beherrscht, von einem den Prinzipien wissenschaftlichen Denkens Hohn sprechenden Mythenglauben, der sich als objektive Erkenntnis tarnt.

Die psychiatrischen und psychotherapeutischen «Schulen»

Es gibt Gelegenheiten genug, in denen sich das Selbstverständnis der Medizin als (Natur-)Wissenschaft als Mißverständnis erweist. Besonders reich an Widersprüchen und dogmatischen Behauptungen ist die Nervenheilkunde. Bis heute wird Wissenschaft in der Psychiatrie vorwiegend als Identifizierung mit

1 E. Bleuler, Das autistisch-undisziplinierte Denken in der Medizin und seine Überwindung, Berlin 1919

einer bestimmten Lehrmeinung verstanden. Es gibt beträchtliche nationale Unterschiede und Fälle, wo sich der Prozentsatz der «Schizophrenie»-Diagnosen nach dem Wechsel des Leiters einer Nervenklinik verdoppelte. Die Ansichten der vom Gericht bestellten Gutachter sind in vieler Hinsicht berechenbar. «Abweichende», z. B. psychoanalytische Auffassungen werden nicht zugelassen.[1]

Die Identifizierung mit dem Über-Ich macht selbstgerecht. Sie wird beibehalten, weil sie dazu dient, verdrängte sadistische Impulse zu kontrollieren und das narzißtische Überleben eines ungeborgenen, abgelehnten Kindes zu sichern. In der Arbeit mit seelisch kranken Menschen begegnet dem Nervenarzt oder Psychotherapeuten mit einem Helfer-Syndrom oft das Gesicht seiner eigenen Kindheit. Er muß die Grenzen zwischen sich selbst und seinem Patienten, die nach außen verlegt die Grenze zwischen seinem Unbewußten und seinem Ich widerspiegeln, durch immer erneute, starre Identifizierung mit dem Über-Ich aufrechterhalten. Das geschieht vorgeblich zum Wohl der Kranken, obwohl es objektiv häufig genug dem Wohl dieser Kranken schadet.

Ein aktuelles Beispiel dafür ist die Lage der psychotherapeutischen Schulen. Sie sind in der Nachfolge Sigmund Freuds oder in Opposition zu ihm entstanden, haben verschiedene Auffassungen von Wissenschaft, verschiedene Anthropologien und dementsprechend auch verschiedene Techniken in der Behandlung von psychischen Störungen. Jede dieser Schulen hat Heilerfolge, die ihre Anhänger überzeugen, und Mißerfolge, die ihre Gegner entzücken. Jede erhält sich dadurch, daß sie sich nach außen abgrenzt, den Wert anderer Gesichtspunkte als der eigenen herabsetzt und einmal errungene Privilegien eifersüchtig verteidigt. Im Verhalten einer psychiatrischen oder psychotherapeutischen Schule lassen sich die einzelnen Grundzüge des Helfer-Syndroms gewissermaßen makrosoziologisch nachweisen:[2]

1 T. Moser, Repressive Kriminalpsychiatrie, Frankfurt/M. 1971
2 Anm. 1991: Heute erscheint mir diese Form der Argumentation nicht

1. *Das abgelehnte Kind*. Jede Schule fühlt sich verfolgt, von Kritikern bedroht, welche die reine Lehre nicht anerkennen, sie verwässern, Elemente anderer Theorien einbeziehen. Unwissenheit und Hilflosigkeit werden im Hintergrund des Allmachtsanspruchs der progressiven Pseudo-Sicherheit spürbar und äußern sich z. B. in Witzen («Der Internist weiß viel und kann nichts, der Chirurg kann viel und weiß nichts, der Psychiater kann nichts und weiß nichts» ... «Was unterscheidet den Psychiater von seinen Patienten? Der weiße Mantel und der Besitz des Hausschlüssels!»). Die Angst vor Ablehnung wird durch Isolierung von möglichen «Feinden» und engen Zusammenschluß mit Gleichgesinnten umgangen. Sprachbarrieren werden aufgebaut («Der Patient projizierte das phallisch-kastrierende Introjekt auf den Analytiker»), semantische Grenzen geschaffen (z. B. durch ständige Verwendung mathematisch-statistischer Operationen und eines experimentalpsychologischen Jargons). Häufig schafft die Schule ein künstliches Selbstgefühl durch die Abwertung des «Nicht-Wir», durch eine idealisierende und glorifizierende Geschichtsschreibung, in der man nicht müde wird, die Gründer zu rühmen, ihre Genialität zu unterstreichen und die historisch gewordenen «Feinde» zu beschämen.

2. *Die Identifizierung mit dem Über-Ich* bestimmt das soziale Verhalten einer psychotherapeutischen Schule. Sie äußert sich darin, daß sehr rasch ganz spezielle, auf der Grundlage ebendieser Identifizierung ablaufende Auslesevorgänge einsetzen. Zunächst bestimmen persönliche Sympathie und der gemeinsame Wunsch, etwas Neues durchzusetzen, die Arbeit in der Schule. Bald aber müssen die Bewerber für eine Aufnahme neben den äußerlichen Voraussetzungen auch noch Eigenarten aufweisen, die sie für die Identifizierung mit dem Über-Ich der

mehr ganz schlüssig, weil ein selbst nicht als gesellschaftlich ableitbar gesetztes Über-Ich zur Ur-Sache des Verhaltens von Institutionen gemacht wird. Derlei «psychologisierende» Betrachtungen können aber anregen, das persönliche Erleben innerhalb solcher «Schulen» kritisch zu prüfen.

betreffenden Schule geeignet erscheinen lassen. Es ist dabei sehr typisch, daß der Gründer der Schule erheblich toleranter ist als seine Nachfolger. Da die Identifizierung mit dem Über-Ich Abwehrfunktionen hat, wird sie weniger flexibel als die Haltung des ursprünglichen Vorbilds.[1] Ebenso charakteristisch ist, daß die formalen Ausbildungsanforderungen ständig gesteigert werden, während die Kreativität und Initiative der Ausbildungsteilnehmer meist abnehmen – es sei denn, es handelt sich um Personen, die alsbald eigene Schulen gründen. Die Epigonen wenden dabei den für das Helfer-Syndrom typischen Mechanismus des «Überholens auf der Über-Ich-Seite» an. Sie versuchen, das Vorbild noch zu übertreffen, indem sie seine Über-Ich-Aspekte übersteigert annehmen.

Der Sohn eines frömmelnden Lehrers wird z. B. marxistischer Atheist, der das selbstzufriedene, kleinbürgerliche Christentum erbittert ablehnt, doch in seiner Intoleranz und ständigen Suche nach Ansätzen für seine Über-Ich-Aggression die Haltungen des Vaters noch übersteigert. In seiner Kindheit äußerte sich diese Aggression dadurch, daß der Sohn die bequeme Frömmigkeit der Familie sadistisch übersteigerte, indem er jeden Morgen geräuschvoll um halb sechs Uhr aufstand, um die Frühmesse zu besuchen.

In der Auseinandersetzung Freuds mit seinen Schülern über die Frage der «Laienanalyse», d. h. der psychoanalytischen Tätigkeit von Nicht-Ärzten, zeigte sich ein ähnliches Prinzip des «Überholens auf der Über-Ich-Seite». So kam es, daß praktizierende Analytiker an die jungen Anwärter weit höhere Anforderungen stellten, als sie selbst erfüllen mußten. Die psychoanalytischen Pioniere hatten z. B. keine oder nur sehr kurze Lehr-Analysen, während sie als Lehr-Analytiker die Anforderungen ständig höher schraubten. Es mußte eine Generation von Lehranalytikern heranwachsen, die selbst Erfahrung mit

1 Besonders gut dokumentiert ist dieses Phänomen in der Geschichte der psychoanalytischen Bewegung. Freud nahm viele Menschen als Schüler an, die jedes psychoanalytische Ausbildungsinstitut zurückweisen würde.

überlangen Lehranalysen gemacht hatte, um Notwendigkeit und Grenzen der Selbsterfahrung wieder ins rechte Licht zu rücken. Dieser Veränderungsprozeß ist noch nicht abgeschlossen. Nur durch die Mechanismen des Helfer-Syndroms ist jedoch zu erklären, weshalb die Gegenseitigkeit in der Beziehung von Ausbildern und Auszubildenden – Analytikern und Analysanden – so viel zu wünschen übrigließ und -läßt.

3. *Die Vermeidung von Gegenseitigkeit,* eben als Merkmal der Beziehung zwischen Eingeweihten und Außenstehenden in den «Schulen» beschrieben, kennzeichnet auch das Verhältnis zwischen den verschiedenen Schulen. Die eigenen Unsicherheiten, Schwächen, regressiven Positionen werden verleugnet und allenfalls an anderen aufgespürt, während die Vorbildhaftigkeit des eigenen Tuns und Denkens immer wieder betont wird. Es gibt keine Zusammenarbeit, keinen kritischen Vergleich im Sinn des gemeinsamen Anerkennens bestimmter Außenkriterien. – Der Verhaltenstherapeut behauptet, daß eine Psychoanalyse den Patienten allenfalls kränker macht, und untermauert das mit Statistiken. Der Psychoanalytiker zuckt die Achseln über die «Rattenmethoden» des Verhaltenstherapeuten und genießt den subtilen Triumph, den einen oder anderen Verhaltenstherapeuten, der mit Klienten oder Angehörigen nicht zurechtkommt, in Analyse zu nehmen. Eine gegenseitige Beziehung, in der «Schwächen» und «Stärken» jedes Partners abgeschätzt, verglichen, durch Einsicht bewältigt werden können, kommt nicht zustande.

4. *Die versteckte narzißtische Bedürftigkeit.* Die Gründung einer psychotherapeutischen oder pädagogischen Schule ist gleichzeitig auch die Begründung einer neuen Glaubenslehre mit ihrer eigenen Mythologie und Dogmatik. Das sehen die späteren Betrachter eher als die Beteiligten, deren Blick durch die Neuartigkeit des eben Entdeckten verstellt ist. Eine wesentliche Rolle für den Narzißmus der Schulen spielt ihre jeweils eigene Sprache, die zu einem subtilen Evangelium wird. Ihre Kenntnis trennt Eingeweihte und Außenstehende. Ihre gelingende Verwendung bedeutet eine ähnliche Befriedigung wie die Lyrik für den Dichter oder die Bewegung im Rhythmus der Musik für die Tänzerin.

Die Verleugnung dieser narzißtischen Seite wird vor allem durch das Selbst(miß)verständnis als Wissenschaft bzw. Naturwissenschaft bewerkstelligt. Gleichzeitig wagen sich aber die «Schulen» sehr rasch an kühne theoretische Konstruktionen heran, die ihren narzißtischen Allmachtsanspruch verdeutlichen – die Psychoanalyse etwa an die Ursprünge der Kultur,[1] die Verhaltenstherapie bzw. Verhaltensformung an die Lösung aller Fragen des menschlichen Zusammenlebens[2] von der Kindererziehung bis zur Verhütung von Verbrechen und der Bewältigung von gesellschaftlichen Widersprüchen. Wie wenig sich seither geändert hat, zeigt die kurze Geschichte von Arthur Janovs Primärtherapie: Verleugnung der psychoanalytischen, gestalttherapeutischen und bioenergetischen Traditionen, aus denen sie herstammt, feindselige Abgrenzung gegenüber allen bisherigen, «wirkungslosen» Therapiemethoden, Glorifizierung der eigenen Entdeckungen und Schaffung eines Aufnahme- und Identifizierungsrituals, wonach nur *der* Primärtherapeut ist, den Janov bzw. seine bevollmächtigten Schüler als solchen eingestuft haben. Das abgelehnte Kind gewinnt durch die Identifizierung mit dem Ich-Ideal des omnipotenten Helfers ein festeres Selbstgefühl, doch muß sich diese Identifizierung wegen ihres Abwehrcharakters zu immer grandioseren Dimensionen aufblähen, bis endlich die ganze Menschheit Objekt der Erlösungsvorstellung geworden ist. «Schon sieht Janov ein neues goldenes Zeitalter heraufdämmern, in dem sein ‹Urschrei› die Bibel als Buch der Bücher abgelöst hat und Kirchen in Primärzentren umgewandelt sind», bemerkt Albert von Schirnding in seiner Rezension von Janovs «Revolution der Psyche».[3]

5. *Die indirekte Aggression.* Die offen polemische Auseinandersetzung zwischen den Schulen tritt häufig gegenüber indirekte-

1 S. Freud, Totem und Tabu, Wien 1905. Vgl. dazu: W. Schmidbauer, Vom Es zum Ich, Evolution und Psychoanalyse, München 1975

2 B. F. Skinner, Futurum zwei (Walden Two), Hamburg 1969. – Ders.: Jenseits von Freiheit und Würde, Hamburg 1974

3 A. v. Schirnding, Revolution der Psyche?, in: Partnerberatung 13, S. 111, 1976. – A. Janov, Revolution der Psyche, Frankfurt 1976

ren Formen der Aggression in den Hintergrund. Außenseiter mit messianischem Anspruch wie Janov lassen sich hier eher in die Karten blicken als die erheblich zurückhaltenderen Funktionäre schon seit längerer Zeit bestehender psychotherapeutischer und psychiatrischer Institutionen. Ein wichtiges, weitgehend im Verborgenen betretenes Schlachtfeld ist zur Zeit die Abrechnung mit den Krankenkassen.

Wo bei der Aufnahme in eine Institution Unterwerfungsrituale gefordert werden, kann sich die Aggression gegen den oder die Mächtigen nicht äußern. Sie wird durch die Identifizierung mit ihm bewältigt – auch durch die Identifizierung mit der Institution. Da die aggressiven Gefühle, die sich ursprünglich gegen die Preisgabe der eigenen Autonomie richteten, auf diese Weise nicht bearbeitet werden können, werden sie gegen jene Institutionen bzw. Individuen gerichtet, die keine vergleichbare, zunächst unbewußt als erniedrigend erlebte Identifizierung vollziehen mußten. Die innere Formel sieht etwa so aus: «Ich mußte so viele Kröten schlucken, um in den Laden hereinzukommen – warum soll ein anderer nicht ebenso viele, ja mehr Kröten schlucken, wenn er das gleiche erreichen will?»

Die «störenden Angehörigen» des Klienten

Die meisten Menschen, die Hilfe bei einem Angehörigen der helfenden Berufe suchen, sind in ihren sozialen Beziehungen gestört. Sie schließen sich von anderen ab, suchen so aufdringlich Kontakte, daß sie immer wieder zurückgestoßen werden, überfordern ihre Angehörigen und Freunde mit maßlosen Ansprüchen. Jede gelingende Form sozialer Hilfe ist auch darauf angewiesen, zwischenmenschliche Beziehungen zu verbessern. Der HS-Helfer gerät hier in die Gefahr, sich mit dem Klienten auf der Ebene seines eigenen, «abgelehnten Kindes» zu verbünden und ihm seine persönliche Lösungsmöglichkeit – die Identifizierung mit dem Über-Ich – anzubieten. Die Folge ist, daß manche von HS-Psychotherapeuten behandelte Patienten sich mit niemandem vertragen, der nicht ebenfalls eine entsprechende Therapie hinter sich gebracht hat. Besonders problematisch wird diese Situation naturgemäß dann, wenn der Klient Hilfe wegen seiner Eheschwierigkeiten sucht.

Eine Frau, die seit längerer Zeit wegen ihrer Depressionen, Ängste und aggressiven Durchbrüche (die sich vor allem gegen den Ehemann richten) in psychotherapeutischer Behandlung ist, sucht während einer Krise in ihrer Therapie eine andere Therapeutin auf, der sie ihren Mann als bösartigen, eiskalten Sadisten schildert. Nach etwa zwanzig Minuten sagt die Therapeutin, welche die seit sieben Jahren verheiratete Patientin zum erstenmal sieht: Das Wichtigste, was Sie brauchen, ist ein guter Scheidungsanwalt. Die Patientin kehrt nun empört zu ihrem ersten Therapeuten zurück und berichtet ihm über diesen voreiligen Rat.

Die Analyse einer solchen Situation ergibt einerseits, daß die Patientin die Übertragungsbeziehung aufspaltet und wegen ihrer Angst, sich in einer nahen Beziehung zu verlieren, immer wieder andere Gesprächspartner sucht als ihren Therapeuten. Damit zeigt sie sich selbst und ihm, daß sie nicht auf ihn allein angewiesen ist. Ein Teil der durch die heftige, aber unerfüllbare Übertragungsliebe mobilisierten Aggression kann auf diese Weise abgeführt werden. Weiter gelingt es der Patientin, durch geschickte Darstellung ihrer Ehekonflikte einen gläubigen Zuhörer zu finden, der sich ganz auf die Seite ihrer Trennungsphantasie stellt und ihr auf diese Weise (scheinbar paradox) erlaubt, sich gerade nicht zu trennen. Der manipulierenden Mutter, in die sich diese HS-Therapeutin verwandeln ließ, wird nun leicht die Inkompetenz nachgewiesen, welche die Patientin aus ihrer eigenen Mutterbeziehung als Minderwertigkeitsgefühl, aber auch als Rachemotiv gegenüber der ablehnenden, nie zufriedenen Mutter übernommen hat.

Das muß nicht heißen, daß Angehörige mitbehandelt oder zumindest in einigen Gesprächen beraten werden. Sie sind jedoch in das Konzept der Behandlung einzubeziehen, indem das Ich des Patienten in seinen sozialen Entscheidungsfunktionen analysiert (nicht manipuliert) wird. Die Aussage «Sie brauchen einen guten Scheidungsanwalt» enthält eine solche Manipulation. Die Frage: «Wie kommt es, daß Sie trotz dieser Schwierigkeiten seit sieben Jahren bei diesem Mann bleiben?» enthält den Ansatz zu einer Analyse der sozialen Entscheidungen.

H. und B. Thomä weisen darauf hin, daß der historische Widerwille von Psychoanalytikern gegenüber dem Kontakt mit Angehörigen ihrer Analysepatienten als irrationale «überindividuelle professionelle Gegenübertragung» zu deuten sei, die dazu geeignet ist, Konflikte in den Familien der Patienten zu verschärfen.[1] Der Patient kann nämlich die negativen Gefühle gegenüber seinen Angehörigen spüren und diesen übermitteln. Dadurch entlastet er sich von den eigenen Aggressionen, die aus seiner Verpflichtung zur analytischen Arbeit stammen, und wendet nicht selten die Instrumente der Analyse gegen seine Angehörigen, etwa indem er deren Verhalten «deutet».

Was gewinnt der HS-Helfer, wenn er seinen Klienten und dessen Angehörige entzweit? Zunächst bestätigt er sich, daß der Klient – wie er selbst als Kind – abgelehnt und schlecht behandelt wird. Dadurch kann er eine Identifizierung mit ihm herstellen, er ist «ganz auf der Seite meines Klienten», auch wenn er diesen von der mitmenschlichen Umwelt isoliert. Möglicherweise ist diese Isolation dem Helfer unbewußt nicht unwillkommen, da sein schlechtes Selbstgefühl dadurch keinen deprimierenden Vergleichen ausgesetzt wird und er Äußerungen hören kann wie «Niemand ist so freundlich zu mir wie Sie!» – «Noch nie hat sich ein Mensch so sehr für mich eingesetzt!», die ja die euphorische erste Phase der Helfer-Schützling-Kollusion kennzeichnen. Endlich erlauben die «störenden Angehörigen», der Ehepartner oder Verlobte, von dem sich der Klient trennen soll, eine Abfuhr von Aggressionen, die in der Helfer-Schützling-Kollusion unbedingt vermieden werden müssen. Der versteckte Allmachtsanspruch des Helfers kann befriedigt werden, wenn er die wichtigste Person im Leben des Klienten wird.[2]

1 H. Thomä, B. Thomä, Die Rolle der Angehörigen in der psychoanalytischen Technik, Psyche 22, 1968, S. 802
2 Das läßt sich oft nicht vermeiden; die Theorie dieses Vorganges ist im

Dieses Bedürfnis des HS-Helfers, die wichtigste Person im Leben des Schützlings zu sein, läßt sich in vielen anderen Situationen beobachten. Es spielt in der Auseinandersetzung um das «rooming in» eine Rolle, die gleichzeitige Aufnahme von Kleinkind und Elternperson bei einem für das Kind notwendigen Klinikaufenthalt. Kinderpsychotherapeuten und Kinderpsychologen sind sich einig, daß diese Maßnahme seelische Störungen bei den sonst plötzlich in einer schmerzhaften, belastenden Situation von den Eltern getrennten Kindern verhindern kann. Hemmschuh sind fast durchweg die Kinderkrankenschwestern und die Kinderärzte, die den «ordnungsgemäßen Stationsbetrieb» gefährdet sehen, Infektionsgefahren rationalisierend übertreiben, auf die untauglichen Gebäude hinweisen usw.

Im Hintergrund dieser Argumente steht die unverkennbare Angst, die alleinige Verfügungsgewalt über das kranke Kind mit anderen Personen teilen zu müssen. Die Krankenschwestern erleben die Angehörigen als störend. Sie gefährden auf der Vernunftebene den zwanghaft-sauberen Pflegebetrieb, auf der unbewußten Ebene aber die alleinige Zuwendung und Dankbarkeit, auf die der oral-progressive Partner der Helfer-Kollusion Anspruch zu haben glaubt. Daher werden Besucher in Krankenhäusern nur widerwillig ertragen. Die Folgen sind für den erwachsenen Patienten nicht allzu nachteilig. Anders bei Kindern, welche die Zuwendung einer als verläßlich erlebten Bezugsperson brauchen. Da diese Tatsache wissenschaftlich allgemein anerkannt ist und die gleichzeitige Aufnahme eines Elternteils an sich den Pflegebetrieb in vielen Fällen auch vereinfachen könnte, läßt sich das Helfer-Syndrom als wesentliches Hindernis vermuten. Die mitaufgenommenen Mütter oder Väter sind Konkurrenten für den Helfer (was das Thema des «abgelehnten Kindes»

psychoanalytischen Konzept der Übertragungsneurose niedergelegt. Es geht hier darum, die Übertragung in ihrem natürlichen Entstehen zu belassen und sie nicht durch manipulative Kunstgriffe besonders heftig (aber auch möglicherweise schädlich) zu machen, wobei HS-Helfer dazu neigen, die Möglichkeit einer negativen Übertragung auf sie sowie die eigene Gegenübertragung zu verleugnen.

aktiviert, das um Liebe und Zuwendung stets bangen muß). Sie sind nicht mit der zwanghaften, hygienischen Schulung der Schwestern identifiziert und werden deshalb (weil sie eine andere Über-Ich-Identifizierung haben) ausgeschlossen. Sie gefährden den Anspruch auf narzißtische Allmacht und die totale Verfügung über den hilflosen Pflegling. Endlich bieten sie noch eine Möglichkeit, Aggression indirekt loszuwerden. Da der HS-Helfer unter einem ständigen Druck unbewußter Wut steht, diese jedoch auf gar keinen Fall dem Schützling gegenüber äußern kann, entlädt sich die Aggression zur Seite hin – gegenüber Kollegen, Vorgesetzten oder den störenden Angehörigen «unserer Patienten».

Eine Krankenschwester erzählte mir einmal von demütigenden Kämpfen mit der stellvertretenden Oberschwester über die Anordnung der Teller und Tassen auf dem Frühstückstablett. Solche zwanghaft festgehaltenen Schemata von Ordnung und Sauberkeit sind ein wesentliches Mittel für die «Jetzt habe ich dich»-Spiele der indirekten Aggressionsäußerung. Der HS-Helfer will die ihm gespendete Dankbarkeit mit keinem teilen, obwohl er subjektiv überzeugt ist, selbstlos zum Besten seiner Schützlinge zu arbeiten. Daher die wilden Phantasien über die pflichtvergessenen, bösen Mütter, die – zusammen mit ihren Kindern in die Klinik aufgenommen – nichts anderes im Sinn hätten, als die notwendigen Maßnahmen des Pflegepersonals zu blockieren. Ähnlich strukturierte Szenen spielen sich oft auch in den Entbindungsstationen ab, wo die Neugeborenen von den Säuglingsschwestern nur widerwillig und mit zwanghafter Pünktlichkeit den Müttern ausgehändigt werden. Viele der Säuglingsschwestern vermitteln den Müttern dabei das Gefühl, daß ihr Beitrag (das Stillen der Babies) letztlich vollständig überflüssig sei und die reibungslose, ordentliche Versorgung der Neugeborenen nur behindere. Das geschieht, obwohl durch Vergleichsuntersuchungen längst nachgewiesen ist, daß Kinder, die unmittelbar nach der Geburt länger mit der Mutter zusammen sind (in der Art des Rooming-in, und vorausgesetzt, daß die Mutter es wünscht), sich besser entwickeln und die Mutter eine engere Beziehung zu ihnen aufbaut.

Solidarität stellt der HS-Helfer nur innerhalb der Helfer-Schützling-Kollusion her. Da die Beziehung zum Klienten von allen bewußten Aggressionen freigehalten werden muß, entlädt sich die Aggression gegen die «Dritten» – die Angehörigen, wie oben beschrieben wurde, aber auch die Kollegen, Untergebenen, Vorgesetzten, jedoch durch die Über-Ich-Identifizierung begrenzt (d. h. nach dem «Jetzt habe ich dich»-Prinzip). Wegen der mangelnden Fähigkeit, in seinem Privatleben gegenseitige Beziehungen aufzubauen und die eigenen passiv-oralen Bedürfnisse zu befriedigen, des Grundgefühls, abgelehnt und nur aufgrund der Leistungen für andere akzeptabel zu sein, leidet der HS-Helfer im Verhältnis zu seinen Kollegen unter einem ständigen (meist mehr oder weniger versteckten) Gefühl, zu kurz zu kommen, in seinen Ansprüchen auf Dankbarkeit und Zuwendung beschnitten zu werden. Da er Zuwendung, die er selbst erhält, häufig schlechter wahrnehmen kann als die Zuwendung und Anerkennung, die andere finden, betrachtet er seine Kollegen mit Mißtrauen, Neid und Eifersucht. Da diese Gefühle mit seiner Über-Ich-Identifizierung jedoch nicht vereinbar sind, werden sie vorwiegend indirekt geäußert.

Fallbeschreibungen, in denen eine neue Therapiemethode erläutert wird, beginnen nicht selten mit Sätzen wie «Trotz mehrjähriger Psychoanalyse waren die Symptome unverändert geblieben», «Die psychotherapeutische Behandlung in einer anderen Stadt hatte der Patient abgebrochen». Dadurch erhält jede therapeutische Technik, die noch nicht längere Zeit und auf breiter Basis praktiziert wird, einen Innovationsbonus: Es gibt noch nicht genügend Fälle, in denen ein Kollege den Patienten später behandelt hat und dann einen entsprechenden, schadenfrohen Nebensatz in seinem Fallbericht unterbrachte. Falls zwei Therapeuten derselben «Schule» nacheinander einen Patienten kennenlernen, wird gelegentlich versucht aufzuklären, wodurch der Erfolg der ersten Behandlung in Frage gestellt wurde. Falls es sich um eine andere Schule handelt, ist von vornherein klargestellt, daß die «falsche» Anschauung der betreffenden

Schule verantwortlich für den Mißerfolg war. Die verborgenen Omnipotenzphantasien der psychotherapeutischen Autoren drücken sich dadurch aus, daß sie davon auszugehen scheinen, kein Patient könne – mit der «richtigen» Methode korrekt behandelt – trotzdem nicht gesund werden. Freud hat sich nicht gescheut, die Grenzen der von ihm entwickelten Therapiemethode darzulegen. Vermutlich sind solche Eingeständnisse didaktisch wertvoller als die einseitig ausgewählten Erfolgsberichte, welche die Gründungsphase fast aller psychotherapeutischen Schulen kennzeichnen.

Die Solidarität von Lehrern eines Kollegiums oder von den Ärzten in einer Klinik bzw. der Ärzte schlechthin wird häufig von Außenstehenden sehr hoch eingeschätzt. Das ist dann richtig, wenn ein «störender Angehöriger» auftritt, gegen den sich die Phalanx der Helfer schließt – gegen die pädagogisch ahnungslosen, nur auf Privilegien versessenen Eltern oder gegen die uneinsichtigen, gar noch Schadenersatzansprüche stellenden Patienten. In dieser Situation gilt das Sprichwort, daß eine Krähe der anderen kein Auge aushackt. Die sozialpsychologische Erklärung ist leicht zu finden. Wo es möglich ist, die aggressiven Spannungen gegen einen gemeinsamen Feind zu richten, kann die Solidarität zwischen den Helfern gewahrt bleiben. Wer aber tiefer in die Interaktionen eines Lehrerkollegiums oder einer Klinik eindringt, findet eine Fülle von Eifersüchteleien, von getarnten Versuchen, den Rivalen bei den Schülern bzw. Patienten (oder Krankenschwestern) auszustechen.

Die «totale Institution» und das Helfer-Syndrom

Den «Hospitalmarasmus» oder «Hospitalismus» von Säuglingen in Heimen hat bereits 1909 der Kinderarzt Ludwig von Pfaundler beschrieben. Er führt ihn auf «seelische Unterernährung» zurück. Die Kinder sind indifferent, wie erstarrt, sie bleiben in ihrer Entwicklung zurück, die Anfälligkeit für Krankheiten ist stark erhöht. Endgültige Hinweise darauf, daß die Institution verantwortlich ist, ergaben die Arbeiten von René Spitz[1] und John Bowlby[2], in denen nicht nur die Sofort-, sondern auch die Spätschäden der Heimaufenthalte deutlich wurden. Daran hat sich bis in die Gegenwart nur sehr wenig geändert. «Drastisch ausgedrückt, wird heute der Großteil der Säuglinge und Kleinkinder in der Massenpflege von der Allgemeinheit subventioniert und unter aller Augen systematisch und meist irreversibel intellektuell und sozial geschädigt. Viele Kinder werden... regelrecht schwachsinnig gemacht und dann als ‹geistig behindert› jahrzehntelang der öffentlichen Sozialhilfe zugeführt.»[3]

Die Heime schädigen die Kinder dann, wenn in ihnen der Dialog zwischen dem Kind und einer ihm zugewandten, es individuell betreuenden Person abreißt, der für die Entwicklung eines gesunden Ichs notwendig ist. Heimaufenthalte im Säuglings- und Kleinkindalter sind die wichtigste isolierbare Ursache von Kriminalität. Die Fähigkeit, positive soziale Gefühlsbindungen zum Motiv des eigenen Handelns zu machen, konnte sich nicht entwickeln. In den Säuglingsheimen, die noch heute fast durchweg nach dem Altersklassenprinzip aufgebaut sind, wird die Technik der Fließbandarbeit auf den Menschen angewendet. Sie kann die Produktion steigern, entfremdet aber den Arbeiter dem Produkt. Die Säuglingsschwester, die für zehn Babies verantwortlich ist und weiß, daß sie nach acht Monaten, maximal zwei Jahren, wieder zehn andere Babies betreuen muß, gerät in eine ähnliche Fließbandtechnik.

Andreas Mehringer zeichnet das Bild eines Säuglingsheimes so: «Wer... die Lage kennt, wird von Alpträumen verfolgt, bringt diese Bilder nicht los: die verlassenen Säuglinge in den Reihenbetten, vergeblich auf den Menschen wartend, der ihnen das erste Lachen entlockt; das serienmäßige Füttern, Töpfen,

1 R. A. Spitz, Vom Säugling zum Kleinkind, Stuttgart 1967
2 J. Bowlby, Maternal care and mental health, Genf 1951
3 So der Kinderarzt Theodor Hellbrügge, vgl. auch W. Schmidbauer, Verwundbare Kindheit, München-Planegg 1973, S. 55f, sowie T. Hellbrügge, J. Pechstein, Pädiatrische Merksätze zur Situation der Säuglingsheime, Ges.-fürsorge 17, 1967

Windeln; das zwischen die Knie gezwängte Kind, dem mit abgewandtem Gesicht im Routinetempo Brei in den Mund gestopft wird.»[1] Es gibt Babies, die 23 Stunden am Tag aus ihren «zur Beruhigung» verhängten Betten nur die Zimmerdecke sehen, monatelang. Kinder im «Rutschalter», in dem sich glücklichere Altersgenossen auf allen vieren die Umwelt erobern, werden alle miteinander in ein kahles Zimmer gesperrt. Zweijährige sitzen mit anderen zusammen stundenlang auf dem Topf; sie fangen an loszuschreien, sobald sie merken, daß irgend jemand sie überhaupt registriert. Selbst die Töpfe werden gelegentlich noch mit Holzschienen fixiert, damit die Topfsitzer nicht störend herumrutschen. Mehringer hat Heime gesehen, in denen eine einzige Arbeitskraft 25 Kinder versorgen soll, wie selbst bei dem innenministeriell vorgeschriebenen Satz von einer Pflegeperson pro zehn bis fünfzehn Kindern (je nach Alter) die Schwestern und ihre Hilfskräfte mit Hausarbeit und Hygienemaßnahmen so belastet sind, daß sie das Gefühl für das einzelne Kind verlieren.

Immer wieder sprechen die Ärzte und Psychologen, die den Hospitalismus in Säuglings- und Kinderheimen beschreiben, davon, daß die Kinder «durch das System der Massenpflege, nicht durch die beteiligten Personen» geschädigt werden (Hellbrügge). Das ist richtig, doch bleibt die Frage, warum dieses System so hartnäckig allen Veränderungsversuchen widersteht, warum seine «pfahlwurzelartige Tradition» so mächtig ist, von der Mehringer spricht.

Ich sehe eine sozialpsychologische Ursache der Unveränderlichkeit von Helfer-Institutionen in der Eigenart des Helfer-Syndroms. Die Identifizierung mit dem Über-Ich führt dazu, daß Veränderungen an der Institution, deren Vorschriften und Normen einmal verinnerlicht wurden, als bedrohlich erscheinen. Eine solche Identifizierung engt die Wahrnehmungsfähigkeit für Alternativen und für kreative Weiterentwicklungen des eigenen institutionellen Rahmens ein. Sie unterstellt das Verhal-

1 A. Mehringer, Geschützte Kleinkindzeit, Unsere Jugend, 18, 1966. – Ders.: Adoption, Selecta 13, 1971, S. 3106

ten und das Erleben den Kategorien «richtig» oder «falsch», wobei «richtig» ist, was den Normen entspricht, während die spontanen Gefühlsäußerungen, Aggression gegen unsinnige Vorschriften oder gegen die Ausbeutung in der Heim-Situation, aber auch neuartige Ideen zur Veränderung der Heime als «falsch» angesehen werden. Spontane Einfühlung, wie sie für den Dialog mit einem Kind unerläßlich ist, kann unter diesen Umständen nicht gedeihen. Die Aggressionen, die sich weder gegenüber den Kindern noch gegenüber der Diktatur überfordernder Vorschriften und Prinzipien (bzw. den Vorgesetzten, die sie verkörpern) äußern können, werden nicht selten in die Umwelt projiziert, auf die Eltern der Säuglinge, die sich nicht kümmern, aber auch auf die Theoretiker, die Abhandlungen über die Schäden der Heimerziehung schreiben, ohne jemals praktische Erziehungs- und Pflegearbeit in einem Heim geleistet zu haben.

Die Identifizierung mit dem Über-Ich führt den Helfer dazu, daß ihm eine starke innere Orientierung Unabhängigkeit gegenüber den äußeren Eindrücken verleiht. Das hat seine Vorzüge, weil er fähig wird, lange Zeit ohne sichtbare äußere Belohnung aufopfernd zu arbeiten und sich vom Urteil der Umwelt in mancher Hinsicht unabhängig zu machen (die Unabhängigkeit ist nie vollständig, kann aber an einer sehr versteckten oder weit entfernten Bezugsgruppe orientiert sein, z. B. bei einem Missionar in einer fremden Kultur). Die Unabhängigkeit gegenüber den äußeren Eindrücken bedroht jedoch dann die Wirksamkeit der Hilfeleistungen, wenn das vor dem Über-Ich «richtige» Verhalten auch dann beibehalten wird, wenn seine äußeren, wahrnehmbaren Folgen in keiner Weise mit den ursprünglichen Prinzipien der Über-Ich-Norm vereinbar sind.

Dieser Mechanismus führte in der frühen Heilkunde dazu, daß ein Arzt, dem eben ein Patient durch einen Aderlaß verblutet war, unbekümmert die Lanzette an die Ader des nächsten Kranken setzte. In den totalen Institutionen führt er zu der Hinnahme von Hospitalismus-Schäden und zu Erscheinungen wie der, daß eine Pflegeperson gerügt wird, weil sie über einer intensiveren Zuwendung zu den Kindern vergißt, die Laken ordentlich zu falten oder für pünktliche Mahlzeiten zu sorgen.

Helfer-Institutionen sind häufig in ihrer Leistungsfähigkeit stark eingeschränkt, weil sie von Bürokratie überwuchert werden. In einem Sozialamt wird der einzelne Sozialarbeiter in der Regel dafür belohnt, daß er keine Gelder unkontrolliert und unüberwacht ausgibt, während er für einfühlsame Zuwendung und rasche Hilfe – seine eigentlichen Aufgaben – keine institutionelle Belohnung zu erwarten hat, sondern allenfalls einen Rüffel wegen mangelhafter Aktenführung riskiert.

Soziologisch und ökonomisch bedeutsam ist noch, daß die Helfer-Institutionen in ihrer Aktivität nicht kontrolliert werden können wie etwa ein Wirtschaftsunternehmen, das in der Marktwirtschaft unter dem Druck der Konkurrenz seine Leistungsfähigkeit beweisen muß oder in einer Planwirtschaft seine Erfolge in Maß und Zahl nachzuweisen hat. Die Helfer-Institutionen wie Heime, Kliniken, Nervenheilanstalten werden in ihrer Effektivität nie geprüft, ähnlich wie auch die Wirtschaftlichkeit einer Arztpraxis nur durch statistische Vergleiche, nicht aber nach objektiven Kriterien überprüft werden kann.

Jeder Angehörige eines Helfer-Berufs (auch wenn er nicht an einem HS leidet) würde sich achselzuckend abwenden, wenn ein Klient etwas von ihm verlangt, was in der Wirtschaft alltäglich ist: ein Angebot auf eine Ausschreibung hin, damit der Kunde-Klient aus mehreren Angeboten das günstigste auswählen kann. Der Helfer verkauft nicht ein Produkt oder eine Dienstleistung an einen Kunden, sondern er verkauft den Kunden an die Dienstleistung. Diese Formulierung ist überspitzt, aber wer z. B. den durchschnittlichen Umgang der Helfer in einem Krankenhaus mit wißbegierigen, zur Mitarbeit bereiten Patienten beobachten kann, wird feststellen, daß der Kunde hier sicherlich nicht König ist.

Das traditionell autoritäre Verhalten in den Helfer-Institutionen hängt mit dem Helfer-Syndrom vielfältig zusammen. Autoritäres Verhalten muß von sachlicher Autorität unterschieden werden, die es im Zusammenhang mit Hilfeleistungen ebenso gibt wie in anderen Bereichen. Wer Sachautorität hat, kann seine Machtausübung (z. B. im Erteilen von Ratschlägen, im Deuten von Zusammenhängen, im Ausstellen eines ärztlichen

Rezepts) rational begründen und sich einer offenen Diskussion stellen. Wer autoritär auftritt, verlangt ohne Diskussion, ohne jede Frage als Macht anerkannt zu werden. Er sieht in solchen Fragen einen Angriff auf seine Autorität und reagiert entsprechend abwehrend, beleidigt oder mit einer Gegenaggression.

Die Wurzeln des autoritären Verhaltens liegen in dem Gefühl, ungeliebt und ungeborgen zu sein, aus dem sich der Kollusions-Kreis ergibt: «Weil ihr mich nicht liebt, muß ich euch beherrschen – weil du uns beherrschen willst, können wir dich nicht lieben!» Trotz mancher Berührungspunkte und Übereinstimmungen mit der von Adorno und seinen Mitarbeitern erarbeiteten Konzeption der «autoritären Persönlichkeit» (bei der es sich ja im wesentlichen um autoritätsabhängige Personen handelt) ist der HS-Helfer sehr oft von äußerer Autorität recht unabhängig. Er rechnet gar nicht damit, sich durch sein Wohlverhalten deren Zuwendung erwerben zu können. Vielmehr stellt er die Autorität der Vorgesetzten dadurch in Frage, daß er unter dem Maßstab seiner Über-Ich-Identifizierung anstrebt, «besser» als die Autorität zu sein.

Das Streben des HS-Helfers nach vollständiger Verfügungsgewalt über seine Klienten, seine Empfindlichkeit, sobald seine Autorität in Frage gestellt wird, deuten auf die Komponente des «abgelehnten Kindes» hin. Er sagt gewissermaßen auf die zweifelnde Frage des Klienten hin, ob denn die eine oder andere Maßnahme nützlich sei: «Jetzt habe ich schon so viel für dich getan, mich hier und dort aufgeopfert – aber nichts ist dir recht, jetzt mußt du mir deine Unzufriedenheit und Zweifelsucht auch noch aufhängen!»

Die autoritäre Kollusion gehört zu den grundlegenden Merkmalen der «totalen Institution«, als die E. Goffman die Nervenkrankenhäuser angesprochen hat.[1] Die Grundsituation: Personen werden verwahrt, denen die Fähigkeit abgesprochen wird, selbst für sich zu sorgen, und von denen angenommen wird, daß es für sie selbst und/oder für die Gesellschaft gefährlich sei, sie nicht zu reglementieren. Die Institution regelt das Leben der

1 E. Goffman, Asyle, Frankfurt 1972

Insassen, aber auch des Aufsichtspersonals bis in die kleinsten Einzelheiten. Bis heute ist es in vielen Nervenkrankenhäusern üblich, daß ein Neuankömmling seine persönlichen Sachen abgeben muß. Ohne sein Einverständnis wird er gebadet, gefilzt und endlich gebettet, obwohl er sich keineswegs bettlägerig fühlt.

Die totale Institution wird von der Spannung zwischen den Helfern und den Schützlingen bestimmt. Jede Seite hat ihre Stereotypen von der anderen. So hält das Personal die Insassen für wenig vertrauenswürdig, heimtückisch, unberechenbar, verbittert und verschlossen, während diese umgekehrt die Helfer als hochmütig, kontrollierend, autoritär und gleichgültig einschätzen.

Die Schwestern, Pfleger und Ärzte halten ihre Tätigkeit für die Sorge um Menschen, die unfähig sind, für sich selbst verantwortlich zu sein. Die Patienten werden für unfähig gehalten (und folgerichtig auch faktisch unfähig gemacht), ihre Bedürfnisse auszudrücken und eigenständig zu befriedigen. Sie ihrerseits erleben diese Fürsorge als entwürdigend, demütigend und erniedrigend. Ihr Selbstgefühl zerbröckelt allmählich. Meist gehen ihnen bei der Einlieferung die meisten Dinge verloren, die bisher ihre Achtung vor sich selbst aufrechterhielten. Das kann die persönliche Kleidung, der persönliche Besitz sein; wesentlicher sind die bisherige soziale Rolle, die berufliche Position, die Zuwendung einer wie auch immer gearteten, jedoch persönlich bekannten Bezugsgruppe. Dem durch die psychiatrische Diagnose entmündigten Patienten wird sein bisheriger sozialer Status genommen, als hätte er ihn nie besessen, sondern ihn sich widerrechtlich angeeignet.

Die längerfristigen Insassen eines Asyls lernen in ihrer «moralischen Karriere», welche seelischen Einstellungen für ihr emotionales Überleben notwendig sind. Sie unterwerfen sich den Helfern, drücken aber ihre Aggression und die Wut über die extrem begrenzten Möglichkeiten der Selbstentfaltung und Aktivität in zahllosen kleinen Unzuverlässigkeiten oder Provokationen aus. Das Personal lernt demgegenüber, diese Züge im Verhalten der Insassen als Beweis ihrer Unzurechnungsfähigkeit anzusehen und damit das eigene, kontrollierende und bürokratische Verhalten gerechtfertigt zu sehen. So entsteht eine Kollusion, in der jeweils das Verhalten des anderen als Rechtfertigung und Anlaß des eigenen Verhaltens gesehen wird: «Wir wären nicht so unzuverlässig und destruktiv, wenn ihr nicht so kontrollierend und herablassend wäret» (‹Insassen›) – «Wir wären nicht so kontrollierend und distanziert, wenn ihr nicht so unzuverlässig und destruktiv wäret» (‹Personal›).

Obwohl die Helfer dabei mehr Möglichkeiten einer Selbstverwirklichung in ihrem von den Reglements der Anstalt befreiten Privatleben haben, unterwerfen auch sie sich den Strukturen der «totalen Institution». Sie rechnen z. B. selten mit Verständnis der Öffentlichkeit oder von Außenstehenden für ihre Arbeit. Die Haltung wird durch die immer wieder in den Illustrierten auftauchenden, erschreckenden Berichte von Journalisten verstärkt, die nur wenige Wochen in einer solchen Institution zubrachten (meist als Hilfspfleger getarnt) und deshalb deren spezifische «moralische Karrieren» nur von außen betrachten konnten. Nicht unwesentlich ist dabei, daß alle großen Anstalten (Nervenkrankenhäuser) Westdeutschlands in ihrer baulichen Struktur aus dem 19. Jahrhundert stammen, in dem man unter dem Diktat der fatalistischen Kraepelinschen Psychiatrie die einzige «Behandlung» für einmal erkrankte Menschen darin sah, sie von der Fortpflanzung auszuschließen und außerhalb der großen Städte «human» einzusperren.

Die für das Selbstgefühl des Helfers (wie für das jedes anderen «normalen» Menschen) bedrohliche, einfühlende Auseinandersetzung mit der lebendigen Wirklichkeit der Psychose wird durch die Schutzmechanismen der psychiatrischen Diagnose, der Identifizierung mit einem dogmatischen Über-Ich, vermieden. Gleichzeitig bestätigt der in der totalen Institution hilflos und regressiv gemachte Patient die orale Progression des Helfers, der sich durch die «Rückfälle», «Phasen» oder «Schübe» der «Krankheit» seines Patienten immer wieder als gerechtfertigt, nützlich und notwendig erleben kann.

«Bei uns hier könnten sie nach Herzenslust malen», sagte mir vor einigen Jahren ein Anstaltspsychiater, als das Gespräch auf die «psychopathischen» Inhalte der Bilder mancher Künstler (z. B. Rousseau) kam. Werke wie Lange-Eichbaums «Genie, Irrsinn und Ruhm» erweisen das Unverständnis der Psychiater für die Lebenswirklichkeit kreativer Menschen ebenso wie eine für die Über-Ich-Identifizierung kennzeichnende Neigung, die eigenen Normen grandios aufzublähen und in ihrer Anwendung auf alles und jedes narzißtische Befriedigung zu finden. Wie wenig gegenseitig und einfühlend die Beziehung psychiatrischer Helfer zu ihren Patienten war, zeigt die rege Beteiligung deutscher Nervenärzte an den Aktionen des Nationalsozialismus zur Beseitigung «lebensunwerten Lebens», d. h. der «erblich» Geisteskranken und Geistesschwachen.

Letztlich kann der «Patient» in der totalen Institution sein soziales Selbst nur durch Preisgabe aller Ansprüche auf eine von der Gesamtgesellschaft respektierte Lebensform aufrechterhalten. Für seinen Helfer in der progressiven Position ergibt sich die Notwendigkeit, jeden echten Erfolg seiner Hilfe zu vermeiden, der den Schützling weniger hilflos machen und ihm den Aufbau eines gleichberechtigten sozialen Selbst ermöglichen würde. In diesem Anpassungsprozeß wird der Patient passiv, brav, «affektiv versandet». Er folgt den Reglements, regrediert, bettelt um Nachtisch und um kleine Vergünstigungen, freut sich über die begrenzte Anerkennung, die er für seine Rolle als «guter Patient» erhält. Zugleich vermittelt er in seiner Hilflosigkeit und Passivität den Helfern das Gefühl, unentbehrlich zu sein.

Wenn er für seine Anpassung mit der Entlassung belohnt wird, muß er sich ein ähnlich starres System «draußen» suchen. Er ist unfähig geworden, ein eigenes Leben aufzubauen, er kann sich nur in anderen Menschen, die für ihn und für die er da ist, verwirklichen. Wenn diese symbiotische Existenzform unmöglich wird, reagiert er mit einem erneuten Zusammenbruch seiner Realitätsorientierung. Die Klinik freut sich, den «guten» Patienten wieder zu haben. Der diagnostische Mechanismus spricht dann von einer in «Schüben» oder (wenn der Patient stabil genug ist, diese Drehtürsituation längere Zeit durchzuhalten) in «Phasen» verlaufenden Krankheit.

Wenn die aggressiven Elemente deutlicher sind und auch im nicht-psychotischen Verhalten des Patienten hervortreten, entsteht eine analsadistische Kollusion: «Ich wäre nicht so rebellisch und undankbar, wenn ihr (die Helfer) nicht so einschränkend und kontrollierend wäret – wir wären nicht so einschränkend und kontrollierend, wenn du nicht so rebellisch und undankbar wärest.»

Der Kranke beweist der Institution ständig, daß sie unfähig ist, ihm zu helfen oder ihn zu verstehen, während er andererseits durch sein selbstschädigendes, unkontrolliertes Verhalten immer wieder zeigt, daß er diese verfolgende, kontrollierende «Mutter» nicht entbehren kann. Letztlich dient der «schlechte» Patient ebenso wie der «gute» dazu, den Helfern ihre Unentbehrlichkeit zu beweisen, obschon er ihr Selbstgefühl weniger stützt als der «dankbare», «gute» Patient.

Die Rebellion gegen die Helfer, die im Grunde der Ausdruck einer lebensbejahenden Aktivität ist, muß in selbstschädigende Aggression umschlagen, wenn der Helfer bzw. seine Institution sie nicht verstehen und akzeptieren kann. Ähnlich wie es beim Ja-aber-Spieler nicht um Auflösung der Undankbarkeit und Angriffslust gegen den Helfer geht, sondern um Einschränkung der passiven Ansprüche und um eine Wiederbelebung der ursprünglichen Neugieraktivität, ist auch die Rebellion in der totalen Institution nicht Zeichen fortbestehender Krankheit und Verrücktheit. Sie signalisiert eine Kraft, die zur Gesundung führen kann, wenn sie unterstützt und ihr ein Wachstum zu reiferen Formen ermöglicht wird.

Die Lehrer der Helfer

Die in den totalen Helfer-Institutionen erkennbare Entfernung und Entfremdung zwischen Helfer und Schützling haben ihr Gegenstück in den Ausbildungsstätten der sozialen Berufe. Schon öfter wurde erwähnt, daß die durch das Kindheitsschicksal vorgegebene Über-Ich-Identifizierung hier nach Kräften gefördert und zu einem vielfach schier ausweglosen Schicksal verstärkt wird. In den meisten Helfer-Institutionen stehen bürokratische Forderungen einem unmittelbaren Kontakt und einer von Einfühlung bestimmten Auseinandersetzung zwischen Helfern und Klienten im Weg. Diese Distanz wird durch die Helfer-Ausbildung vorbereitet. Wer beispielsweise Psychologie studiert, tut dies oft aus dem Gefühl heraus, daß er vereinsamt ist und große Schwierigkeiten hat, andere Menschen zu verstehen sowie enge emotionale Beziehungen mit ihnen aufzubauen. Er stellt sich vor, daß ihm sein Studium zeigen wird, wie er befriedigendere Kontakte finden und das Gefühl gewinnen kann, anderen Menschen nützlich zu sein.

Doch seine Lehrer sind meist reine Theoretiker, die höchst selten mit Klienten arbeiten. Sie fordern von den Studenten, ihre eigene narzißtische Besetzung des statistischen Zählens, der Signifikanzberechnung, der Methodenkritik, der Kontrolle und Validierung von Experimenten zu übernehmen. Der Student lernt allenfalls, seine fortbestehende emotionale Unsicherheit immer perfekter zu rationalisieren und seine Beziehungswünsche als unwissenschaftliches Vorurteil aus seinem Denken zu streichen. Sein Bedürfnis, den Lehrer dem eigenen Über-Ich einzuverleiben und auf diese Weise die Geborgenheit des «Richtigen» zu gewinnen, führt neben dem Examensdruck den Studenten dazu, ein Wissen zu erwerben, das eher dem Unentbehrlichkeits-Bedürfnis seiner Ausbilder als seinem künftigen Beruf dient. Der akademische Lehrer gibt praktisch seine eigenen Über-Ich-Identifizierungen an den Studenten weiter, der eigentlich nichts dringender benötigen würde als eine Auflockerung seiner kindlichen Gewissensängste. Wer wie der Autor Selbsterfahrungsgruppen von angehenden Diplom-Psychologen geleitet hat, wird ebenfalls beobachtet haben, daß die theoretische Vorbildung einer Aufnahme herzlicher mitmenschlicher Beziehungen eher im Weg steht. Psychologen untereinander sind ängstlicher, mißtrauischer und kontaktloser als die Durchschnitts-Klientel von auf dem freien Markt angebotenen Selbsterfahrungsgruppen. Ganz ähnlich sind die Probleme frischdiplomierter Psychologen an klinischen Einrichtungen, etwa einer Erziehungsberatungsstelle. Sie müssen sich erst mit einiger Mühe vom methodenkritischen Experimentator, der sich nur in einer verblasenen Kunstsprache ausdrücken kann, zu einem herzlichen, offenen Gesprächspartner mausern.

Vergleichbare Situationen herrschen in vielen sozialen Berufen. Krankenschwestern, Arbeitstherapeuten, Heimerzieher, Sozialarbeiter, Lehrer, Ärzte – sie alle werden einer Ausbildung unterzogen, in der sie nicht ihre eigenen und nicht die Bedürfnisse ihrer späteren Arbeit befriedigen, sondern den Narzißmus ihrer Lehrer. Diese Aussage mag übermäßig pointiert klingen. Ich möchte sie insofern mildern, als ich unter Narzißmus ein ebenso natürliches und notwendiges Stück der menschlichen Person verstehe wie unter der Sexualität. Solange der Narzißmus des Lehrers so weit von seinem einsichtigen Ich gesteuert ist, daß er seine Bestätigung aus der Ausbildung zufriedener und tüchtiger Angehöriger des Berufs gewinnt, für den er ausbildet, ist nichts einzuwenden.

Doch viele Lehrer machen den Schüler oder Studenten zu einer Widerspiegelung unbewußter Werte, die auf ihre eigene Stellung in der Lehr-Institution bezogen sind. Das führt dazu, daß auch angehende Helfer «non vitae, sed scholae» – nicht für das Leben, sondern für die Schule – lernen, ein Satz, der bezeichnenderweise meist falsch zitiert wird, um die narzißtischen Interessen der Lehrer hinter den vermeintlichen Notwendigkeiten für die Schüler zu tarnen. Die Krankenschwester muß ein Physiologie- und Medizinstudium im Kleinformat absolvieren, wird aber nicht darauf vorbereitet, wie sie mit der Last der emotionalen Ansprüche ihrer Patienten zurechtkommen soll. Der Arzt soll Unmengen an Chemie, Statistik und anderen naturwissenschaftlichen Fächern lernen, während die «medizinische Psychologie» knapp gehalten wird und als unglücklicher Ableger der akademischen Psychologie in keiner Weise geeignet scheint, die Praxis- und Menschenferne der Ausbildung zu mildern. In welcher Universitätsklinik oder Seminarschule, in welchem Sozialamt oder Gefängnis wird das Wohlwollen der Klienten ebenso schwer gewogen wie das Urteil der Vorgesetzten? Horst-Eberhard Richter hat die in der Arzt-Ausbildung gegebenen Zwänge zur Entfernung von den Patienten beschrieben.

Wer durch die Arbeit am Krankenbett nicht so viele wissenschaftliche Artikel produziert wie der Labor-Experimentator, kann keine akademische Laufbahn erfolgreich absolvieren. «Die Distanzierung von den Patienten und die Ausschöpfung der so gewonnenen Freizeit für das naturwissenschaftlich ergiebige Experimentieren mit Mäusen, Körpersäften usw. sind nach wie vor die besten Startbedingungen für eine Integration in die Standesgruppe und den Weg nach oben.»[1]

Die Entfremdung zwischen Lehrer und Schüler in der Ausbildung programmiert die Distanz zwischen Helfer und Schützling in der späteren Arbeit vor. Verschärft wird diese Situation noch dadurch, daß die Mechanismen des Helfer-Syndroms eine Laufbahn in den Institutionen häufig begünstigen. Viele Karrieristen in den sozialen Berufen streben den Weg nach oben an, weil sie nicht in der Lage sind, sich mit ihren Mitarbeitern unbefangen zu verständigen und sich in einer Gruppe Gleichgestellter wohlzufühlen. Der Zwang des HS-Helfers, eine überlegene Position zu gewinnen, führt in der Beziehung zu seinen Kollegen dazu, daß er um so mehr einen überlegenen Status anstrebt, je weniger er sich einem offenen Austausch über die eigene Arbeit mit Klienten gewachsen fühlt. Die Unfähigkeit, von Einfühlung und wechselseitigem Austausch getragene Beziehungen aufzubauen, verführt zu einer Orientierung nach oben, zu den jeweils einflußreichen Vorgesetzten hin, welche die Über-Ich-Identifizierungen des HS-Helfers entlastend übernehmen und ihm erlauben, seine inneren Konflikte teilweise zu veräußerlichen und sich dadurch seine Lage zu erleichtern. Dadurch kommt der HS-Helfer den Forderungen der Institution entgegen. Weil der Aufsteiger in der Helfer- (und Helfer-Ausbildungs-)Institution oft keine gründlichen Praxiskenntnisse hat, wird er versuchen, seine Untergebenen manipulativ zu überwachen, z. B. durch taktierende Auswahl von Informationen oder Maßnahmen gegen solidarische Gruppierungen.

1 H. E. Richter, Flüchten oder Standhalten, Reinbek 1976, S. 174

8. Gegenübertragungsprobleme beim Helfer-Syndrom

Wenn ein Psychotherapeut über das Helfer-Syndrom schreibt, ist es sinnvoll, die Devereuxsche Frage nach dem Zusammenhang zwischen seinen eigenen Ängsten, Wünschen und seinem Forschungsgegenstand zu stellen.[1] Ich will versuchen, sie zunächst im Rahmen einer Gruppenszene zu beschreiben, die sich «zufällig» ergab, als ich dieses Kapitel vorbereitete. Es handelt sich um eine analytische Gruppentherapie. Meine eigenen Interventionen sind möglicherweise als Ausgangspunkt zu den Gegenübertragungs-Überlegungen fruchtbar.

Als ich in die Gruppe komme, sind sechs der elf Mitglieder bereits anwesend. Frau V., die sich bisher mit ihrer Nachbarin, Frau I., unterhalten hat, wendet sich nach meinem Auftreten (das die «offizielle» Therapiesitzung einleitet) an die Gruppe. Sie ist mager, mit einem freundlichen, häufig etwas beleidigt gefärbten Lächeln, kurzgeschnittenem Haar. Sie arbeitet als Lehrerin, besucht abends vielfältige Kurse (zuletzt einen Ikebana-Kurs), kam nach einer längeren Einzelanalyse bei einer mir dem Namen nach bekannten Therapeutin in die Gruppe. Von dieser Kollegin fallen mir drei Einzelheiten ein: Sie pflegt ihre früheren Patienten, soweit diese interessiert sind, zu einem monatlichen Diskussionsabend zu versammeln. Sie schrieb einer Bekannten, die vor Jahren bei ihr in Behandlung war, eine Postkarte aus dem Urlaub, die mir diese Bekannte zeigte (sicher kein bedeutungsloser Zufall!). Damals fiel mir der betuliche, beschwichti-

1 G. Devereux, Angst und Methode in den Verhaltenswissenschaften, München 1973

gende, überichhaft ermahnende Stil dieser Postkarte auf, der meinen (damals noch sehr realitätsfernen) Vorstellungen von «analytischer Abstinenz» widersprach. Endlich erzählte mir ein früherer Analysand dieser Kollegin, sie habe sich bei ihm bitter beklagt, daß keiner ihrer Patienten beim Begräbnis ihres Mannes anwesend war. (Erst jetzt, bei der Niederschrift der Gruppenszene, fällt mir auf, daß meine unbewußte Überzeugung, die frühere Therapeutin von Frau V. leide ebenso wie diese an einem Helfer-Syndrom, möglicherweise meine Einstellung zu Frau V. und meine Reaktionen in der Gruppe mitbestimmt hat. Ferner scheint mir charakteristisch, daß ich einige «Fehler» der Kollegin besser im Gedächtnis behalten habe als lobende Berichte über ihren Einsatz, ihre aktive Hilfsbereitschaft, die mir erst jetzt einfallen. Abschließend bestätige ich mir, daß mein Verhalten vernünftig ist, grundsätzlich keine Bewertungen über das Verhalten von anderen Psychotherapeuten auszusprechen, von denen mir gemeinsame Klienten berichten. Postskriptfrage: Was wehre ich mit dieser Vorsichtsmaßnahme ab?)

Frau V. berichtet nun in der Gruppe, sie sei so «fertig», daß sie fürchte, bei der leisesten Kritik aus der Gruppe in Tränen auszubrechen. Deshalb sei es besser, doch gleich zu beginnen. Diese Einleitung ist kennzeichnend für das Thema des «abgelehnten Kindes», das von der «Mutter-Gruppe» nur Kritik erwarten darf, nicht etwa Bestätigung oder Stütze. Tatsächlich pflegte Frau V. der Gruppe fernzubleiben, wenn es ihr wirklich sehr schlecht ging, forderte dann aber Aufmerksamkeit für ihre Kopfschmerzen, Unfälle oder Depressionen, die sie am Erscheinen in der Gruppe gehindert hatten. Die unbewußte Voraussage der Patientin lautet: «Ihr werdet mich kritisieren, und ich werde weinen», während sie bewußt sagt: «Bitte kritisiert mich nicht, ihr seht ja, wie schwach ich bin!» Während sich die Gruppe zunächst bemüht, Rücksicht auf die bewußte Aussage zu nehmen, setzt sich endlich «zufällig» die unbewußte Voraussage durch.

Frau V. schildert, daß sie vor den Weihnachtsferien einen Unfall hatte, sich dann in die Arbeit stürzte und zugleich Besuch von einer Verwandten, einem 18jährigen Mädchen, bekam, dem sie jeden Nachmittag die Stadt zeigen mußte, obwohl sie sich viel lieber ausgeruht und einmal richtig geschlafen hätte.

Mit dem Unfall hatte es folgende Bewandtnis: Frau V. ging, um sich von ihrer chronischen Überarbeitung zu erholen, ins Gebirge. Weil sie unbedingt einen Gipfelaufstieg noch schaffen wollte, geriet sie in die Dämmerung und stieß mit dem Kopf heftig an einen tiefhängenden Ast. Sie wußte sogleich, daß sie nun quälende Kopfschmerzen haben würde, wenn sie sich nicht einige Tage ruhig zu Bett legen könnte, legte sich aber nicht ins Bett, weil sie ja arbeiten mußte. Aus diesem Grund nahmen die Kopfschmerzen derart zu, daß sie endlich eine ganze Woche aussetzen mußte und auch nicht in die Gruppe kommen konnte. Das Ganze verlief nach unbewußten Regeln, die Frau V. kannte, doch immer erst nachträglich bemerkte: Sie hatte schon öfter Kopfverletzungen erlitten, die zu langdauernden Kopfschmerzen führten, weil sie sich anschließend nicht schonte.

Ohne eine Reaktion der Gruppe abzuwarten, fährt Frau V. hastig fort. Auch darin drückt sich ein Stück der Helfer-Kollusion aus: Weil Frau V. sich nicht vorstellen kann, Verständnis und Zuneigung zu finden, solange sie nichts für andere tut, reiht sie ein als Klage geäußertes Bedürfnis an das andere, wenn sie sich ausnahmsweise entschließt, über sich selbst zu sprechen. Dadurch überfordert sie die Zuhörer, die endlich abweisend reagieren und ihr wieder das alte Gefühl bestätigen, nicht angenommen zu werden. Sie habe nach den anstrengenden Tagen mit der Verwandten noch ihre Mutter bei den Weihnachtsvorbereitungen unterstützt. Dann sei eine Freundin gekommen und habe sie gebeten, ihr bei der Vorbereitung auf eine Prüfung zu helfen. Frau V.: «Und ich bin so blöd, ich mach ihr alles, ich kann nicht sagen: ich helf dir nicht, oder ich helf dir nur ein wenig, den Rest mußt du machen. Es war die schriftliche Vorbereitung, und recht viel Arbeit. Ich hab es auch gemacht, weil der Mann von der Freundin so ein selbstbezogener Egoist ist, der mir gegenüber immer gleich eine bissige Bemerkung macht, und sie hat mir leid getan, weil er sie schimpft, wenn sie die Prüfung nicht besteht.»

Ein Gruppenmitglied, Herr I., fragt nach der Angst, die Frau V. offenbar vor diesem Mann habe. Frau V. schildert, daß sie mit diesem Ehepaar schon manchmal den Urlaub verbracht habe.

An dieser Stelle überlege ich den Nutzen, den Frau V. aus ihrem Verhalten zieht. Mir fällt vor allem auf, wie abschätzig sie den Egoismus ihres Bekannten anspricht. Ein Gewinn für sie wäre demnach, daß niemand sie egoistisch nennen kann. Ich beschließe aber, keine Deutung zu geben, sondern die weitere Klärung durch die Gruppe abzuwarten. Ich stelle mir vor, Frau V. müßte sehen, wie sie durch ihre innere Alternative von «Egoismus» und «Altruismus» das Verständnis für ihr Verhalten blockiert und ihren Spiel-Raum einengt, d. h. die seelischen Möglichkeiten, wertfrei schöpferisch zu sein, neue Gefühle und Gedanken zu entwickeln. Ich spüre eine leise Irritation durch Frau V., als ob mein Unbewußtes auf ihr masochistisches Angebot mit sadistischen Impulsen reagieren würde. Gleichzeitig spüre ich Mitgefühl und Sympathie für die Tragik, die in diesem zwanghaften Helfenmüssen liegt. Frau V. muß die innere Leere, die durch ihre lebensfeindliche (rationalisiert: «egoismusfeindliche») Über-Ich-Identifizierung entstanden ist, durch ihr Helfen ausfüllen. Periodisch überfällt sie das Gefühl, «mir hilft keiner», in dem ihr Bedürfnis nach der abgewehrten, oral-regressiven Position deutlich wird. Doch kann sich dieser Wunsch nur als Vorwurf äußern. Dadurch wird er unerfüllbar gemacht.

Die Gruppenmitglieder wirken überfordert und etwas hilflos – eine recht typische Situation, wenn ein HS-Helfer einmal die angestauten Bedürfnisse nach Unterstützung äußert, welche – eben weil sie angestaut sind – unerfüllbar scheinen. Sie nehmen daher mit wenigen Ausnahmen die Ablenkung an, die Herr E., ein 28jähriger Arzt, der zu spät kommt, in die Gruppe bringt. Es ist eine Fotografie, die ihn, der in einer rebellischen Hick-Hack-Beziehung an seinen Eltern hängt, als «braven kleinen Jungen» zeigt. In der letzten Sitzung hat er mit Herrn F., einem 36jährigen Ingenieur, verabredet, die Kinderbilder einmal mitzubringen, um sich gegenseitig als brave Jungen zu sehen. Beide, E. und F., sind die «aggressiven» Mitglieder der Gruppe, die am ehesten fähig sind, Ablehnung und Kritik zu äußern.

Gleich nachdem er eingetreten ist, ohne auf Frau V. zu achten, übergibt E. sein Bild Herrn F., der es betrachtet, kommentiert und weiterreicht. Das Bild geht nun in der Gruppe von Hand zu Hand. Es wird in einer Weise besprochen, die kennzeichnende Einzelheiten über die unbewußte Elternabhängigkeit von E. verraten – z. B. daß er hübsch sei, daß es schön gerahmt ist, daß er darauf gar nicht so armselig aussehe, wie er immer glauben mache. Der Gesichtsausdruck von Frau V. zeigt einen verbitterten Zug, doch sie schweigt. Die Gruppe beginnt nun über das Bild zu plaudern. Mein Gefühl ist gespalten: ich bedauere Frau V., die nun eine Bestätigung ihrer Ur-Erwartung bekommt, abgelehnt zu werden, während die Gruppe vermeidet, offen auszusprechen, daß sie mit Frau V.s Schilderung nicht viel anfangen kann. Andererseits fühle ich mich selbst zu der lebhafteren Auseinandersetzung hingezogen, die sich um das Bild entspinnt. Ich spüre den Wunsch, nun zu klären, warum Herr F. sein Kinderbild «vergessen» hat. Auf der anderen Seite steht ein Gefühl, das ich eher als Verpflichtung empfinde, mich weiter um Frau V. zu kümmern und nicht zuzulassen, daß die Gruppe sie im Stich läßt. Ich bleibe schweigsam, weil die beiden Richtungen in der Gruppe meinem Gefühl nach so deutlich sind, daß eine Intervention nicht nötig ist: Die Gruppe selbst wird, so vermute ich, den Gegensatz ansprechen und klären. Tatsächlich meldet sich Frau V. zu Wort: «Ich bin jetzt stocksauer, daß du (E.) mich so herausgeworfen hast. Du hast dich überhaupt nicht darum gekümmert, ob ich etwas sagte, als du hereinkamst.» E. beginnt sich zu verteidigen, er hätte eben zufällig das Bild bei sich gehabt und sei von F. aufgefordert worden, es zu zeigen. F. meint, er habe es zufällig weitergegeben, und Frau V. hätte doch weitersprechen können, wenn ihr danach gewesen wäre. Ich versuche die aggressiven Gefühle gegen Frau V. noch weiter zu klären und frage F., ob ihm nicht die Möglichkeit einer Unterbrechung ganz angenehm gewesen sei. Er stimmt zu und bemerkt, Frau V. und Frau I.

würden ihm schon auf die Nerven gehen, er empfinde sie als so langweilig, ohne Leben, obwohl er mit dem Problem des übermäßigen Helfens selbst zu kämpfen habe.

Die Gruppe beschäftigt sich nun mit der Frage, welchen Gewinn «man» aus dem übermäßigen Helfen beziehe. Frau V.: «Ich glaube, daß mich die anderen dann mögen und mir auch helfen, wenn es mir einmal schlecht geht. Aber wenn es mir schlecht geht, dann sagen die nur: ‹Du schaffst das schon.› Und damit hat sich die Sache.» Frau I.: «Ich glaube gar nicht, daß man gemocht wird, wenn man soviel hilft...» (Sie erzählt nun eine längere Geschichte von einer Freundin, mit der zusammen sie sich auf eine Prüfung vorbereitete.) «Ich war wirklich ganz fertig, weil ich mich so viel um sie gekümmert habe, ich bin sogar in ihre Wohnung gezogen, um mit ihr zusammen zu lernen. Sie hat mich nicht schlafen lassen, dauernd kam sie. In der Prüfung ging es mir bei einem Professor schlecht, bei einem anderen gut, der kannte mich schon von früher. Da hat sie gesagt: ‹Der hat dich aber bevorzugt.› Das hat mich schrecklich gekränkt.» Frau V.: «Ich weiß genau, ich müßte sagen: ‹Nein, da helfe ich dir nicht oder nur ein wenig› – aber ich kann das nicht.»

Ich versuche nun, Frau V.s Sprachregelung aufzugreifen: «Wenn ich mich in Ihre Verwandte hineinversetze, dann fühle ich mir nicht besonders geholfen, wenn ich mit 18 Jahren nach München komme und werde dauernd begleitet... Sie machen es sich natürlich sehr schwer, wenn Sie von sich verlangen zu sagen: ‹Da helfe ich dir nicht!› Was heißt hier ‹helfen›? Helfen Sie dem Mädchen wirklich, wenn Sie es immer begleiten? Helfen Sie Ihrer Freundin, wenn Sie ihr die Arbeit abnehmen? Schließlich können Sie auch einem Alkoholiker helfen, indem Sie ihm eine Flasche Schnaps geben!»

Diese Intervention ist für meine Art, in Gruppen zu arbeiten, ungewöhnlich. In der Regel bemühe ich mich, möglichst nur eine Deutung auf einmal zu geben. In diesem Fall hätte es sicher ausgereicht, Frau V.s Vorstellungen von «Helfen» aufzugreifen. Warum fühlte ich mich veranlaßt, einerseits noch die Identifizierung mit der jungen Verwandten dazuzugeben, andererseits den Vergleich mit dem Alkoholiker? Ich vermute, daß hier meine Gegenübertragung spürbar wurde. Ich habe durch die Überfülle an Deutungen auf den von Frau V. beklagten Mangel reagiert und mich durch den leicht vorwurfsvollen Inhalt (mit dem Alkoholiker-Vergleich) auf die Über-Ich-Ebene begeben. Ein Stück weit hat Frau V.s Über-Ich-Identifizierung wohl mein eigenes Über-Ich angesprochen, so daß ich ihr in dieser besserwisserischen Art begegne. Ich nehme an, daß meine Gegenübertragung in dieser Situation unschädlich blieb, weil ich mich weitgehend in Frau V. einfühlen konnte und die Gesamtsituation verstand. Mir wurde auch deutlich, daß ein Teil der unbewußten, von der Gruppe agierten (durch die Aufmerksamkeitsverschiebung auf das Bild ausgedrückten) Aggression gegen Frau V. darin lag, daß sie vorwiegend durch ihr Leiden Zuwendung erhoffte.

Ein HS-Helfer wird in der Regel erst dann etwas für sich verlangen, wenn er durch seine Hilfeleistung für andere vollständig ausgepumpt ist. Und selbst dann ist meist schwer zu entscheiden, ob er nun wirklich etwas für sich möchte oder ob er es darauf anlegt, den anderen, sich nun anbietenden Helfern ihre Ohnmacht nachzuweisen und auf diese Weise in eine unbewußte Konkurrenz um die progressive Helfer-Position einzutreten. Frau V. zeigte angesichts von Ratschlägen aus der Gruppe, doch rechtzeitig etwas abzuschlagen und nein zu sagen, dieses Ja-aber-Verhalten: «Ja, das ist schon richtig, aber das weiß ich längst, das haben mir schon viele gesagt, aber ich kann es eben einfach nicht» usw....

In meiner zweiten Intervention versuche ich Frau V. auf ihre verborgene Selbstgerechtigkeit hinzuweisen. Ich sage etwa: «Mir fällt auf, daß Sie bisher kaum etwas, das aus der Gruppe kam, als hilfreich erleben konnten.» Frau V.: «Es stimmt, es fällt mir schwer, Hilfe anzunehmen. Aber ich muß darüber nachdenken, was Sie vom Alkoholiker gesagt haben. Ich glaube schon, daß ich den Leuten oft gar nicht helfe.»

Meine letzte Intervention (da es hier um meine Reaktionen geht, lasse ich die dazwischenliegenden Auseinandersetzungen in der Gruppe fort, in der eine Reihe von Mitgliedern ähnliche

Schwierigkeiten mit dem Abschlagen von Hilfe- oder vermeintlichen Hilfe-Wünschen anderer Menschen ansprach) bezog sich auf den «Egoismus», den Frau V. bei manchem ihrer Schützlinge beklagte. Ich sagte: «Ich glaube, Sie haben durch Ihr Verhalten den Gewinn, daß Sie niemand egoistisch nennen wird. Aber Sie können gar nicht egoistisch sein. Wenn Sie es wollen, dann ist da nur eine leere Stelle, die dann Ihre Schützlinge mit ihren Bedürfnissen ausfüllen.» Frau V. reagiert mit einem Aha-Erlebnis: «Ja, ich kann tatsächlich nur ganz schwer etwas für mich tun. Früher habe ich einfach alles für andere gemacht, um nichts für mich tun zu müssen.»

Ursprünglich wollte ich an dieser Stelle die Schilderung des Gruppenprozesses abbrechen. Doch als ich genauer überlegte, wie die Sitzung weiter verlaufen war, entdeckte ich, daß nach Frau V., der HS-Helferin, ein anderes weibliches Mitglied das Geschehen beherrscht hatte, das die spiegelbildliche Störung, das Ja-aber-Verhalten, zeigte. Gemeinsamer Ausgangspunkt war die Phantasie: «Meine Gutmütigkeit wird ausgenutzt.» Frau A., eine anziehende, intelligente Frau aus einer Industriellenfamilie, ist mit 37 Jahren noch unverheiratet und war bisher nicht in der Lage, ihre Beziehungen zu anderen Menschen befriedigend für sich zu gestalten. Ihre Brüder, ihre Eltern, ihre Lehrer, ihre Vorgesetzten und die Gruppenmitglieder – sie alle haben ihr bisher auf die verschiedenste Art Unrecht getan, sie geärgert, ihre Dummheit ausgenutzt. Während der Therapie, in der ihre unbewußte Wut auf alle Männer und ihre gestörte Identifizierung mit der weiblichen Rolle deutlicher wurden, hatte sie einige Kontakte mit Männern angeknüpft, die sie immer so zu gestalten pflegte, daß sie nach kurzer Zeit in die Brüche gingen. Mit großer Erbitterung und destruktiver Energie schien Frau A. ihre Intelligenz und gelegentlich angedeutete Gefühlswärme dazu zu verwenden, ihr Leben in hypochondrisch gefärbten Depressionen («ich bin zu dick, mir fallen die Haare aus»), die sie für Kontakte nach außen «tabu» machten («an dem Abend habe ich mich dick gefühlt, deshalb wollte ich niemanden sehen»), zu verbringen, alle Hilfsangebote zurückzuschlagen. Ihre Ja-aber-Position war in der Gruppe schon mehrmals angesprochen worden. Sie fühlte sich dann verlassen und abgelehnt.

An diesem Abend erzählte sie, es sei jetzt Schluß mit ihrem letzten Freund, er habe sich ganz unmöglich verhalten, bei ihr gegessen und dann den ganzen Abend ferngesehen, bis sie ihn hinausgeworfen habe. Sie fühle sich ganz ausgenutzt, und mit so einem unbrauchbaren Mann wolle sie nichts mehr zu tun haben, der nicht einmal mit ihr reden könne. Die Fragen der Gruppenmitglieder nach dem Hintergrund dieser Situation ergaben, daß sie, ehe sie ihren (offenbar sehr geduldigen) Freund zum Abendessen eingeladen, drei Verabredungen und eine Einladung zum Mittagessen mit ihm ausgeschlagen hatte. An dem Abend war sie erst auf seinen Vorschlag, nach dem Essen fernzusehen, eingegangen. Dann zog sie sich immer mehr in sich zurück, wurde insgeheim wütend über ihn und schickte ihn endlich, als das Programm zu Ende war, nach Hause.

Die Verbindung zwischen Frau V. und Frau A. liegt darin, daß beide ihre Wünsche erst dann äußern, wenn sie unerfüllbar geworden sind und sich nur noch als Vorwurf (gegen andere oder gegen das eigene Ich) äußern können. Der unbewußte Hintergrund sind magische Omnipotenzvorstellungen: Durch nicht geäußerte Wünsche bzw. durch bestimmte Handlungen, die für andere Menschen in ihrer Mitteilungsfunktion nicht erkennbar sind, soll die Wirklichkeit so werden, wie sie während der Säuglingszeit hätte sein müssen, in der die kindlichen Bedürfnisse gestillt werden, ohne daß eine Kommunikation über sie notwendig ist. Die Unfähigkeit, Wünsche zu äußern und sie sich zu erfüllen, wird dann in das versagende Objekt projiziert. Zugleich ist das Selbstgefühl massiv bedroht, so daß die Auflösung des Selbst durch hypochondrische Phantasien oder durch die erneute Aufopferung für einen anderen Menschen verhindert wird.

In der Gruppe ergibt sich während der Konfrontation von Frau A. mit ihrem selbstschädigenden, jeden Ansatz einer Beziehung zerstörenden Verhalten eine dramatische Situation, als Frau P. einen Ohnmachtsanfall erleidet, weil Frau A. – so sagt sie später – «genau so ist wie meine Mutter, in der Stimme und in der Haltung, wenn du so sagst: ‹Erst hat er gegessen und dann nur ferngesehen.› Sie ist eine alte Frau, ganz elend und verbittert, aber so, daß sie keiner mag und sie auch noch denen Schwierigkeiten macht, die ihr gerne helfen würden.» Die Männer in der Gruppe identifizieren sich deutlich mit dem abgewiesenen Liebhaber und bewundern seine Geduld, die er offenbar mit Frau A. habe – «ich hätte schon längst aufgehört, dich anzurufen!». Frau A. reagiert abweisend: Mit so einem Mann solle sie auch noch verständnisvoll umgehen, der nur essen und fernsehen wolle, weil er selbst keinen Fernseher habe! Frau P. mit zitternder Stimme: «Sogar das Essen rechnest du ihm vor, er ist doch dein Gast!»

An dieser Stelle ist Frau A.s Wiederholungszwang deutlich genug geworden. Sie fühlt sich in ihrem Selbstgefühl geschwächt, identifiziert sich daher mit den Idealansprüchen der Eltern und zerstört auf diese Weise immer wieder alle realen Befriedigungsmöglichkeiten, alle Chancen, ihr gestörtes Selbst aufzubauen und den narzißtischen Mangelzustand auszugleichen. Sie fürchtet, enttäuscht zu werden, und schraubt daher den Anspruch an den Partner so hoch, daß sie enttäuscht werden muß. Sie fürchtet, betrogen und ausgenutzt zu werden, und zwingt dadurch den Partner, auf seine Interessen zu achten und sich wenig entgegenkommend zu zeigen. Weil er sich so auf seinen Vorteil bedacht zeigt, fühlt sie sich in ihrem Mißtrauen bestätigt (was bei Frau A. dazu führte, daß sie bei einem früheren gemeinsamen Abendessen «vergaß», daß sie Delikatessen eingekauft hatte, und ihrem Gast nur ein karges Mahl servierte). Die ständigen Enttäuschungen, die auf diese Weise entstehen, vermindern weiter das Selbstgefühl, steigern aber den mißtrauischen Anspruch, durch den weitere Enttäuschungen vorprogrammiert werden.

Gemeinsam ist dem HS-Helfer und dem Ja-aber-Spieler die Schwäche der realitätsprüfenden und wunscherfüllenden Ich-Leistungen. Sie wird durch die Identifizierung mit dem Ich-Ideal bzw. Über-Ich ausgeglichen. Die narzißtische Bedürftigkeit wird vom Helfer überkompensierend verleugnet («ich will nichts für mich, ich opfere mich für andere»). Der Ja-aber-Spieler sabotiert durch Überansprüchlichkeit und ein primär negatives Selbstbild («ich bin hilflos, häßlich, jetzt werde ich auch noch zum Trinker, ich werde eine alte Jungfer» usw.) die in der Realität möglichen Formen einer Befriedigung seines narzißtischen Mangels und gewinnt die Ersatzbefriedigung einer Aggressionsabfuhr gegenüber den ohnmächtigen, dummen Helfern.

Nun will ich die einzelnen Grundmerkmale des Helfer-Syndroms unter dem Gesichtspunkt der Gegenübertragung durchsprechen.

1. *Das abgelehnte Kind.* Sich mit diesem Komplex hinter der Fassade des Helfers einfühlend zu identifizieren ist die wesentlichste Voraussetzung einer therapeutischen Arbeit mit HS-Klienten (und auch mit Ja-aber-Spielern). Nur aus dieser Einfühlung und partiellen Verschmelzung des Therapeuten mit den kindlichen Schichten gewinnt der HS-Helfer die Möglichkeit, allmählich seine kreativeren, wunscherfüllenden, realitätsprüfenden Seiten zu entwickeln, die bisher hinter der Fassade seiner Über-Ich-Identifizierung zurücktraten. Allerdings ist dieses «Kind» schwer zu finden, da es wegen der schmerzhaften, verletzenden Erlebnisse der Kindheit und wegen der daraus entstandenen heftigen Wut in weiten Bereichen verdrängt wurde. Es ist wesentlich, beim HS-Helfer Verhaltensbereiche anzusprechen, in denen seine Spontaneität und Kreativität nicht durch Rücksichtnahme, Arbeitsethos und überentwickelten Altruismus blockiert sind.

Eine 30jährige Klosterschwester, die wegen ihres HS in einer gruppendynamischen Veranstaltung noch keine eigenen Gefühle und Wünsche einbringen konnte, gewinnt eine ganz neue Beziehung zur Gruppe, als am Abend ein Rollenspiel mit Verkleidungen vorgeschlagen wird und sie die Möglichkeit erhält, ein kleines Teufelchen zu spielen. Sie tut das so perfekt, daß keiner der Teilnehmer sie wiedererkennt. Die allgemeine Bewunderung tut ihr sichtlich gut und ermöglicht es ihr, in der Gruppe spontaner zu reagieren.

Die Gegenübertragungsprobleme in diesem Bereich betreffen vorwiegend das HS des Therapeuten und seine eigene Beziehung zu seinem «abgelehnten Kind». Wenn er es nicht ertragen kann, sich mit dieser Seite auseinanderzusetzen, wird er auch seine Klienten dazu bringen, an ihrer Über-Ich-Identifizierung festzuhalten.

In einer Selbsterfahrungsgruppe unterbricht ein Diplom-Psychologe mit der Bemerkung «ich kann dieses Baden in Gefühlen ohne Gesellschaftsbezug nicht ertragen» eine Szene, in der ein Mitglied unter Tränen über seine Gefühle aus dem Bereich des abgelehnten Kindes berichtet.

2. *Die Identifizierung mit dem Über-Ich.* Durch sie entstehen die meisten Gegenübertragungsprobleme. Wer Helfern helfen will, gerät in die Gefahr einer unbewußten Rivalität um die Helfer-Rolle, aus der heraus er den Klienten nicht stützt, sondern angreift, ihm keine Einsicht ermöglicht, sondern ihn in einen Abwehrkampf verwickelt.

In einer Selbsterfahrungsgruppe sagt eine Leiterin, die sich mit einem hartnäckig rationalisierenden Psychologen auseinandersetzt: «Sie als Psychologe müßten doch wissen, daß es besser ist, die Gefühle zuzulassen!» In der Supervision dieser Gruppe erinnert sie sich an ihre eigene, erste Gruppenselbsterfahrung, in der auch sie zu diesem Zulassen von Gefühlen nicht fähig war, sondern nur als Helferin auftreten konnte.

Beziehungen auf der Ebene des Über-Ich bewegen sich in der Zweiteilung richtig – falsch, gut – böse, wobei über diese Werte nicht einfühlsam und realitätsbezogen gesprochen wird. Vielmehr macht sich eine deutliche Neigung bemerkbar, sie starr zu verteidigen, mit indirekter Aggression gegen andere Werte vorzugehen und den Menschen, die sie vertreten, vorwurfsvoll zu begegnen. Wo im therapeutischen oder beratenden Umgang mit Helfern Vorwürfe, wertende Kritik, Konfrontationen mit einem vorgeblich besseren, richtigeren Verhalten auftreten, wird diese Ebene der Gegenübertragung deutlich. Andererseits ist es unendlich schwierig, HS-Helfer zu einer distanzierteren Wahrnehmung ihres Verhaltens und zu Einsichten in psychodynamische Zusammenhänge zwischen ihrem Helfer-Syndrom und bestimmten Verhaltensweisen ihrer Klienten zu bringen. Die Identifizierung mit dem Über-Ich macht das Eingeständnis eigener Schwierigkeiten zu einem für das Selbstgefühl bedrohlichen Unternehmen. Deshalb sind alle Anklänge an eine wertende Ausdrucksweise peinlich zu vermeiden.

In einer Supervisionsgruppe ist ein analytisch ausgebildeter Sozialarbeiter tief verletzt, als ihm der Zusammenhang zwischen seiner strengen Pünktlichkeit, seinen mahnenden Konfrontationen der Gruppe mit dem Zuspätkommen vieler Mitglieder und dem «Widerstand» dieser Mitglieder gegen pünktliches Kommen als analsadistische Kollusion gedeutet wird. («Ich bin so verschlossen und trotzig, weil du so fordernd und genau bist – ich bin so fordernd und genau, weil du so verschlossen und trotzig bist.») Er nimmt von jetzt an nicht mehr an der Supervisionsgruppe teil. Die Gegenübertragung des Gruppenleiters, der die analsadistische Kollusion angesprochen hatte, war durch dessen Rivalität mit dem Kollegen bedingt. Sie führte ihn dazu, die Verwendung eines meist als abschätzig erlebten Begriffes als angemessene Deutung zu rationalisieren und diesen Begriff uneinfühlsam zu verwenden. Obwohl der Leiter diese Fehlleistung eingestand, war die Supervisionsarbeit bei seinem Klienten über längere Zeit gestört.

Als in einer Balint-Gruppe an einer psychotherapeutischen Klinik der Selbstmord eines jugendlichen Patienten besprochen wurde, fing ein sonst betont egalitär auftretender Nervenarzt an, die Sozialarbeiterin des «verantwortlichen» Teams mit psychiatrischen Fachausdrücken zu traktieren und ihr vorzuwerfen, sie habe versäumt, nach den Grundmerkmalen der Selbstmordgefährdung Ausschau zu halten, die man in jedem Lehrbuch der Psychiatrie finden könne.

Im Ausbildungsausschuß eines psychoanalytischen Lehrinstituts wird der «aufrührerische» Brief eines Ausbildungsteilnehmers besprochen, der sich gegen angeblich «wucherische» Ausbildungsgebühren zur Wehr setzt. Während die meisten Mitglieder des Gremiums dafür sind, das Schreiben nicht übermäßig ernst zu nehmen und die sachlichen Aspekte zu diskutieren, schlägt einer der Lehranalytiker vor, den Kandidaten auszuschließen («Ich lasse mir von niemandem Wucher vorwerfen!»), während ein anderer empfiehlt, den Brief doch mit dem Lehranalytiker des Kandidaten zu besprechen. Die aufrührerische Haltung des Kandidaten, seine Identifizierung mit einem kritisch-revolutionären Über-Ich, werden durch entsprechende Über-Ich-Aggressionen beantwortet.

Um unproduktive Beziehungen zu HS-Helfern zu vermeiden, ist genaue Kenntnis der eigenen Über-Ich-Normen sehr wesentlich. Guter Wille oder ein auf rein kognitiver Ebene gefordertes Verständnis genügt nicht. Der HS-Helfer ist ständig auf der Suche nach narzißtischer Bestätigung, während er unbewußt Kritik und Ablehnung erwartet (denen er durch seine Über-Ich-Identifizierung zuvorzukommen sucht). Aus diesem Grund ist sein Ohr für Tadel und Kritik ungleich mehr geschärft als für Lob. Oft fühlt er sich schon gekränkt, wenn er nach der Begründung seines Verhaltens, nach der Bedeutung einer Fehlleistung gefragt wird. Zugleich inszeniert der HS-Helfer dadurch unbewußt eine bestimmte Gegenübertragung, die ihn in seinen Grundpositionen des «abgelehnten Kindes» und der «Identifizierung mit dem Über-Ich» bestätigt: Er scheint positive Äußerungen nicht zu hören, begegnet ihnen scheinbar gleichgültig, verlegen, abwehrend. Durch Kritik ist er jedoch stets ansprechbar, er nimmt sie sehr ernst, beschäftigt sich intensiv mit ihr. Sein Gegenüber wird dadurch eher motiviert, ihn zu kritisieren, als ihn zu loben.

3. *Die verborgene narzißtische Bedürftigkeit.* Der HS-Helfer will um fast jeden Preis geliebt werden; seine Möglichkeit, solche Bestätigung zu speichern und sein Selbstgefühl dadurch zu stabilisieren, ist gering entwickelt; daher auch seine Neigung, sich zu überarbeiten, um einem überhöhten Ich-Ideal zu entsprechen (und engen, gegenseitigen Beziehungen aus dem Weg zu gehen). Weil der innere Dialog zwischen der starken Helfer-Fassade und dem nach Bestätigung hungernden Kind dahinter beim HS-Helfer verstummt ist, drückt er seine narzißtischen Wünsche mit den Mitteln der Fassade aus – d. h. meist unverständlich oder doch auf eine Weise, die das Kind kaum satt machen wird (z. B. wird er wegen seiner Leistung bewundert). Oft werden die Wünsche erst geäußert, wenn sie sich angestaut haben, zu Vorwürfen geworden sind, sich in der Form körperlicher bzw. psychosomatischer Reaktionen auf die Überarbeitung ausdrücken.

Nach einer Zeit angestrengter Tätigkeit, in der sie praktisch für zwei arbeiten mußte, bricht sich die Leiterin eines therapeutischen Teams einer psychotherapeutischen Klinik «zufällig» im Gang der Station den Knöchel. Sie kann auf diese Weise endlich ihren Jahresurlaub nehmen, der sonst verfallen wäre.

Die Gegenübertragungsreaktionen unterscheiden sich, je nachdem, ob der Partner des HS-Helfers die verborgene narzißtische Bedürftigkeit erkennt oder nicht. Erkennt er sie nicht, wird er den HS-Helfer für stark halten, ihn in seiner Funktion benutzen und erstaunt oder abweisend reagieren, wenn endlich die angestauten Wünsche nach Bestätigung in irgendeiner Form zutage treten.

Ein Oberarzt erzählt von einer Stationsschwester, die über mehrere Jahre hin überaus eifrig ihren Dienst versah, nie unpünktlich war, die Patienten freundlich, die Kolleginnen und Ärzte distanziert-höflich behandelte. Sie schien keine Bestätigung zu brauchen und bekam deshalb von ihm auch keine. Als sie kündigte und sich verabschiedete, nachdem sie ihr Zeugnis erhalten hatte, sagte sie tief gekränkt: «Das werde ich Ihnen nie verzeihen, daß Sie mich all die Jahre nie gelobt haben!»

Frau G., die in einer Therapiegruppe engagiert mitarbeitet und als eigenen Grundkonflikt ihre Abhängigkeitsbeziehung zu einem schwachen, arbeitslosen Mann schildert, dem sie nichts abverlangen könne, um die häusliche Harmonie nicht zu zerstören (eine «orale Kollusion», in der ihr Ehemann die regressive, sie die progressive Rolle spielt), beklagt sich nach einiger Zeit heftig über ihre Überforderung. Sie müsse Haushalt und Beruf erledigen, der Mann tue fast nichts, aber sie könne ihn auch nicht dazu bringen, denn dann sei sie tagelang deprimiert, wenn sie sich wieder mit ihm gestritten, ihm Vorwürfe gemacht habe. Einmal, in einer Nebenbemerkung, sagte Frau G., sie wünsche sich seit ihrer Kindheit einen großen, weichen Teddybären – aber nie habe ihr jemand einen geschenkt, nur sie schenke immer anderen Leuten oder Kindern solche Stofftiere. Meine Gegenübertragungsreaktion: Zunächst nahm ich diesen Satz als etwas Wichtiges auf, konnte ihn jedoch nicht für eine Deutung verwenden, weil die Gruppe einen anderen Weg einschlug. Er prägte sich mir tief ein, und als ich in den Therapieferien einige Wochen später im Ausland Spielzeug für meine Kinder kaufte, überlegte ich lange, ob ich Frau G. nicht einen großen braunen Bären mitbringen sollte. Ich suchte nun diese Phantasie zu analysieren. Es wäre eine freundliche, symbolische Geste (die in einer Gruppe freilich Rivalität, Eifersucht und ähnliche Gefühle auslösen kann). In ihr liegt auch ein Stück Allmachtsphantasie: Ich kann Frau G.s ungestilltes narzißtisches Bedürfnis erfüllen, ich kann ihr etwas geben, das ihr noch keiner gegeben hat. Damit werde ich selbst Frau G. ähnlich, die ja ebenfalls andere mit Stofftieren beschenkt, die sie selber gern bekäme. Jetzt fällt mir noch ein, daß ich bis heute gelegentlich an ein Tier aus schwarzem Samt denke (ich nannte es «Mammut»), mit dem ich als Kind leidenschaftlich gern spielte. Im Grunde habe ich bis heute die (völlig unrealistische) Vorstellung nicht aufgegeben, ich müßte dieses Mammut noch einmal finden, irgendwo zwischen dem Gerümpel auf dem Dachboden des alten Hauses in Passau, in dem längst andere Leute wohnen.

Ich kam nicht weiter mit meiner Gegenübertragungs-Analyse, entschloß mich aber, den Teddybären nicht zu kaufen, der analytischen Regel gemäß Bedürfnisse zu analysieren, nicht zu erfüllen. In der ersten Gruppenstunde nach den Ferien griff Frau G. Herrn F. heftig an: Er erinnere sie in seiner Selbstgefälligkeit und Passivität an einen großen Teddybären, der sich bedienen lasse. In dieser Situation erinnerte ich Frau G. an ihren eigenen Wunsch, doch einmal einen Teddybären geschenkt zu erhalten. Mein Hinweis löste eine heftige Reaktion aus. Frau G. fühlte sich, wie sie sagte, «verraten und verkauft» – «wenn ich einmal etwas zugestehe wie den Teddybären-Wunsch, dann wird mir hinterher eine hereingewürgt!». Die Gruppe erörterte meine Bemerkung und Frau G.s Reaktion. Mehrere Mitglieder sagten, sie hätten die Äußerung nicht als aggressiv oder hinterhältig empfunden, sondern als verständnisvoll und als Versuch, Frau G. zu helfen.

Ich selbst finde, daß ich wenig einfühlsam reagiert habe, und wundere mich nicht, daß Frau G. in der nächsten Stunde schweigt, spreche sie aber auch nicht an. Um sie auf ihre eigenen, passiv-narzißtischen Wünsche hinter ihrer starken, eher burschikos-männlichen als mütterlichen Fassade hinzuweisen, hätte es genügt zu fragen, ob sie nicht auch Wünsche kenne, verwöhnt und bedient zu werden. Der Teddybär war ein Symbol, das ich wie ein Stopsignal verwendet hatte, um Frau G. in ihrer Über-Ich-Identifizierung aufzuhalten, so daß nahelag, sie würde sich als ganze Person abgelehnt fühlen. Weil ich in der Phantasie (ihr den Bären zu kaufen und zu schenken) Frau G. zu viel gegeben hatte, gab ich ihr nun in der Wirklichkeit zu wenig, eine recht charakteristische Gegenübertragungsreaktion auf den verborgenen narzißtischen Anspruch von HS-Klienten.

Gegen Ende der übernächsten Sitzung, in der Frau G., sehr entgegen ihrem sonstigen Verhalten, wiederum kein Wort sagte, fragte ich nach den Gründen ihres Schweigens. «Ich weiß nicht, aber sobald ich hier sitze, schnürt es mir die Kehle zu. Ich weiß nicht, woran es liegt. Ich habe schon gedacht, einfach wegzubleiben.» – «Ich glaube, der Teddybär steckt Ihnen im Hals.» – «Ja, als Sie das neulich sagten, wollte ich gleich hinauslaufen. Dann habe ich aber gedacht, du kommst nie wieder, oder Sie lassen mich nicht mehr herein. Der Teddybär ist mir wirklich steckengeblieben, obwohl ich glaube, daß Sie es hilfreich gemeint haben. Ich habe auch noch etwas geträumt danach: Meine Mutter hat meinen Hund hungern lassen, und da hat er ihr Pferd aufgefressen. Pferde sind das einzige, womit man meine Mutter zum Leben erwecken kann.»

Aufgrund dieses Materials kann ich nun versuchen, Frau G. ihre trotzige Abwehr ihrer Bedürfnisse nach narzißtischer Bestätigung, nach Gestreicheltwerden und Weichheit aufzuzeigen. Diese Abwehr ist notwendig, weil sie fürchtet, wegen dieser Bedürfnisse abgelehnt zu werden (wie früher von der Mutter), aber auch zusammen mit den Bedürfnissen die infantile, kannibalische Wut wiederzuerleben, die in dem Traum deutlich wird («mein Hund hat das Pferd der Mutter aufgefressen, weil sie ihn hungern ließ»). Diese Wut war auch wohl der Anlaß ihres Trotzes und ihrer Gehemmtheit in der Gruppe, weil sie die Konfrontation mit ihren kindlichen Bedürfnissen («Schenk mir einen Teddybären») als Kränkung und Abweisung empfunden hatte.

Die narzißtische Unersättlichkeit und die ständige Bedrohung der oralen Bedürfnisse vom Umschlagen in kannibalische Aggression sind wahrscheinlich die Auslöser einer Gegenübertragung, die den Therapeuten zu einem unbewußten, jähen Wechsel zwischen Gewähren und Versagen führt. Ich hatte das Bedürfnis gespürt und wollte in der Phantasie viel gewähren (Frau G. einen großen Teddybären kaufen, den ihr noch nie jemand gekauft hat), während ich andererseits in der Gruppe strenger zu ihr war, als es sonst meine Art ist, und sie uneinfühlsam mit ihrem Bedürfnis konfrontierte. Die Art, in der ich meine Deutungen gab, muß übrigens wieder ein Stück dieser Gegenübertragungs-Spannung von Gewähren und Versagen enthalten haben. Ich stellte für einige Minuten eine einzel-analytische Situation in der Gruppe her («nur ich kann Frau G. jetzt verstehen»), wobei ich von einem Gruppenmitglied, Frau I., «wie der Priester im Beichtstuhl» empfunden wurde.

4. *Die Vermeidung von Gegenseitigkeit in Beziehungen.* Die Identifizierung mit dem altruistischen Über-Ich, die Schwäche des spontanen, emotional erlebenden Ichs und das Grundgefühl des abgelehnten Kindes führen dazu, daß der HS-Helfer keine Beziehungen aufbauen kann, in denen die progressive und die regressive Position abwechselnd von beiden Partnern eingenommen werden. Hier wäre bald der eine, bald der andere «stark» und kontrolliert oder «schwach» und gefühlsbeherrscht. In der therapeutischen oder beratenden Arbeit mit HS-Helfern ergibt sich daraus das Problem, daß der HS-Helfer die für eine Behandlung notwendige Regression ängstlich abwehrt. Ein HS-Helfer, der selbst Hilfe braucht, sucht einerseits eine vollständige, totale Unterstützung, wird aber andererseits durch seine Angst vor der eigenen Passivität und vor der Wut blockiert, mit der er seine in der Kindheit versagten Geborgenheitswünsche verbindet. So vermittelt er dem Therapeuten den Eindruck, daß kein realitätsgerechtes Arbeitsbündnis herzustellen ist.

Psychotherapeutische Hilfe ist nur da möglich, wo begrenzte Lernschritte akzeptiert werden können. Der HS-Helfer jedoch möchte, wenn er sich in Therapie begibt, unbewußt eine totale, umfassende Hilfe, während er bewußt äußerst skeptisch ist und eher eine unerfreuliche Erfahrung erwartet («ich erwarte mir gar nichts», «ich möchte wissen, welche Fehler ich habe», «ich möchte lernen, besser auf andere einzugehen» sind typische Äußerungen von HS-Helfern über ihre Erwartungen an eine Selbsterfahrungsgruppe[1]).

Die charakteristische Gegenübertragung in diesem Bereich des Helfer-Syndroms ist die Resignation des Therapeuten. Er bemerkt, daß das, was er gibt, nicht angenommen wird und ihn sein HS-Klient insgeheim und indirekt dafür angreift und anklagt, daß er nicht mehr und Besseres gibt. Der Therapeut spürt, wie die Lehranalyse zur Leeranalyse wird, wie die Selbsterfahrung daran scheitert, daß immer nur die anderen erfahren werden, nicht das eigene Selbst. So zieht er sich hinter das eigene Über-Ich der «korrekt angewandten Technik» zurück, damit er sich selbst nichts vorzuwerfen habe (womit er bereits in eine resignative Interaktion verwickelt ist, welche die Behandlung sabotiert). Er kann den HS-Helfer mit seiner Starre, seiner Gefühlsleere konfrontieren. Dieser äußert gute Vorsätze, intellektuelle, pflichtbewußte Überlegungen, wie er es besser machen werde, aber es geschieht nichts. Therapeut und Klient können sich dann nur gemeinsam überzeugen, daß paradoxe Forderungen wie «sei spontan», oder «bemühen Sie sich um freie Assoziationen» ihr Ziel nicht erreichen.

Ich geriet während der Lehranalyse eines HS-Helfers in eine tiefe Resignation. Die Stunden verliefen so, daß Herr B. Träume erzählte, eine Deutung erwartete und bei der Bitte, doch Einfälle zu den Träumen zu sammeln, mit minutenlangen Pausen wohlgesetzte Formulierungen von sich gab, mit denen weder er noch ich etwas anfangen konnten. Ich mußte gegen meine Schläfrigkeit ankämpfen und hatte nur gelegentlich das Gefühl, daß wir wirklich zusammenarbeiteten, vor allem, wenn die Ehe-

1 Es ist kein Zufall, daß ich in diesem Zusammenhang Therapie und Selbsterfahrung erwähne, als ob beides dasselbe wäre, was sicher nicht zutrifft. HS-Helfer artikulieren therapeutische Bedürfnisse jedoch in der Regel als Ausbildungs- oder Selbsterfahrungsinteresse.

probleme von Herrn B. angesprochen wurden (seine Frau schien der einzige Mensch, gegen den Herr B. gelegentlich Wutgefühle empfand, wenn sie mit bissiger Kritik die starre Fassade seiner stets positiven, vernünftigen Lebenseinstellung anzukratzen suchte). Auch Herr B. war unzufrieden mit seiner Analyse. Er wisse zwar, er müsse selbst aktiv werden, mehr Gefühle hereinbringen, aber er erwarte sich eben auch mehr Hilfestellung von mir, ich sollte ihn aus seiner Starre «herausboxen». Das gelang endlich auf unerwartete Weise: Aufgrund von Terminschwierigkeiten unterbrach ich die Analyse für zwei Monate. Herr B. mißverstand diese Unterbrechung als vollständige Absage und reagierte mit heftiger Empörung. Er suchte sogleich eine andere Lehrtherapeutin auf, wollte mit ihr eine Fortführung seiner Analyse vereinbaren, wobei er sich bitter über mich beklagte. (Die Unterbrechung war nicht durch meine resignative Gegenübertragung bedingt, sondern tatsächlich durch den ungünstigen Termin; ich war mir über die Gründe meiner Resignation bereits so weit klargeworden, daß sie nicht zum Agieren führte.) Erst in der Klärung dieser Wutreaktion (die Kollegin hatte nach einem zweiten Gespräch Herrn B. wieder an mich zurücküberwiesen) entwickelten sich Ansätze zu einem echten Arbeitsbündnis. Herr B. konnte eine Reihe indirekt-aggressiver Phantasien klären und sie in ihrem Gefühlsgehalt zumindest teilweise empfinden. So war er einmal trotz einer heftigen Grippe mit Fieber in die Stunde gekommen, hustete ständig und berichtete, er habe sich die Grippe von einem Zimmernachbarn auf einer Tagung geholt. In derselben Stunde kam eine Situation aus seiner Kindheit zur Sprache, in der er verschiedene Arzneien aus dem Medikamentenschrank seines verstorbenen Großvaters zu pestilenzialisch riechenden «Pfeilgiften» gemischt hatte. Dahinter stand die unbewußte Phantasie, mich zu vergiften, d. h. mit seiner Grippe anzustecken (was ihm tatsächlich gelang). Während der Zeit seiner Wutreaktion auf die Unterbrechung der Analyse träumte er, er wolle in meinem Haus auf das Klo gehen, doch ich säße bereits dort, «der Scheißkerl». Ich nahm den Traum zum Anlaß, um zwei auffällige Verhaltensweisen zu klären: Von den beiden Eingängen zu meinem Haus benutzte Herr B. meist nicht den Praxiseingang, sondern den Privateingang. Außerdem pflegte er stets etwa zehn Minuten zu früh zu kommen und noch die Toilette aufzusuchen. Es wurde deutlich, daß er den Privateingang benutzte, «weil er näher zur Toilette liegt» und weil er dort gelegentlich meine Kinder oder meine Frau traf und ein kurzes Gespräch mit ihnen führte. Das Toilettegehen interpretierte Herr B. selbst als Ausdruck der Angst, während der Analyse von einem Ausscheidungsbedürfnis überrascht zu werden – «ich leere mich vorher aus, damit ich hier bei Ihnen verschlossen sein kann». Die Benutzung des Privateingangs hing mit dem verfrühten Kommen zusammen (ich war oft noch nicht da, um ihm den Praxiseingang zu öffnen). Das verfrühte Kommen ermöglichte ihm nicht nur, keine Minute der teuren Analysezeit zu vergeuden, sondern auch, Informationen über mein Privatleben zu sammeln. Der Traum, in dem er mich auf dem Klosett überraschte, war eine Umdrehung seiner eigenen Angst (von mir in einer unkontrollierten, nicht von den Schließmuskeln beherrschten Situation überrascht zu werden) und ein Ausdruck seines Wunsches, ich sollte durch meine Offenheit und Aktivität seine Verschlossenheit und Passivität ausgleichen, ich sollte die «schwache», regressive Position einnehmen, damit er in der vertrauten, «starken», progressiven Position bleiben könne. Ich war deutlich erleichtert, als Herr B. diese Deutung nicht mit dem üblichen guten Vorsatz quittierte, es besser zu machen, sondern mit einem tiefempfundenen «Scheiße!».

5. *Die indirekte Aggression.* Von Wilhelm Reich stammt der Vorschlag, keine Therapiestunde zu beginnen, in der nicht die negativen Gefühle des Klienten gegenüber dem Therapeuten zuerst angesprochen werden. Gefühle des archaischen Hasses, der infantilen Wut, die das abgelehnte, reglementierte Kind gegen seine Unterdrücker richten muß, sich aber nicht eingestehen kann, sind in der unbewußten Einstellung zu jeder Bezugsperson vorhanden. Ihre Verdrängung ist die wichtigste Ursache dafür, daß Beziehungen nicht entstehen oder – kaum entstanden, durch eine positive Idealisierung des Partners notdürftig aufgebaut – wieder zerbrechen, weil die alten Haßgefühle aus-

agiert werden. Die Verdrängung und Verleugnung von Haß sind eine Bedingung für das Entstehen der schizoiden Mauer von Kontakt- und Beziehungslosigkeit, für den depressiven Rückzug in selbstquälerische Isolation.

Dennoch halte ich Reichs Vorschlag (wie jedes formale Reglement der psychoanalytischen Interaktion) für den Ausdruck einer bestimmten Gegenübertragung, die gerade beim HS-Klienten entstehen kann. Es ist eine oft bestätigte Erfahrung in der Einzel- und (mehr noch) Gruppen-Psychotherapie, daß die Äußerung von direkter Aggression ein wichtiger Schritt zum Entstehen einer positiven Beziehung ist. Wer unfähig ist, Aggression zu äußern, wer nichts abschlagen kann, da er ein nachdrückliches «Nein» bereits als Ausdruck einer verbotenen Aggression ansieht, muß endlich ganze Lebens- und Beziehungsbereiche verneinen. Es liegt daher nahe, den Klienten durch die direkte Aufforderung anzuhalten, ja zu zwingen, negative Gefühle zu äußern, um den Weg zu den positiven Gefühlen freizulegen.

Manipulationen der therapeutischen Interaktion, wie sie jede Behandlungsmethode kennt, dienen unter anderem dazu, die Angst des Therapeuten vor dem Ungewissen zu bändigen. Die von Reich vorgeschlagene Manipulation soll dieses Ziel für die indirekte, ohne Aufforderung nicht geäußerte Aggression leisten. Ich sehe darin eine reaktive Aggressionsüberschätzung, die gerade in der Auseinandersetzung mit den HS-Klienten entstehen kann. Ihre depressive, von Rücksicht, Altruismus, Aggressionsvermeidung (bzw. masochistischer, gegen das eigene Selbst gerichteter Aggressionsverarbeitung) bestimmte Fassade macht die leisen Anzeichen einer nur indirekt zutage tretenden Wut und Destruktion für den Blick des Analytikers besonders auffällig.

Die Verdrängung direkter Aggression beim HS-Helfer führt den Therapeuten möglicherweise dazu, die positive Übertragung mißtrauisch zu betrachten und um so stärker auf die negative Übertragung zu warten, je mehr sie der Klient verleugnet. Damit tut der Therapeut seinem Klienten Unrecht und vermittelt diesem mehr oder weniger merklich das Gefühl, ihn nicht in seinen (sozial ja meist durchaus positiven) Abwehrformen zu akzeptieren, sondern sein Wohlwollen nur dann zu gewähren, wenn sich der Klient mit seinen aggressiven Gefühlen auseinandersetzt. Diese erzwungene Betonung eines bisher mit großen Ängsten und Schuldgefühlen erlebten Persönlichkeitsbereichs kann zu einem Rückkopplungsgeschehen führen, in dem gerade das Gegenteil dessen erreicht wird, was der Therapeut anstrebt: «Erst wenn ich mich akzeptiert fühle, kann ich mich mit meinen Aggressionen und tieferen Gefühlen auseinandersetzen» (Klient) – «Erst wenn er seine Aggressionen offener äußert und Gefühle zeigt, kann ich ihn akzeptieren» (Therapeut).

So ergibt sich eine untherapeutische Pattsituation, in der jeder Partner den anderen in seiner Entwicklung blockiert, weil er von ihm den ersten Schritt erwartet. Interessant ist dabei, daß hier das Helfer-Syndrom des Therapeuten ein wesentliches Motiv seiner auf das Helfer-Syndrom des Klienten bezogenen Gegenübertragung wird. Gerade weil das Motiv des «abgelehnten Kindes» auch im Therapeuten stark ist, kann er den Klienten nicht akzeptieren, hinter dessen äußerlicher Zuwendung und Mitarbeit er Zeichen einer unbewußten Aggression sieht, die sich nur indirekt äußern kann. Erst wenn der Therapeut hinter dieser Ebene des mangelnden Urvertrauens bei sich und bei anderen die nie endgültig faßbaren Kräfte menschlichen Wachstums gefunden hat, wird er dem HS-Klienten wirklich helfen können, mit ihm eine neue Wirklichkeit zu teilen.[1]

1 Vgl. B. Staehelin, Haben und Sein, Zürich 1969

9. Hilfe für Helfer – Gesichtspunkte zur Vorbeugung und Behandlung des Helfer-Syndroms

Psychoanalytische Untersuchungen wie die vorliegende erkaufen die Vorteile der Praxisnähe und des unmittelbaren Bezugs zum eigenen Leben durch schwerwiegende Probleme der Abgrenzung. Das Helfer-Syndrom scheint in den Bereich sozialen Handelns, sozialen Engagements schlechthin zu gehören. Die Starre, die Wunsch- und Lustfeindlichkeit der Über-Ich-Identifizierung, die Phantasie des Abgelehntseins und die anderen Kriterien sind weitgehend unabhängig von politischen Inhalten. Ein ausgeprägtes Helfer-Syndrom läßt sich bei konfessionell extrem gebundenen Krankenschwestern ebenso finden wie bei linkssozialistischen Lehrern oder maoistischen Sozialarbeitern.

Der Dialog von Soziologen und Psychoanalytikern krankt daran, daß häufig jeder den anderen auf der Über-Ich-Seite überholen will. Der Analytiker versucht, den unbewußten primärprozeßhaften Kontext des soziologischen Denkens und der Gestaltung von Großgruppen aufzudecken, während der Soziologe den gesellschaftlichen Ort der Psychoanalyse eingrenzt (und sie womöglich als «bürgerliche Ideologie» abstempelt).

Solche Debatten sind fruchtlos, weil sie künstliche Alternativen und Spaltungen schaffen. Psychoanalytiker wie Soziologen werden unglaubwürdig, sobald jeder seine Gesichtspunkte für allgemeingültig hält und den unendlichen Prozeß verleugnet, der das Kennzeichen der biologischen wie der gesellschaftlichen Entwicklung ist. In diesem Prozeß, ob es sich nun um eine soziologische oder eine psychoanalytische Untersuchung handelt, ist es immer notwendig, an einem bestimmten Punkt eine Grenze zu ziehen, die andere, an sich nicht merklich weniger sinnvolle oder notwendige Gesichtspunkte ausschließt. Das Helfer-Syndrom in der Politik bzw. in anderen «helfenden Berufen» grenze ich hier aus, während ich die Frage nach den Kriterien für den Schweregrad des Syndroms noch kurz aufgreifen möchte. Ich halte es aber für notwendig, die Antwort auf diese Frage von einer anderen Thematik zu trennen, ob nämlich ein Helfer-Syndrom in jedem Fall die Leistungsfähigkeit des Helfers beeinträchtigt, d. h. ob nicht geringere Grade dieses Syndroms geradezu notwendig sind, damit überhaupt eine altruistische Lebenseinstellung zustande kommt.

Damit begeben wir uns in einen Bereich, in dem eindeutige Antworten noch nie zu finden waren – in das Gebiet der Frage nach der menschlichen «Natur» und nach den Einflüssen der «Kultur» auf diese «Natur». Ist Altruismus, Sorge für andere, ein Grundmerkmal unserer Natur oder die kulturell erzwungene Sublimierung einer primär egoistischen und aggressiven Tierhaftigkeit? Die individuelle menschliche Persönlichkeit entsteht aus einem Interaktionsgeschehen von Anlagen und psychosozialer Umwelt. «Menschliche Natur» ist eine Fiktion, wenn sie statisch gesehen wird, etwa um «ewige» Moralgesetze aus ihr abzuleiten. Vielmehr ist der Mensch von Natur aus, seinen biologischen Anlagen nach, ein Kulturwesen. Er braucht, um Mensch zu werden, die Verinnerlichung eines kulturell bestimmten Symbolsystems, das seine «Natur» überformt. Andererseits ist seine Aufnahmefähigkeit nicht unbegrenzt. Die menschliche Sozialisation kann nur in bestimmten Schritten ablaufen, die nicht ohne Schaden übersprungen werden können. Die Möglichkeiten einer Einflußnahme sind, vor allem im Erwachsenenalter, nach einer unglücklich verlaufenen Kindheit relativ begrenzt. Die Bestimmung des Menschen als eines Wesens, das durch Arbeit seine Umwelt und sich selbst erschafft und daher nichts mehr mit biologischen Naturgesetzen zu tun hat, ist falsch. Ebenso falsch ist die Annahme, gesellschaftliche Entwicklungen ließen sich durch biologisch faßbare Triebe erklären. Das zeigen gerade die Psychoanalyse und die von ihr angeregte Erforschung der frühen Kindheit.

Ich spüre die Gefahr, Bekanntes zu wiederholen. Halten wir fest, daß es Grenzen der Anpassung gibt, die biologisch festgelegt, aber sehr von individuellen Entwicklungsbedingungen abhängig sind (der eine Mensch wird weitgehende Sexualverdrängung ohne schwerwiegende neurotische Folgen ertragen, ein anderer nicht). Sicher gehört auch die soziale Bezogenheit zur biologischen Ausrüstung unserer Gattung, der Primaten: als Instinktgrundlage der Mutter-Kind-Bindung, als «Kameradschaft» zwischen erwachsenen Geschwistern, als instinktiv ausgelöste Kampfreaktion, wenn ein Raubtier die Gruppe angreift. Genauso deutlich sind die Unterschiede. Dem Beobachter scheint das altruistische Verhalten von Menschenaffen durchweg gefühlsgetragen und spontan (wie die Gruppenverteidigung) oder instinktiv-automatisch. Das kulturbestimmte Element der Planung fehlt, desgleichen die Arbeitsteilung oder auch die Aufspaltung einer Beziehung zwischen Erwachsenen in eine progressive und eine regressive Rolle. Wenn wir evolutionstheoretisch denken, können wir mit großer Sicherheit annehmen, daß unser altruistisches Verhalten nicht ausschließlich auf Sublimierungen von Aggression beruht, wie es das klassische, klinisch orientierte Modell der Psychoanalyse behauptet. Doch wenn wir menschliches Verhalten unter dem Gesichtspunkt des Konflikts betrachten, werden die Helfer-Verhaltensweisen in den Mittelpunkt rücken, die zur Sublimierung von Aggression und zur indirekten Befriedigung eines ausgeprägten narzißtischen Mangels dienen.

Wir können davon ausgehen, daß in jedem Akt helfenden Verhaltens Komponenten «natürlicher» und «kultureller» Einflüsse nachweisbar sind. Selbst im ausgeprägtesten Helfer-Syndrom wirkt noch spontane, gefühlsgetragene, im Dienst des Ichs stehende Hilfsbereitschaft neben den Mechanismen des HS. Andererseits wird kein wirksames Helfer-Verhalten in einer menschlichen Gesellschaft sich auf die spontane, «animalische», d. h. unseren Primaten-Erbanlagen entspringende Hilfsbereitschaft und mitmenschliche («brüderliche und schwesterliche») Bezogenheit allein stützen. Immer gehen Über-Ich-Bestandteile in dieses Verhalten ein. In dem großen Bereich konfliktfreien menschlichen Verhaltens fallen Über-Ich, Ich und Es ohnehin zusammen, sind nicht als getrennte Instanzen wahrnehmbar, sondern als synergetisch wirksame Teile eines sinnvollen Ablaufs von normativen Identifizierungen, realitätsorientierten Leistungen und emotional bestimmter Wunschbefriedigung. Dieser harmonische Ablauf ist gestört, sobald ein Teil des seelischen Apparats auf Kosten anderer Teile überentwickelt ist, ähnlich wie die Bewegungsabläufe eines einseitig trainierten Athleten disharmonisch werden. Der HS-Helfer wird dort nützliche und sinnvolle Arbeit leisten, wo er sein Helfer-Syndrom in den Dienst seines Ichs stellen und sich von ihm distanzieren kann. Wo er dazu nicht in der Lage ist, wird er Energie vergeuden und gelegentlich auch Schaden anrichten, wie es vor allem für die Helfer-Institutionen zutrifft, in denen sich die HS-Merkmale ungemildert potenzieren.

Prophylaxe und Therapie eines Helfer-Syndroms haben demnach das Ziel, altruistisches Verhalten nicht durch Über-Ich-Identifizierung zu erzwingen, sondern es in den Dienst des Ichs zu stellen. Dieses abstrakte Programm läßt sich an den charakteristischen Merkmalen des HS konkretisieren.

1. *Das abgelehnte Kind.* Leicht geschrieben, aber schwer getan und oft unmöglich zu bewerkstelligen: Die Bezugspersonen eines Kindes sollten in der Lage sein, sich diesem von Geburt an einfühlend zuzuwenden, nicht jederzeit, aber doch in ausreichendem Maß. Diese Grundlage ist weit wichtiger als alle spezifischen Erziehungsregeln, Verbote und Gebote, die sich vorwiegend an das Über-Ich der Eltern wenden und daher oft deren Einfühlungsfähigkeit vermindern. (Daher sollte der Erziehungsberater, den Mutter oder Vater fragen: «Was soll ich nur tun, wenn mein Kind...?», nicht durch Ratschläge die Über-Ich-Identifizierung der Eltern verstärken, sondern versuchen, die Gründe für das Versagen ihrer Einfühlungsfähigkeit aufzudecken und möglichst zu beheben.)

Angemessene «Erziehung zur Erziehung»[1] kann die Einfühlungsfähigkeit der Eltern naturgemäß unterstützen und irrige

1 Materialien zu diesem Thema in Vorgänge Nr. 3/1973 und 5/1973, wo

Vorstellungen über die Bedürfnisse eines Kindes beseitigen. Die häufig für Gefühle im Bereich des «abgelehnten Kindes» verantwortlichen, realitätsfremden Ideale von früher Sauberkeit, Ordnung, Wunschverzicht, Fleiß, von Selbständigkeit, sportlicher Tüchtigkeit, Religiosität, künstlerischen Talenten und Altruismus, die Horst-Eberhard Richter als «narzißtische Projektionen auf das Kind» beschrieben hat,[1] lassen sich wegen ihrer Unbewußtheit weit schwieriger erfassen. Sie schränken die Einfühlungsfähigkeit erheblich ein. Solche unbewußten, unreflektierten Idealvorstellungen vom «richtigen» Verhalten des Kindes (denen die Ablehnung weiter Erlebnisbereiche des realen Kindes entspricht) können kaum durch rationale Aufklärung bewältigt werden, wie sie Erziehungsbücher oder Zeitschriften oder auch die übliche, kognitive Arbeit in den Volkshochschulen vermitteln. Dazu wäre eine auch auf die Einsicht in die unbewußten Ideale der eigenen Sozialisation bezogene Elternarbeit notwendig (z. B. in Elterngruppen, in denen eine Verbindung von Erziehungsberatung und Selbsterfahrung angestrebt wird).

Die individuellen Sozialisationsbedingungen spiegeln die gesellschaftliche Situation wider, in der Lebensfeindlichkeit, Umweltzerstörung, sinnlose Konkurrenz und Angst vielfach dominieren. Die Ablehnung, welche die Eltern dem Kind entgegenbringen, das nicht ihrem Leistungsideal entspricht, läßt sich stets nur zum Teil als neurotische Phantasie auflösen. Zum anderen Teil entspricht sie einer gesellschaftlichen Wirklichkeit und kann nur zusammen mit dieser verändert werden. Solche Veränderungen betreffen nicht nur die ökonomische Ungerechtigkeit, sondern auch den Bereich des «Sexismus», d. h. der Beeinträchtigung von Frauen und Männern durch eine patriarchalische Polarisierung der Geschlechterrollen. Knaben werden z. B. abgelehnt, wenn sie sich «weich», gefühlvoll, hingebungsbereit, ängstlich zeigen, wenn sie sich für Kochen und Puppen interessieren. Mädchen werden abgelehnt, wenn sie rational,

Mitglieder des Arbeitskreises «Erziehung zur Erziehung» der Humanistischen Union berichten.

1 H.-E. Richter, Eltern, Kind und Neurose, Stuttgart 1963

kontrolliert, aggressiv, durchsetzungsbewußt, eigenständig usw. sind. Weite Bereiche der ursprünglichen Gefühls- und Vertrauensvielfalt des Kindes werden auf diese Weise von der Persönlichkeitsentwicklung ausgeschlossen. Die Einfühlungsfähigkeit in Personen des anderen Geschlechts erleidet schwere Einbußen und mit ihr die Fähigkeit, gleichberechtigte und gegenseitige Beziehungen herzustellen.

2. *Die Identifizierung mit dem Über-Ich und Ich-Ideal*. Der HS-Helfer hilft anderen, um seine eigenen Gefühle und Bedürfnisse nicht wahrzunehmen. Er bekämpft durch sein Verhalten seine Unfähigkeit, etwas für sich zu tun. Er füllt eine innere Leere aus, die durch die Angst vor spontanen Gefühlen entstanden ist und sich auf die unbewußte, archaische Wut aus dem Bereich des abgelehnten Kindes zurückführen läßt. Die Über-Ich- und Ich-Ideal-Identifizierung geben seinem Helfen den Charakter des Zwanges. Sie machen es unfroh, aber zuverlässig, mürrisch, aber aufopfernd, unbarmherzig gegen das eigene Selbst und pflichtbewußt gegenüber den anderen. Die wesentlichsten vorbeugenden Einflüsse wurden oben besprochen. Wenn sich das Kind von den Eltern akzeptiert fühlt (und dies wird nur da eintreten, wo die Eltern sich in das Kind einfühlen können), dann fügen sich Über-Ich, Ich-Ideal und Ich zu einer Einheit zusammen. In den Bereichen, wo das nicht der Fall ist, entstehen Konflikte, sind Triebdurchbrüche und/oder starre Über-Ich-Positionen zu erwarten.

Doch sind vorbeugend-therapeutische Maßnahmen auch noch in späteren Perioden möglich. Ich denke hier vor allem an die Ausbildung in den Helfer-Berufen. Sie kann die Gefühle, abgelehnt zu werden und nur durch eine starre Über-Ich-Identifizierung bestehen zu können, weiter verstärken oder mildern. Sehr häufig ist die Ausbildung eher geeignet, ein Helfer-Syndrom auszubauen und es mit «rationalen» Begründungen zu versehen, statt es abzubauen. Den Helfern wird beigebracht, sich schlecht und minderwertig zu fühlen, wenn sie strengen, überfordernden Normen hinsichtlich steter Einsatzbereitschaft, Freundlichkeit, Akzeptanz, Umsicht, Überblick, Zurückhaltung, Pünktlichkeit usw. nicht genügen. Sie lernen, daß Fehler in ihrer Hilfeleistung etwas Schreckliches sind, das zu schlimmen Folgen führt. So wird eine bereits bestehende Über-Ich-Identifizierung verstärkt. Die Folge ist die starre, oft wenig einfühlsame, an «richtig» und «falsch» orientierte Haltung des HS-Helfers, der seine Emotionalität und Kreativität darüber verliert, es stets richtig und allen recht zu machen.

Die Ausbildung an einer Klinik, einer Krankenschwesternschule, einer Fachhochschule für Sozialarbeit oder einer pädagogischen Hochschule (bzw. im pädagogischen Seminar) könnte auf diese Gefahr Rücksicht nehmen, indem sie Elemente der emotionalen Erziehung und Selbsterfahrung einbezieht. Der Bedarf für Selbsterfahrung, Kreativitätsübungen, Rollenspiel, für die verschiedensten Formen gruppendynamischer Übungen wird in den Ausbildungsstätten der sozialen Berufe in keiner Weise gedeckt. Da die Dozenten meist selbst diese Verfahren nur aus Büchern kennen und höchst unvollständige Vorstellungen von ihnen haben, mißraten Versuche gründlich, ohne Ausbildung gruppendynamisch und emotionsbezogen zu arbeiten. Andererseits geraten die gruppendynamischen Lehrformen in die Gefahr, ihren Bezug zur praktischen Sozialarbeit, zur Schule oder zur ärztlichen Tätigkeit zu verlieren, wenn sie sich auf schöne, entlastende Erlebnisse beschränken. Eine engere Zusammenarbeit zwischen den gruppendynamischen Institutionen[1] und den Ausbildungsstätten für Helfer wäre hier sehr nützlich. In ihr könnte ein eigenständiges, selbsterfahrungs- und emotionsbezogenes Ausbildungsprogramm erarbeitet werden, das sich gezielt mit der psychohygienischen Vorbereitung und Überwachung der Tätigkeit in den sozialen Berufen befaßt.

«Ich hatte eine Menge Klienten, die mich zu jeder Tag- und Nacht-Zeit anriefen, und ich mußte die Feuerwehr spielen. Manchmal war ich ganz fertig und wütend, weil ich merkte, daß

1 Z. B. Deutscher Arbeitskreis für Gruppendynamik und Gruppentherapie (DAGG), Workshop Institute of Living Learning (WILL-Europa), Gesellschaft für analytische Gruppendynamik (GaG), Fritz-Perls-Institute (FPI)

es eigentlich gar nicht nötig gewesen wäre, mich gleich einzusetzen. Ich kam mir ausgenutzt vor, aber ich konnte einfach nicht nein sagen. Daran waren auch die ständigen Schuldgefühle beteiligt. Ich konnte nie alles so gut schaffen, wie ich dachte, daß es sein muß. Und ich verstand allmählich manche total resignierten älteren Kolleginnen, obwohl ich mir anfangs geschworen hatte: so wie die wirst du nie! Aber ich werde heute noch wütend, wenn ich daran denke, wie sie uns das in der Ausbildung beigebracht haben: die höchsten Ansprüche an uns zu stellen, immer mit so Regeln und Forderungen, wo du überhaupt nicht weißt, ob du das jemals bringen kannst. Alles war abstrakt, und keiner hat uns je gesagt, was wir machen sollen, wenn wir selber mit unseren Gefühlen nicht mehr zurechtkommen – das durfte es einfach nicht geben, das existierte gar nicht. Mit der Ausbildung hier hat sich das ganz stark geändert. Erst kamen mir die Selbsterfahrungsgruppen sehr fremd vor, sowenig aktiv, die Leiter so distanziert. Aber ich habe allmählich gelernt, nicht mehr irgendwelchen Idealen nachzujagen, die ich nie erfüllen kann. Ich habe gelernt, nein zu sagen, das tue ich jetzt ganz nachdrücklich, und auf einmal kommen meine Klienten auch dann zurecht, wenn sie nicht nachts bei mir anrufen dürfen. Es geht ihnen sogar besser, und ich fühle mich wohl dabei. Ich glaube, ich habe gelernt, egoistischer zu sein, mehr an mich zu denken, vielleicht auch: mich mehr zu akzeptieren, und seither kann ich mich auch viel besser den Klienten wirklich zuwenden und mich auf sie einstellen» (Bericht eines 32jährigen Sozialarbeiters über Erfahrungen mit einer Zusatzausbildung in Gruppendynamik und Soziotherapie).

Die Ausbildungserfahrungen in der GaG, die mir am besten bekannt sind (andere gruppendynamische Fachorganisationen stellen ähnliche Anforderungen, verzichten aber oft auf die m. E. schwer ersetzbare Einzel-Selbsterfahrung), zeigen einen Bedarf von rund 300 Stunden Selbsterfahrung (125 einzeln, 200 in einer Kurz- und einer Langzeitgruppe), verbunden mit ebenso vielen Stunden theoretischer Ausbildung und Anleitung unter Supervision. Dieses Programm läßt sich nicht in die (Fach-)Hochschulausbildung einfügen, die für die meisten sozialen Berufe erforderlich ist. Doch wäre sicherlich bereits eine das ganze Studium (Theorie und Praxis!) begleitende Selbsterfahrungsgruppe unter fachkundiger Leitung eine große Hilfe, um persönlichkeitsbedingten Schwierigkeiten in der Praxis des Helfens zu begegnen. Weiterhin sollten alle Helfer-Institutionen von den Möglichkeiten der (Gruppen-)Supervision Gebrauch machen.

3. *Die fehlende Gegenseitigkeit in Beziehungen.* Für den HS-Helfer ist charakteristisch, daß er seine privaten Kontakte nach dem Vorbild einer Helfer-Schützling-Beziehung gestaltet (manche HS-Helfer entfalten das Syndrom nur in ihren persönlichen Beziehungen und üben einen ganz neutralen Beruf aus). Einen interessanten prophylaktischen Einfall, den man auch den analytisch ausgebildeten Psychotherapeuten wünschen möchte, haben hier Anita und Karl Herbert Mandel entwickelt. Sie forderten an dem Münchener Institut für Forschung und Ausbildung in Kommunikationstherapie für angehende Ehetherapeuten und Eheberater eine Ausbildungseinheit «Selbsterfahrung zusammen mit dem Lebenspartner»[1]. Ein anderes Mittel ist es, in die praxisbegleitende Supervision, die bei allen helfenden Berufen das wichtigste Stück der Ausbildung ausmacht (bisher ist sie vor allem in den Kontrollstunden der Psychotherapeuten, in der klinischen Ausbildung der Ärzte und in der Seminarzeit der Lehrer in Ansätzen verwirklicht, während Krankenschwestern und viele andere auf Zufall und eigene Initiative angewiesen sind), auch persönliche Probleme einzubeziehen. Das setzt freilich erhebliche Veränderungen gesellschaftlicher Einstellungen voraus.

Jedem Psychoanalytiker ist klar, daß er nur dann angemessen arbeiten kann, wenn sein Privatleben nicht von unverarbeiteten Konflikten bestimmt ist. Die Unbewußtheit dieser Konflikte ist wahrscheinlich wichtiger als ihr Schweregrad. Vermutlich kann ein Analytiker, der seine Ehe starr idealisiert, viel schlechter mit Partnerproblemen seiner Klienten umgehen als einer, der Kon-

1 K. H. Mandel, Lehrpläne des Instituts für Forschung und Ausbildung in Kommunikationstherapie, in: Partnerberatung 13, S. 80, 1976

flikte offen austrägt. Unbewußte Konflikte, wie sie durch die Verleugnung des Problems der Gegenseitigkeit (z. B. der Abwechslung von Progression und Regression bei beiden Partnern) entstehen, werden die Einfühlungsfähigkeit und damit die Wirkungsmöglichkeiten jedes Helfers vermindern, ob er nun Psychotherapeut, Erziehungs- und Eheberater, Arzt, Lehrer oder Sozialarbeiter ist. Eine strenge Trennung von Berufsarbeit und Privatleben ist in den helfenden Berufen verfehlt, wenn sie Abwehr-Charakter hat. Der Helfer sollte sich persönliche Ängste und Sorgen eingestehen, weil sie seine Leistung beeinträchtigen. Flucht in die Arbeit, verbunden mit einem deprimierenden Zustand des Privatlebens, ist für den HS-Helfer charakteristisch. Abhilfe ist erst möglich, wenn in diesen Fällen erkannt wird, daß in den helfenden Berufen eine langfristig wirkungsvolle Tätigkeit vielfach nur dann gewährleistet ist, wenn die Helfer außerhalb der Beziehungen zu ihren Klienten Möglichkeiten echter Gegenseitigkeit und des zeitweisen Aufgebens der progressiven Position haben. Die praxisbegleitende Supervision sollte deshalb diese Seite der Helfer-Persönlichkeit einbeziehen. Ich halte es aus diesem Grund für verfehlt, in den berufsbezogenen Selbsterfahrungsgruppen nach dem Balint-Modell persönliche Probleme der Mitglieder auszuklammern und auf der thematischen Eingrenzung beruflicher Fragen zu beharren. Gerade eine Verbindung von Selbsterfahrung in der Helfer-Rolle, Selbsterfahrung im persönlichen Bereich, Selbsterfahrung in der Helfer-Institution und Kontrolle des technischen Vorgehens sowie der Gegenübertragung kann die Gefahr vermindern, daß in der praxisbegleitenden Supervision Helfer-Syndrome unbeachtet bleiben oder gar durch uneinfühlsame, moralisierende Haltung den angehenden Helfern gegenüber verstärkt werden. Diese Gefahr droht vor allem, wenn der Supervisor selbst an einem Helfer-Syndrom leidet, wie ein mir bekannter prominenter Analytiker, der von seinen Kandidaten verlangte, täglich mindestens vierzehn Stunden tätig zu sein, an den Wochenenden zu arbeiten und sich von protestierenden Partnern oder Partnerinnen zu trennen.

4. *Die verborgene narzißtische Bedürftigkeit.* Die gesellschaft-

liche, in die Familien hineingetragene Abwertung narzißtischer Bedürfnisse ist die Wurzel vieler Kränkungen und Wunden des Selbstgefühls in den westlichen Kulturen. Noch in den Selbsterfahrungsgruppen psychologisch aufgeklärter Zeitgenossen finden sich Vorwürfe wie «Du sagst das nur, um Aufmerksamkeit zu erregen», «Du willst dich nur in den Vordergrund spielen», «Du spielst Theater» recht häufig. Manche Menschen (und nicht wenige HS-Helfer) erleben die offene Äußerung starker Gefühle grundsätzlich als ungerechtfertigten narzißtischen Anspruch, als aufdringliche Show, die jedermann lästig fällt. Solange Kinder darauf dressiert werden, ihre spontanen narzißtischen Bedürfnisse zu verleugnen, sich bescheiden zurückzuhalten und nur für diese Verleugnung Bestätigung zu erwarten, müssen wir mit den destruktiven Äußerungen eines nicht eingestandenen, verdeckt agierten narzißtischen Bedürfnisses rechnen. Verdeckte narzißtische Bedürftigkeit führt zu unklaren und unklärbaren zwischenmenschlichen Situationen, die durch doppelt gebundene Kommunikationen gekennzeichnet sind («ich tue alles für dich und verlange nichts für mich» auf der verbalen Ebene; «wehe, wenn du mir nicht in dankbarer Abhängigkeit ergeben bleibst» auf der nichtverbalen Ebene). Sie führt zu dem Versuch, durch indirekte Aggression, durch angebliche Verteidigung dritter Personen, durch Beharren auf rechthaberischen Idealen andere abzuwerten und damit das eigene Selbst zu erhöhen, ohne doch diesen Anspruch faßbar zu machen. Dabei werden Eltern, die sich ihre eigenen narzißtischen Bedürfnisse nicht eingestehen, ihre Kinder zu der gleichen Verleugnung und indirekten Äußerung dieser Bedürfnisse erziehen. Ebenso reproduzieren die Ausbilder von Helfern, die das Ideal der vermeintlichen bedürfnislosen Aufopferung für andere verkünden, in ihren Schülern das eigene Helfer-Syndrom.

Der Helfer muß ganz im Gegenteil lernen, den Charakter der Gegenseitigkeit in seiner Beziehung zu den Klienten wahrzunehmen und zu betonen. Er sollte die Abwehr erkennen, die in der Formel liegt: «Ich versuche ja nur, Ihnen zu helfen!» Der Vertrag zwischen ihm und dem Klienten muß deutlich formuliert werden. Umfang, Möglichkeiten, Art der Hilfeleistung, Ziele der Zusammenarbeit – sie alle sollten nicht durch unreflektierte Aufopferung kaschiert werden. Bleiben diese Punkte unklar, dann ist das Scheitern der Hilfeleistung nicht selten schon vorprogrammiert. Aufopferung des Helfers, hinter der versteckt ungeheure narzißtische Bedürfnisse lauern, auf der einen Seite; passive Erwartungen des Schützlings, der doch so viel Uneigennützigkeit nicht trauen kann und sie immer wieder auf die Probe stellt, auf der anderen Seite führen endlich doch zu einem Zusammenbruch der Interaktion. Aus ihm gehen beide Teile mit schlechtem Gewissen und noch schlechterem Selbstgefühl hervor.

Den ungünstigen Folgen versteckter narzißtischer Bedürftigkeit kann durch Selbst-Konfrontation des Helfers mit seinen narzißtischen Bedürfnissen begegnet werden. Diese Begegnung mit dem eigenen Selbstbild gehört, wie schon an anderen Stellen betont, in die Ausbildung und Weiterbildung des Helfers. Verräterische Signale unterdrückter oder verleugneter narzißtischer Bedürfnisse sind z. B. die Unfähigkeit, sich bei Lob und Anerkennung wirklich wohl zu fühlen, die Vermeidung klarer Absprachen über Leistung und Gegenleistung in Helfer-Interaktionen, undifferenzierte Hilfsangebote, Verleugnung der Aussichtslosigkeit mancher Maßnahmen, häufige Gefühle, in den eigenen Erwartungen an Dankbarkeit oder Sich-Bessern von Klienten enttäuscht zu werden, Angst und Zögern, Gegenleistungen von Klienten zu fordern (z. B. pünktliches Erscheinen, Einhalten von Vereinbarungen, Bezahlung von Rechnungen).

Ein überkompensierter, starrer Umgang mit diesem Problem liegt in den Forderungen begründet, niemals eine Zahlung für eine Behandlung zu stunden (im Extrem: sofortige Bezahlung nach jeder Stunde zu verlangen). HS-Helfer mit entsprechender Reaktionsbildung werden Klienten mit ungünstigen Erfolgsaussichten niemals annehmen («ich behandle *grundsätzlich* keine Suchtkranken und keine Perversionen»), um auf diese Weise zwanghaft den Austauschcharakter der Helfer-Interaktion zu erhalten (und in der Gegenübertragung eine Beziehung zu kalten, zwanghaft rationalen Eltern wiederherzustellen). Das zentrale Problem liegt hier darin, sich einerseits zu jedem Entgegenkommen bereit zu fühlen, das die Ich-Kräfte des Klienten stärkt und ihn ermutigt; andererseits aber innerlich frei zu sein, jede Hilfestellung abzulehnen (ohne Vorwurf, ohne strafende Untertöne in der nichtverbalen Kommunikation), sobald die eigenen Kräfte überfordert werden oder die Hilfeleistung den Klienten nicht stärkt, sondern schwächt, indem sie ihm eigene Aktivitäten erspart.

Ein Symbol für diese Beziehung ist die Art, in der ein Kind geführt wird. Ich kann ihm die Hand verweigern: Du mußt selbst wissen, was du tust. Ich kann es immer festhalten: Du weißt nicht, wohin du gehen mußt; ich weiß es. Ich kann ihm die Hand anbieten: Du kannst sie nehmen, wenn du sie brauchst, und loslassen, wenn du sie nicht brauchst. Und ich kann – das ist das Wichtigste von allem – das Kind fragen, was es will, und ihm sagen, was ich will. Manchmal ist es nämlich notwendig, ein Kind auch gegen seinen Willen festzuhalten, um es vor Gefahren zu bewahren, die es nicht kennt. Manchmal ist es schädlich, weil diese Gefahren nur in der Phantasie des Vaters vorhanden sind, der das Kind führt. So schafft sich jeder seine eigene, symbolische Welt, in der er lebt, in die er seine Kinder hineinführt und die mit der Realität, die uns allen gemeinsam begegnet, mehr oder auch weniger zu tun hat.

Das ist auch für den Psychoanalytiker (und manchmal gerade für ihn) gültig, der zusammen mit seinem Klienten die Welt des Unbewußten bereist, wobei unleugbar dieses Unbewußte durch die Interaktion beider geschaffen wird. Gerade bei seelisch sehr schwer gestörten Menschen ist das Gefühl des Therapeuten, ob die Gegenseitigkeit der Beziehung erhalten ist oder nicht, die einzige Richtschnur, ob eine Behandlung weitergeführt werden kann oder abgebrochen bzw. in anderen Formen (Medikamente, Klinikaufenthalt) fortgesetzt werden muß.[1] Daraus erklären sich auch die ganz unterschiedlichen Auffassungen der Psychotherapeuten, wie schwere Krankheitsbilder noch behan-

1 M. Balint, Therapeutische Aspekte der Regression, Stuttgart 1970

delt werden können und wie weit der Therapeut sein eigenes Leben mit dem des Patienten in Kontakt bringen kann.

5. *Die indirekte Aggression.* Die Hemmung direkter Aggressionsäußerungen, die bis zu der Unfähigkeit gehen kann, Wünsche anderer abzuschlagen oder sich gegen ungerechte Behandlung zur Wehr zu setzen, gehört zu den Folgen der Über-Ich-Identifizierung. Der HS-Helfer kann keine kleinen, realitätsbezogenen Aggressionen äußern, weil er sonst fürchtet, von der urtümlichen, großen Wut überschwemmt zu werden, die entstand, weil er sich als Kind abgelehnt und narzißtisch gekränkt fühlte. Aufgrund seiner Aggressionshemmung wird auch im späteren Leben diese Wut immer wieder verstärkt.

Ein jüngerer Psychologe, der als Fachschaftssprecher die Interessen der Studenten mutig vertreten und aggressiv durchgesetzt hatte, schildert in einer Analysestunde unter Tränen, daß er unfähig sei, für sich auch nur einen selbstverständlichen Wunsch anzumelden, wie z. B. die Leitung eines Seminars, für die er längst qualifiziert sei. Er müsse warten, bis man ihn auffordere. Andererseits spüre er, wie er durch Sticheleien und Besserwisserei andere kränke und so seine Aussichten verschlechtere.

Ein Soziologe, der bereits mehrere Aufsätze über Friedensforschung veröffentlicht hatte, kommt wegen seiner Arbeitslosigkeit in eine tiefe Depression. Dennoch sabotiert er durch indirekte Aggressionen jede Anstellung, die er finden kann, und wird meist noch während der Probezeit gekündigt, weil er wichtige Arbeiten unerledigt läßt, seine Vorgesetzten beleidigt usw.

Das Thema der indirekten Aggression von Helfern ist deshalb so wichtig, weil die Aggressionsverdrängung wie jede Verdrängung das Problem nicht löst, sondern verschärft. Der HS-Helfer, dessen Aggressionen nie richtig deutlich werden, ist letztlich dauernd latent aggressiv, mißmutig, mürrisch. Er wartet auf mögliche Auslöser für seine aggressiven Spannungen, richtet sie gegen die störenden Angehörigen der Klienten, gegen konkurrierende Helfer und vor allem gegen sich selbst, indem er depressiv verstimmt ist oder psychosomatisch erkrankt. Die Umwelt ist von Bedrohungen angefüllt, die seinen projizierten

Aggressionen entsprechen. Keiner will ihm wohl; jedes Versehen eines anderen ist gegen ihn gerichtet. Uneinfühlsames, kaltschnäuziges, versteckt sadistisches Verhalten von Helfern ist wahrscheinlich den meisten Menschen aus den Helfer-Institutionen (vor allem den Krankenhäusern) bekannt.

Einmal klemmte sich meine Frau zwei Finger schwer in einer Tür; die Nägel wurden abgezogen. Ich brachte sie mit der schmerzhaften Verletzung ins Krankenhaus. Die Ambulanzschwester nahm erst einmal die Personalien auf – nach einer Viertelstunde Wartezeit. Dann Röntgen: Die Röntgenärztin sagte: «Was wollen Sie, die Finger sind doch noch dran!» Wir warteten im Behandlungsraum. Ein Pfleger kommt herein: «Was suchen Sie denn hier? Das ist für Ärzte, warten Sie, bis Sie aufgerufen werden!» Auf meinen wiederholten Hinweis, ob meine Frau nicht behandelt werden könne, sagten die Ärzte regelmäßig: «Glauben Sie, uns macht das Spaß...» Oder aber: «Der vor Ihnen dran ist, hat auch Schmerzen.»

Solche Episoden verraten, wie sehr gerade in den Helfer-Institutionen die Einfühlungsfähigkeit schwindet und latenter Sadismus bemerkbar wird. Eine typische Formel ist: «Es gibt Schlimmeres» («Die Finger sind noch dran!»). Sie drückt aus, daß die altruistische Einstellung den allerschwersten Fällen vorbehalten wird, während die leichteren (ähnlich den «störenden Angehörigen») Ziel der indirekten Aggressionen werden. In Helfer-Institutionen kommt hinzu, daß die Aggression (z. B. einen Patienten unnötig warten zu lassen) durch die Normen der Bürokratie rationalisiert werden kann.

Die Möglichkeiten einer Abhilfe sind beim Individuum in einer praxisbegleitenden Selbsterfahrung zu suchen. Bei der Institution liegen sie in einer ständigen Überlegung der eigenen Aufgaben und einer Konfrontation mit dem eigenen Anspruch, der sooft von der Bürokratie überwuchert wird (ein Krankenhaus ist für Kranke da, nicht für die Verwaltung, die Schwestern, die Ärzte). Wahrscheinlich werden die indirekte Aggression und der latente Sadismus in den Helfer-Institutionen erst dann vermindert werden können, wenn eine offene Auseinandersetzung zwischen Klienten und Helfern, z. B. zwischen Patienten,

Pflegepersonal, Verwaltung und ärztlicher Leitung möglich ist. In den «totalen Institutionen», den Nervenkrankenhäusern, die am meisten unter diesen Formen indirekter Aggression zu leiden haben, sind die Veränderungsversuche ebenfalls am weitesten entwickelt. Ich denke hier vor allem an die Versuche mit der «therapeutischen Gemeinschaft», in der eine Großgruppe aus Patienten, Pflegepersonal, Ärzten und Verwaltungsangestellten regelmäßig die gemeinsamen Probleme bespricht und in gemeinsamer Entscheidung zu lösen sucht. Diese Formen der Demokratisierung gelten heute noch vielfach als Experimente der progressivsten Sozialpsychiater.[1] Mir scheint eine Demokratisierung der Krankenhäuser und der anderen Helfer-Institutionen (z. B. der Sozialämter, der Heime und Waisenhäuser, der Jugend- und Vormundschaftsbehörden) die einzige Möglichkeit, der wuchernden Bürokratie und den mit ihr verknüpften indirekten Aggressionen Einhalt zu gebieten. Dieselbe Demokratisierung und Mitbestimmung wären sicher auch in den Ausbildungsinstitutionen der Helfer ein wichtiges Mittel, um indirekten Aggressionen vorzubeugen und die unerläßliche Fähigkeit zur unmittelbaren, ehrlichen Auseinandersetzung zu schulen. Indirekte Aggression ist ja zunächst eine Waffe der Unterdrückten, die freilich meist beibehalten wird, auch wenn sich die äußere Unterdrückung längst in eine innere Unterdrückung durch das eigene Über-Ich verwandelt hat.

Freilich werden auch die Mitglieder solcher Gruppen nicht um eine Auseinandersetzung mit den eigenen Motiven herumkommen. Sie sind dafür erheblich offener und geeigneter als die von hierarchischen Zwängen bestimmten Helfer-Institutionen, in denen die eigene Kreativität so eingeschränkt ist, daß Ansätze zur Selbst-Reflexion und Selbst-Veränderung unschwer wegargumentiert werden können. Es ist zu vermuten, daß auch in Initiativgruppen das Helfer-Syndrom einen wesentlichen Einfluß gewinnen kann. Dann werden nicht (oder nicht nur) spon-

1 E. Wulff, Psychiatrie und Klassengesellschaft, Frankfurt 1972, darin «Über den Aufbau einer therapeutischen Gemeinschaft», S. 214f. Vergleiche auch F. Basaglia, Die negierte Institution, Frankfurt 1973.

tane, emotionale Bedürfnisse nach unmittelbarer, kreativer Sozialarbeit befriedigt, sondern Schuldgefühle beschwichtigt oder eine durch die Schwierigkeiten in der Partnerbeziehung veranlaßte Unruhe hektisch in immer neue Arbeitsbereiche hineingetragen. Ich habe in zwei «Kinderläden» verfolgt, wie die Zusammenarbeit durch das HS dominierender Mitglieder beeinträchtigt wurde, die mit großer Intoleranz und intellektueller Beredsamkeit ihre pädagogischen Vorstellungen durchsetzen wollten und jede Einfühlung in die Schwierigkeiten anderer Eltern darüber verloren.

6. *Die «strukturelle Gewalt» und die Vorbeugung des Helfer-Syndroms.* Obwohl ich mich auf die psychoanalytischen Aspekte des Helfer-Syndroms konzentrieren will, beeinflussen einige gesellschaftliche Faktoren dieses Syndrom so stark, daß ich sie nicht unerwähnt lassen kann. Die Entwicklung der menschlichen Gesellschaften hat relativ spät nach evolutionstheoretischen Zeitbegriffen (etwa ein Prozent der Gesamtentwicklung von Homo), relativ früh nach historischen Zeitbegriffen (d. h. fast von Beginn der Geschichtsschreibung an, die ja eine arbeitsteilige, schriftkundige Gesellschaft voraussetzt) eine spezifische Form der innerartlichen Konkurrenz ausgebildet. Durch sie wurden die Aggressivität einer Gesellschaft nach außen und die Ausbeutung nach innen durch Wachstumserfolge belohnt. Kulturen mit aggressiven und ausbeuterischen Normen setzten sich eher durch. Sie zwangen konkurrierende Gesellschaften, diese Normen zu übernehmen oder unterzugehen. Der Marxismus hat die ökonomischen Bedingungen dieser Entwicklung aufgezeigt, doch scheint sein Ansatz nicht auszureichen. Die sozialistischen Länder, die sich an den Gedanken von Marx orientieren, sind ihrerseits uneinig, rivalisierend und ausbeuterisch. Das kann daran liegen, daß die marxistischen Vorstellungen vom menschlichen Zusammenleben noch nirgends vollständig verwirklicht sind, wodurch sich die Frage stellt: Sind sie denn realisierbar? Hier spielt es wohl eine Rolle, daß der Marxismus keine Tiefenpsychologie hat und daher einem sehr unvollständigen, rationalistischen Menschenbild huldigt, das der Realität einfach nicht entspricht. Weiter vernachlässigt er eine von

den Feministinnen aufgezeigte Dimension der Rivalität, die patriarchalische Ausbeutung der Frau durch den Mann. Wegen ihres rationalistischen Menschenbildes sind Marxisten (ähnlich wie manche Feministinnen) häufig nicht in der Lage, zwischen bewußter, geplanter Ausbeutung und einem unbewußten Wiederholungszwang zu unterscheiden, in dem Ausbeuter wie Ausgebeutete Opfer ihrer während der Kindheit aufgenommenen Identifizierungen sind, beide gleichermaßen unbefriedigt, unglücklich, durch sadomasochistische Über-Ich-Positionen geschädigt und eingeschränkt.

Die Über-Ich-Identifizierung des Helfer-Syndroms ist demnach eine Sonderform der lebens- und lustfeindlichen Identifizierungen, in die eine längst selbstzerstörerisch gewordene Wachstumskonkurrenz die menschlichen Gesellschaften hineindrängte. Wir sehen heute, daß diese Wachstumskonkurrenz die Umwelt zerstört, die nicht-industriellen Kulturen vernichtet, durch eine sich ständig steigernde Verschmutzung von Wasser, Luft und Erde das Überleben unserer Enkelkinder bedroht. Ich halte es jedoch für eine entlastende, das Verständnis für diese Entwicklung verstellende Sündenbockprojektion, die Ursachen allein in der «kapitalistischen Klasse» oder in «den Männern» zu suchen, wie es im Marxismus oder Feminismus gelegentlich geschieht. Ausbeutung, Konkurrenz und Destruktion sind Folgen der kulturellen Evolution des Menschen selbst, und erst ein umfassendes Verständnis dieses Entwicklungsprozesses (für das Marxismus, Feminismus, Psychoanalyse und Evolutionsforschung die augenblicklich wichtigsten, erkennbaren Bausteine sind) wird es ermöglichen, die Kulturentwicklung auch zu steuern.[1]

Zweifellos dient das HS auch dazu, die strukturelle Gewalt in

1 Vgl. dazu W. Schmidbauer, Biologie und Ideologie – Kritik der Humanethologie, Hamburg 1973, sowie Ders., Vom Es und Ich, Evolution und Psychoanalyse, München 1975. Ich nehme an, daß alle Ansätze hier unvollständig sein müssen, weil sie sich in einem Spannungsfeld von Übertragungen und Gegenübertragungen abspielen, das wir erst ansatzweise durchschauen, vgl. G. Devereux, Angst und Methode in den Verhaltenswissenschaften, München 1973. Jede Theorie wird in

der heutigen Industriegesellschaft zu erhalten. Gerade das Verhalten in den HS-Institutionen ist hier ein wichtiger Hinweis. Die Über-Ich-Identifizierungen, durch die jede Veränderung ungeprüft als bedrohlich und angsteinflößend erlebt wird, ist der psychodynamische Hintergrund der destruktiv konservativen Position in der Gesellschaft (wie sie sich etwa in der grotesken Gesinnungsschnüffelei zur Abweisung «Radikaler» aus dem Staatsdienst ausdrückt, für die es inzwischen in Westdeutschland zahlreiche Berichte gibt). Andererseits ist die Über-Ich-Identifizierung auch der Hintergrund jener (destruktiv) «progressiven» oder «revolutionären» Position, die durch ihre Blindheit für wirkliche Veränderungsmöglichkeiten der destruktiv konservativen Position in die Hände arbeitet. Das HS wird den Helfer dazu führen, seine Arbeit als Selbstzweck anzusehen, die ihren Wert in sich trägt und überhaupt nicht auf ihre gesellschaftliche Bedeutung und ihren inneren Sinn laufend überprüft werden muß. Daher ist der HS-Helfer auch blind für Helfer- und Retter-Spiele, in denen Hilfe zu einem sinnleeren Wiederholungszwang wird, durch den sich nichts ändert.[1]

Hängt das Helfer-Syndrom mit spezifischen Merkmalen einer geschlechtsgebundenen Sozialisation zusammen? Meinem Eindruck nach ist das HS bei beiden Geschlechtern etwa gleich häufig vertreten, fällt jedoch bei Frauen weniger auf, da Rücksicht auf andere, fürsorgliches, beschützendes Verhalten, Zurückstellung eigener Bedürfnisse, passive narzißtische Bedürftigkeit und indirekte Aggressionsäußerung mehr zur weiblichen Rollenvorschrift in der bürgerlich und kleinbürgerlich geprägten Gesellschaft gehören. Allerdings beuten nicht selten männliche HS-Helfer die weiblichen HS-Helfer noch zusätzlich aus. Frauen

diesem Bereich an einem bestimmten Entwicklungspunkt zu ihrem eigenen Widerstand.

1 Eine Anekdote dazu ist die «Hilfe» prüder Missionare, die nackten Eingeborenen abgetragene europäische Kleider verschaffen, die nicht nur unästhetisch und unpraktisch für diese sind, sondern viele von ihnen schädigen, weil sie sich z. B. in nassen Lumpen leichter erkälten. Die Feuerländer im kalten Süden Amerikas sind nicht zuletzt aus diesem Grund ausgestorben.

erhalten weniger prestigeträchtige Stellungen und werden noch engstirniger und (bei Abweichungen) kränkender auf das Helfer-Rollenbild festgelegt als Männer.[1]

Da sich eine gestörte narzißtische Entwicklung meist in einer beeinträchtigten sexuellen Identität ausdrückt, lassen sich bei HS-Helfern äußerliche und innerseelische Zeichen dieser Unsicherheit beobachten. Die Frauen mit Helfer-Syndrom wirken manchmal «unweiblich», d. h. nüchtern, willensstark, wenig gefühlsbezogen; die Männer hingegen «unmännlich» (was sie gelegentlich durch einen Vollbart kompensieren), d. h. weich, passiv, in sexueller Hinsicht abwartend. Ich beziehe hier diese Klischeevorstellungen ein, weil sie manchmal nützliche Hinweise geben, vor allem im Bereich der gestörten Gegenseitigkeit von Beziehungen zwischen dem HS-Helfer und seiner sozialen Umwelt. Sinnvoll sind sie nur als Anregung zu einer genaueren Analyse, können sie aber nicht ersetzen.

1 Viele feministische Thesen, z. B. die, daß nur Frauen eine Frau verstehen bzw. psychotherapeutisch behandeln können, sind eine sehr verständliche Reaktion auf die männliche Dominanz und Verständnislosigkeit, die ja immer noch die Gesellschaft beherrschen. Für den Einzelfall ist freilich diese Argumentation nicht aufrechtzuerhalten; einige weibliche Therapeuten sind «patriarchalischer» als manche männlichen. Wie alle Sündenbockprojektionen enthält auch die feministische die Gefahr der sich selbst erfüllenden Prophezeiung: Eine Frau, die davon ausgeht, daß kein Mann sie versteht, wird wahrscheinlich nur auf Männer treffen, die ihre Ausgangsposition bestätigen.

10. Schluß: Der Ödipuskomplex einer Berufsmotivation

Soziales Helfen als Abwehr von Ängsten, von innerer Leere, von eigenen Wünschen und Bedürfnissen war unser Thema. Die psychoanalytische Untersuchung dieses Problems soll Beobachtungen anregen und Einsicht in lebensgeschichtliche, seelische Zusammenhänge fördern. Das Helfer-Syndrom ist für den Helfer selbst und für seine Klienten gleich ungünstig, solange es unbewußt bleibt und ohne weitere Überlegungen in Handlungen umgesetzt wird. Andererseits geht es nicht darum, «das Helfen madig zu machen», wie mir ein Teilnehmer an einem Seminar über das HS vorhielt. Das ist etwa so sinnvoll, wie anzunehmen, daß eine Liebesbeziehung durch die Analyse des Ödipuskomplexes madig gemacht werde. In solchen Einwänden wird die genauere Betrachtung eines Sachverhalts mit Ablehnung und Kritik gleichgesetzt. Die analytischen Einsichten werden nicht vom Ich verwendet, sondern vom Über-Ich mißbraucht.

Dann droht auch die Gefahr, daß genauere Kenntnis des Helfer-Syndroms nicht zu einem bewußteren Umgang mit Helfer-Situationen führt, sondern zu einer Reaktionsbildung gegen das eigene und fremde HS. Eine solche Reaktionsbildung äußert sich etwa darin, daß Helferverhalten grundsätzlich verpönt wird. Wiederum wird Einfühlung in eine Interaktion durch eine starre Regel ersetzt. Der «bekehrte» HS-Helfer erweitert nicht seinen Erlebnis- und Handlungsspielraum, indem er von schematischen Bewertungen abrückt und neue Verhaltensmöglichkeiten aufbaut, sondern ersetzt das alte Schema durch ein neues. Während er vorher die Selbständigkeit seines Klienten durch seine überbeschützende Sorge blockierte, verfährt er nun nach dem Rezept, die beste Methode, Schwimmen zu lehren, sei es, den Schüler ins Wasser zu werfen. Stützende Maßnahmen, Einfühlung, Fürsorge werden abgelehnt. Diese Reaktionsbildung paßt noch aus einem anderen Grund in die Dynamik des HS: Ohnehin fällt es dem HS-Helfer schwer, Befriedigung über seine Arbeit zu empfinden. Er sieht stets eher das nicht Erreichte, die Mängel. Daher gehen ihm Sätze wie die folgenden rasch von den Lippen: «Früher habe ich allen Leuten geholfen. Kaum war einer mit einem Problem da, rannte ich hinter ihm her, um ihm die Lösung zu finden. Das hat mir nichts gebracht und ihnen nichts. Jetzt denke ich: leckt mich doch am Arsch!» (38jähriger Krankenpfleger).

Mir scheint, daß ein realitätsbezogener Umgang mit dem eigenen HS darin liegt, zunächst einmal das Helfen als relativ günstige Bewältigung einer frühkindlichen narzißtischen Schädigung zu akzeptieren. Dann gilt es, unterscheiden zu lernen zwischen Helfen als Abwehr und Helfen als ich-gesteuerter Aktivität. Die über-ich-betonte Reaktion auf die Begegnung mit dem eigenen HS ist: «Ich habe es bisher falsch gemacht, ich muß damit aufhören, sag mir, wie ich es richtig mache, denn ich bin jetzt ganz blockiert!»

Eine ich-betonte Antwort sieht etwa so aus: «Bisher habe ich meine Lebensmöglichkeiten zu sehr auf das Helfen eingeengt. Ich kann versuchen, sie darüber hinaus zu erweitern. Hilf mir, meine Einschränkungen zu finden und neue Möglichkeiten zu entdecken.» Aus Über-Ich soll Ich werden – auf diese Umformung von Freuds Aussage[1] läßt sich die Veränderung des Helfer-Syndroms bringen. In ihr wird das Helfen nicht abgewertet

1 «Wo Es war, soll Ich werden», sagt Freud in: Die Zerlegung der psychischen Persönlichkeit; Neue Folge der Vorlesungen zur Einführung in die Psychoanalyse, Ges. Werke XV, S. 86. Eine umfassende Darstellung zum Thema «Aus Über-Ich soll Ich werden» findet sich bei J. Cremerius, Grenzen und Möglichkeiten der psychoanalytischen Behandlungstechnik bei Patienten mit Über-Ich-Störungen, in: Psyche 31 (1977), S. 593–636.

oder verächtlich gemacht, sondern als das befreit, was es sein kann: eine kreative, befriedigende, an Anregungen und Wachstumsmöglichkeiten reiche Tätigkeit.

Nachgedanken zum Helfer-Syndrom [1]

Es scheint mir sinnvoll, drei Jahre nach dem Erscheinen einige Ergänzungen an den «Hilflosen Helfern» anzubringen, die sich auf meine weitere Auseinandersetzung mit dem Thema beziehen. Diese Auseinandersetzung ist durch den Erfolg des Buches mitbestimmt, der auch dazu führte, daß ich zu zahlreichen Tagungen eingeladen wurde und dort mit den verschiedensten Lesern diskutieren konnte. Zudem machten mir ihre Kritiken auch die Mängel des Buches bewußter: seine psychologische Einseitigkeit, die dadurch entstand, daß ich die gesellschaftlichen Bedingungen der Arbeit in den helfenden Berufen nur am Rande einbezog, die Gefahr, Menschen in den sozialen Berufen zu entmutigen («ich habe ja nur ein Helfer-Syndrom»), endlich die noch größere Gefahr, durch einen neuen Begriff nur eine neue Erklärung, ein neues Schlagwort zu liefern, aber keinen Ansatz zur Veränderung.

Aus den Gesprächen mit Lesern ging für mich durchaus hervor, daß dieses Buch etwas verändern kann. Doch schienen mir diese Veränderungen einseitig. Der Helfer, welcher angefangen hat, seine Beweggründe genauer zu betrachten, schränkt den verselbständigten Ablauf ein, immer und überall zu helfen, zu belehren, die eigenen Bedürfnisse indirekt in der Wunscherfüllung für andere auszuleben. Er beginnt, sich öfter in die eigene Privatheit und Innerlichkeit zurückzuziehen. Er fängt unter Umständen an, sich selbst und seine Tätigkeit schlechtzuma-

1 Überarbeitete Fassung eines Vortrags auf dem ersten alternativen «Gesundheitstag», Berlin 1980

chen, er resigniert, gibt auf, tut als Job ab, was er früher heimlich oder offen als Dienst am Nächsten idealisierte. Es ist durchaus möglich, diese Reaktionsweisen psychoanalytisch zu deuten: Die lange abgewehrte Regression, die Rückkehr zur eigenen, urtümlich gebliebenen Wunschwelt, setzt sich übermächtig durch, wenn die Festlegung auf die progressive Position des stets Überlegenen, Leistungstüchtigen, Stützenden zusammenbricht. Der aus seiner etablierten Helfer-Rolle ausgebrochene Psychologe, Arzt oder Journalist löst die bisherige Identität scheinbar in den Gefühlsausbrüchen einer Primärtherapie[1] oder als hingerissener Hörer der Lesungen unter dem Zeltdach in Poona auf. Doch es dauert nicht lange, und er wird selbst zum Primärtherapeuten oder versucht, in orangefarbene Gewänder gekleidet, andere, müde gewordene Helfer vom Segen einer Reise nach Indien zu überzeugen.

Die Preisgabe von Teilen einer bisher nicht in Frage gestellten Abwehrstruktur ist sicherlich eine Möglichkeit, die Auseinandersetzung mit dem Helfer-Syndrom zu verarbeiten. Vielleicht tragen Aufbau und Inhalt des Buches in seiner bisherigen Form sogar dazu bei, denn das Augenmerk ist sehr stark von meiner eigenen, psychotherapeutischen und selbsterfahrungsorientierten Arbeit bestimmt. So mag es näher liegen, persönliche Konsequenzen zu ziehen, obwohl Hinweise auf die Veränderung der Helfer-Institutionen im Text durchaus vorhanden und in meinen eigenen Überlegungen immer wichtiger geworden sind.

Der Psychotherapeut als Über-Helfer

Der in einigen Diskussionen gestellten Frage: «Und wie steht es mit Ihrem Helfer-Syndrom, Herr Schmidbauer?» verdanke ich es, daß meine Überlegungen zu mir selbst nicht abgerissen sind.

1 Vergleiche Hans-Jörg Hemminger, Flucht in die Innenwelt, Frankfurt 1980. Eine lesenswerte Kritik der Urschreitherapie; freilich gelingt es Hemminger nicht, die Faszination, welche von der Primärtherapie ausgeht, aufzuklären, weil er jede soziologische Analyse vermeidet.

Der Psychotherapeut, den die Selbsterfahrung in seiner Technik mit seinen Motiven vertrauter gemacht hat und dazu führte, seine eigenen Möglichkeiten und Grenzen genauer zu erkennen, findet schließlich, daß er beim Thema der Hilfe für Helfer seine Allmachts- und Allwissenheitsvorstellungen wiederbelebt. Die Zeit, die er dem Helfer-Beruf und seiner gefährlichen Faszination abzutrotzen gelernt hat, geht ihm auf seinen Vortragsreisen als Über-Helfer wieder verloren; die Gegenseitigkeit der Beziehungen, die sich im Dialog mit seinen Klienten zu bewähren beginnt, löst sich in der Belehrung von Helfern wieder auf.

Was mich darüber hinaus nachdenklich stimmt, ist meine privilegierte Lage. Obschon als Nichtarzt von den Absicherungen des Klassensystems ausgeschlossen, ist es nicht sonderlich schwierig, mich als selbständiger Psychotherapeut für meine Zeit gut bezahlen zu lassen. Ich finde es ungerecht, wenn ich für die zwei Stunden pro Woche, in denen ich in einer Klinik für Drogenabhängige eine Balint-Gruppe der Therapeuten leite, etwa ein Drittel des Gehalts einer Krankenschwester bekomme, die in dieser Klinik 40 oder mehr Stunden pro Woche arbeitet. Das ist eine doppelte Ungerechtigkeit. Der länger ausgebildete und mit sozial anerkannteren Abwehrmechanismen (Helfer-Theorien) gerüstete Psychotherapeut wird nicht nur besser bezahlt, sondern leistet auch weniger in dem Sinn, daß er sich weniger anstrengt. Die therapeutisch tätige Krankenschwester lebt in einem ständigen Zwang, sich selbst zu beweisen. Sie muß aus ihrem Erfolg die narzißtische Bestätigung gewinnen, die dem akademisch ver- und ausgebildeten Therapeuten bereits aus seiner Stellung in der Institution zufließt. Der Arzt etwa hat viele Möglichkeiten, seinen Rückzug, seine Verweigerung, seine Abgrenzung hieb- und stichfest zu begründen. Diese Möglichkeiten fehlen den Krankenschwestern, während andererseits die Inanspruchnahme durch die Klienten nicht teilbar ist. Durchaus sinnvoll wird sie in der angesprochenen Einrichtung auch nicht geteilt: trotz sehr verschiedener Bezahlung treten Krankenschwestern, Sozialarbeiter, Psychologen und Ärzte den Klienten als gleichberechtigte Therapeuten gegenüber.

So gerät der Psychoanalytiker in Versuchung, sich als Über-Helfer zu verstehen, der anderen Helfern – Ärzten, Theologen, Krankenschwestern, Lehrern, Sozialarbeitern – in Balint-Gruppen oder ähnlichen Modellen berufsbezogener Selbsterfahrung unentbehrlich wird. Damit wird das Helfer-Syndrom zum Gegenstand eines weiteren Spezialisten, dessen Aufgabe es ist, seine eigene Berufsrolle um die entsprechenden Seiten zu ergänzen.

Professionalisierung als Verfestigung des Helfens als Abwehr

Damit würde die Schaffung eines neuen Aufgabenfeldes für Über-Helfer einen Vorgang widerspiegeln, der gerade das Helfer-Syndrom mitbestimmt. Gemeint ist die Verfestigung der ursprünglich vielfältigen Lebens- und Produktionsmöglichkeiten eines Menschen zu einem bestimmten Beruf, der immer ausgeübt wird. Der innere Zwang, eine narzißtische Kränkung der Kindheit ungeschehen zu machen, wiederholt nicht das ursprüngliche, vorübergehende Bedürfnis des Kindes. Er verfestigt ein früher zyklisches Geschehen zu einem linearen Standard, der gewissermaßen die verlorene Qualität durch eine ungeheure Steigerung der Quantität zu ersetzen sucht. Ein sehr vereinfachter Vergleich mag das anschaulicher machen. Wenn eine Frau Kindergärtnerin wird, weil sie in ihrer eigenen Kleinkindzeit in ihrer Neugieraktivität und in ihrem Bedürfnis nach Zuwendung zurückgewiesen wurde, so kann sie von nun an 40 Jahre damit beschäftigt sein, anderen Kindern das zu geben, was sie vielleicht zwei Jahre lang vermißt hat. Die von der Industriegesellschaft vielfältig angebotene Möglichkeit, das eigene Helfen zu verberuflichen, wird zu einem Komplizen der Charakterabwehr. Ich erkenne das aus eigenem Erleben daran, daß es mir oft leichter fällt, meinen Klienten eine Stunde lang zuzuhören und mich auf sie einzustellen, als das gleiche bei meinen Kindern oder meiner Frau zu tun. Das aus der Berufsarbeit gewonnene Prestige wiegt schwerer als die schlichte Gegenseitigkeit der intimen Beziehungen. Dieses Prestige hängt deutlich mit den Grundsätzen der Vermarktung von Dienstleistungen zusammen. Die Ware Zuwendung hat für den Psychotherapeuten einen schätzbaren Tauschwert. Subjektiv fühlt sich das so an: Es ist besser, erlaubter, sich mit voller Aufmerksamkeit für Geld einem Klienten zuzuwenden, als die kostbare Zeit für die Familie zu verschwenden. Ist es auch besser, als Über-Helfer auf Fortbildungstagungen zu reisen, als sich den eigenen Kindern so zuzuwenden, daß sie nicht ihre Mangelzustände später ebenfalls wieder in einen helfenden Beruf umsetzen?

Genug der Ironie. Jedenfalls scheint es mir fragwürdig (nicht verwerflich), durch eine weitere Arbeitsteilung einen Über-Helfer zu finden, ihn auszubilden und einzusetzen, um die sozialen Dienstleistungen von den unerwünschten Folgen des Helfer-Syndroms zu befreien. Letztlich mündet diese Frage wieder in die Auseinandersetzung darüber, ob kurzfristige Erleichterungen nicht deshalb gefährlich sind, weil sie langfristige Veränderungen aufhalten. Es gibt Fälle, in denen das relativ deutlich ist – es scheint beispielsweise in der Regel keine Hilfe für einen Alkoholiker oder Fixer zu sein, wenn man ihn mit genügend Schnaps oder Heroin versorgt. Ähnlich gibt es Psychotherapie-Kritiker, die eine Heilung der neurotischen Leiden der einzelnen für aussichtslos halten. Man müsse vielmehr die krankmachenden Strukturen der spätkapitalistischen Gesellschaft verändern. Ich habe zu Ernest Bornemann, als er diese Meinung in einer Diskussion vertrat, etwas spöttisch gesagt, obwohl Zahnkaries noch verbreiteter sei als Neurosen und sicherlich mit falschen Ernährungsgewohnheiten zusammenhänge, würde doch niemand fordern, die Zahnärzte abzuschaffen. Mir lag eine vermittelnde Haltung näher – das eine zu tun und das andere nicht zu lassen; die individuellen Leiden zu mildern, ohne die langfristige Perspektive aufzugeben. Nun ist es sicherlich ein Unterschied, ob ein Zahnarzt seinen Patienten saure Drops anbietet oder ob er versucht, ihre Ernährungsgewohnheiten so zu verändern, daß ihre Zähne länger gesund bleiben. Aber es ist nicht zu übersehen, daß die langfristige, vorbeugende, hygienische Perspektive den Grundprinzipien der Vermarktung von Dienstleistungen widerspricht und daher auch in unserem Medizinsystem mehr und mehr verschwindet. Der Zahnarzt wird für jede Füllung und jede Brücke bezahlt, die er anfertigt, während sein guter Rat nicht in die mehr und mehr Warencharakter annehmende Beziehung zu seinen Patienten paßt.

Die Arbeit an den neurotischen Leiden des einzelnen wird durch das Streben nach politischer Veränderung nicht sinnlos, sagen Psychotherapeuten, die überhaupt bereit sind, ihre Tätigkeit in ihrem Gesellschaftsbezug zu sehen. Und sie können hinzufügen (wie ich es zu tun pflege), daß persönliche, unaufgearbeitete Konflikte gerade dem politischen Engagement im Weg stehen, daß sie Solidarität und Zusammenarbeit behindern. Das klingt optimistisch, aber es stimmt mich heute skeptisch. Nicht, weil ich die Psychoanalyse für sinnlos halte – sie kann durchaus ein Mittel sein, stückweise eine innere Freiheit zu gewinnen, die vorher fehlte. Jedoch gibt der Therapeut, der seine Arbeit als Beitrag zu einer künftigen Gesellschaftsveränderung deklariert, genau jenem Teufel den kleinen Finger, dessen Macht er vermindern möchte. Seine Dienstleistung drückt auch jene Entwicklungsprozesse aus, durch die immer mehr Bereiche des menschlichen Zusammenlebens durch die Gesetze des Austauschs von Waren auf einem scheinbar freien Markt entstellt werden. Tatsächlich ist ja die Arbeit des Helfers sehr schwer von den Tätigkeiten zu unterscheiden, die früher durch Freundschaft, Verwandtschaft oder religiöse Überzeugung getragen wurden. Je intensiver die persönliche Beziehung zum Schützling wird, desto mehr Konflikte entstehen durch diese Vermischung von Warencharakter der grundlegenden sozialen Interaktion («du zahlst für meine Zeit und kaufst dafür meine Fertigkeit») und intensivem menschlichen Verhältnis («ich glaube, der Dr. S. mag mich nicht, wenn ich mich soviel beklage – ich muß so tun, als ob es mir besser geht, damit er sich mir zuwendet»... «seit ich die neue Lehrerin hab, macht mir Erdkunde Spaß»).

Ich glaube, daß die analytische Behandlung hier beispielhaft ist, weil sie aus dieser Vermengung von Warencharakter der Beziehung und naturwüchsigem Gefühl besondere Einflußmöglichkeiten gewinnt. Der Psychoanalytiker begrüßt es, wenn sein

Klient streckenweise die berufliche Seite der Beziehung nicht mehr wahrzunehmen scheint, sondern mit heftigen Gefühlen auf den Analytiker reagiert. Der Klient muß dann, wenn er die Beziehung zum Analytiker aufrechterhalten will, endlich akzeptieren, daß seine Gefühle auf eine «Übertragung» zurückzuführen sind. Das heißt, er muß die Vorherrschaft des Warencharakters in der Beziehung zum Analytiker akzeptieren. Tut er das nicht, verläßt er das, was der Chefdogmatiker analytischer Technik, Ralph Greenson[1], sinnigerweise das Arbeitsbündnis genannt hat, dann wird er einer Aufnahme in den analytischen Olymp als unwürdig erachtet und als unanalysierbar auf die Erde zurückgeschickt.

Während die Psychoanalyse in solchen Arbeitsformen durchaus die Grundsätze der bürgerlichen Gesellschaft[2] voraussetzt und in ihr Bild der Realität aufnimmt, überschreitet sie in anderer Hinsicht ebendiese Grundsätze. Sie verlangt, in dem durch das Arbeitsbündnis geschützten Rahmen Regression zuzulassen, urtümlichere, freie Erlebnisformen, die freilich überall die Prägung der verinnerlichten Werte dieser bürgerlichen Gesellschaft tragen. Es wäre möglich, diese Befreiung als besonderen Trick der Gesellschaft zu deuten – ähnlich dem Trick eines Gefängnisdirektors, der die Häftlinge eine Zeitung herausgeben und eine Schauspielbühne betreiben läßt, um sie von dem Gedanken an Revolte und Ausbruch abzulenken. Doch scheint es mir wahrscheinlicher, daß die moderne Industriegesellschaft mit ihren Wachstums- und Fortschrittszwängen so sehr an sich selbst zu leiden anfängt, daß sie gezwungen ist, Nischen zu erlauben, in denen ihre Werte zeitweise außer Kraft gesetzt werden können. Und ich glaube, daß sich Veränderungen dieser Gesellschaft am Rand dieser Nischen abspielen, welche die Individuen aufsuchen, um mehr persönliches Glück zu finden. Unter dem Gesichtspunkt der Politik – der Veränderung der Gesell-

1 Ralph Greenson, Technik der Psychoanalyse, Stuttgart 1973

2 Es ist vielleicht nicht überflüssig zu sagen, daß diese Grundsätze in den sogenannten sozialistischen Ländern keineswegs außer Kraft gesetzt sind.

schaft – scheint es mir wichtig, die Grenzschicht näher zu untersuchen, an der die Nische mit den spätkapitalistischen Strukturen zusammenstößt. Um gleich zu sagen, worauf ich hinauswill: mir scheint, daß die Richtungsveränderung, welche mir einige Leser der «Hilflosen Helfer» beschrieben, zu weit in die Nischen hineingeht. Der Rückzug vom Helfen um jeden Preis, vom Festhalten an der progressiven Überlegenheit, führt in eine regressive Resignation. Veränderungen im Arbeitsbereich erscheinen sinnlos; erst einmal soll die private Innerlichkeit nachentwickelt werden.

Arbeit als Sucht

Der Beruf des Helfers ist von den kapitalistischen Grundgesetzen der Produktion von Tauschwerten (der Verwandlung persönlicher Beziehungen in Sachzwänge des Warenaustauschs) teilweise befreit. Die relativ wenig entfremdete Arbeit trägt zu der als Merkmal des Helfer-Syndroms beschriebenen Verhaltensweise bei, daß die narzißtische Befriedigung, welche der Beruf bietet, höher geschätzt wird als die Befriedigungsmöglichkeiten außerhalb der Berufstätigkeit. Der Helfer ist geradezu das Gegenteil des Arbeiters, von dem Marx sagt, daß er in der Arbeit außer sich und nur außerhalb der Arbeit bei sich sein kann. Während der Arbeiter oft ein Suchtmittel – meist Alkohol – braucht, um nach dem frustrierenden Stress seiner Tätigkeit «abzuschalten», wird für gar nicht wenige Helfer ihre Arbeit zum Suchtmittel. Sie können gar nicht auf sie verzichten, erkranken im Urlaub an psychosomatischen Beschwerden oder Depressionen und vermeiden (was ihnen oft hohe Achtung einträgt) zwanghaft den Genuß ihrer Freizeit. Um diese Zusammenhänge durch Übertreibung zu verdeutlichen: Die suchtartigen Mechanismen, die sich im Konsumverhalten des Industriearbeiters und anderer entfremdet Tätigen finden lassen, zeichnen bei vielen akademischen Funktionsträgern die Beziehung zur Arbeit aus. Das gilt für Politiker oder leitende Angestellte ebenso wie für Helferberufe.

Alice Miller[1] hat darüber berichtet, wie der äußere Erfolg zu einer Ersatzbefriedigung wird. Alle Ersatzbefriedigungen folgen den Grundgesetzen des Suchtgeschehens: seelischer Einengung, wachsender Abhängigkeit, nachlassender Befriedigung, heftiger Angst vor einer Veränderung. Miller verknüpft die Entwicklung des Helfer-Syndroms mit dem «falschen Selbst», das ein besonders einfühlsames Kind entwickelt, um die narzißtischen Mängel seiner Eltern auszugleichen. Mir scheint, daß die rasche und begeisterte Aufnahme von Millers Buch die Vorgänge belegt, von denen ich hier spreche: die Sucht nach Alternativen, nach freien Nischen unter dem Druck der Entfremdung des Menschen von seinem wahren Selbst. Freilich gerät der Narzißmus-Begriff hier in Gefahr, zu einem Joker zu werden, mit dem alles erklärt und damit auch verschleiert werden kann. Die Eltern könnten ihren Kindern zu einem wahren Selbst verhelfen, wenn sie selbst eines hätten. Woher die narzißtischen Schäden der Eltern kommen? Die Frage führt zu einem unendlichen Regreß – oder zu einem gesellschaftskritischen Ansatz.

Der Helfer lebt in einer Nische der Leistungsgesellschaft. Weil er mit den Regressionen anderer umgeht, die sich nicht mehr ganz fit fühlen für den großen Wettbewerb, ist seine Tätigkeit vielfältig, interessant, weniger lastenden Zwängen unterworfen. Er arbeitet noch näher an Verkehrsformen und Verhaltensweisen, die in den vom Kapitalismus aufgelösten feudalen und großfamiliären Strukturen der einzelnen Menschen Geborgenheit und Erholungsmöglichkeiten gewährten, die eine umfassendere Entwicklung der Persönlichkeiten und der Gruppenbeziehungen ermöglichten. Daher sind viele Helferberufe auch typische «Frauenberufe», vor allem jene, die von der Professionalisierung weniger betroffen sind – Krankenschwestern, Erzieherinnen, Lehrerinnen. Dort, wo Hierarchien deutlicher bestehen und Karrieren gemacht werden können, überwiegen die Männer. Die unbewußten Identifizierungen des Helfer-Syndroms betreffen weit öfter Mütter (auch bei Männern) als Väter,

1 Alice Miller, Das Drama des begabten Kindes, Frankfurt/M. 1979

eher die weibliche als die männliche Welt. In dem Film «Einer flog über das Kuckucksnest» ist treffend dargestellt, wie das Helfer-Matriarchat aussieht.

Die Helfer professionalisieren zum Teil Aufgaben, die bisher in Schattenarbeit von Frauen geleistet wurden. Sekretärinnen, Assistentinnen, Hilfskräfte – Frauen, die Wunden verbinden, welche die Beziehungslosigkeit der Warenwelt aufreißt, die das männliche System mit weiblicher List mildern (und es dadurch auch stabilisieren), die Kaffee kochen und Trost spenden, wenn die männlichen Karriere-Erwartungen wieder einmal enttäuscht worden sind, die konkurrenzfreie, entlastende Beziehungen anbieten.

Folgerichtig wird der männliche Helfer teilweise von patriarchalischen Zwängen entlastet. «Weiche» Züge sind bei ihm sozial akzeptiert. In Helfer-Institutionen dürfen Männer eher mit langen Haaren, Halsketten und indischen Hemden Karriere machen als etwa in Industrieunternehmen. Dieser regressive Freiraum wird aber viel zu selten auch politisch gesehen und genützt, gerade weil die Arbeit des Helfens so rasch zum Stimulans, zum Selbstzweck wird. Michael Lukas Moeller hat berichtet,[1] wie die depressiven Gefühlszustände von Helfern durch die Interaktion mit ihren Schützlingen gemildert werden.

Die Nähe der Helfer-Arbeit zum häuslichen und familiären Leben hat noch eine weitere Folge. Der Helfer ist nicht selten in sozialen Einrichtungen tätig, die damit beschäftigt sind, Mängel der Familien auszugleichen: Sozialarbeit, Sozialpädagogik, Jugendhilfe; «Familienfürsorge», ein inzwischen seltener gebrauchtes Wort, drückt es noch deutlicher aus. Der engagierte Lehrer versucht oft, in ähnlicher Weise wirksam zu werden. Das ist seiner Karriere in der Institution Schule selten nützlich und führt ihn gelegentlich dazu, daß er sich der Schulpsychologie oder der Kindertherapie zuwendet. Dieser Schritt befreit ihn vom Druck der Institution – und befreit die Institution von

1 Das demokratische Arbeitsbündnis in Selbsthilfegruppen: Einige Folgen der Deprofessionalisierung für die therapeutische Beziehung, in: psychosozial. 2, 1979, S. 36ff

einem aufgeschlossenen Mitglied, von einem Träger möglicher Veränderung. Es scheint mir wichtig, beide Aspekte zu sehen: den Verzicht darauf, sich mit einem therapeutischen Anspruch in der Schule abzurackern, der dann unerfüllt bleiben muß, solange die Institution so bleibt, wie sie eben ist – und auf der anderen Seite den Rückzug in die Tiefe einer Helfer-Nische hinein, von dem mehr persönliche Befriedigung erwartet wird.

Selbst aus einer beschädigten Familie kommend, von den Narben einer entfremdeten, leistungs- und konkurrenzbestimmten Kindheit gezeichnet, sucht der Helfer nun die zerfallenden Familien und ihre Folgeschäden zu reparieren. Er erlebt sich oft subjektiv als «besseren» Vater, «bessere» Mutter – in seiner Arbeitswelt wird ihm das auch oft von seinen Schützlingen gesagt («Ich hätte einen Vater gebraucht, der so wäre wie Sie!»). Doch diese Perfektion erreicht er nur um den Preis dessen, daß er seine Hilfe als Ware anbietet; seine persönlichen Beziehungen, seine eigene Partner- oder Elternschaft sind ebenso unvollkommen und gestört wie die seiner Klienten.

Rückzug in die Innerlichkeit oder politisches Handeln? Sind das die beiden Möglichkeiten, die sich aus der Auseinandersetzung mit dem Helfer-Syndrom für den Betroffenen ergeben? Möglicherweise schließen sich beide nicht aus, denn der nachdenkliche Rückzug und die Besinnung auf die eigenen Bedürfnisse sind auch für sinnvolle politische Veränderungen notwendige Vorbedingungen. Doch Rückzug allein reicht nicht aus; er steht in der Arbeit des Helfers wie in der politischen Arbeit oft am Ende aufgrund überhöhter Erwartungen gescheiterter Versuche. Politisierung des Helfens ist nur eine folgerichtige Anwendung des Prinzips der Gegenseitigkeit. Die heute vorherrschende Helfer-Politik ist deshalb so wirkungsvoll, mächtig und schädlich, weil sie sich selbst unbewußt ist und sich als moralische Pflicht oder wissenschaftlich fundierte Technik jenseits von Machtinteressen darstellt. «Ein Krankenhaus (eine Schule, ein Sozialamt) ist für die Patienten (Schüler, Klienten) da, nicht um Politik zu machen» wird rasch gesagt, wenn einer an diesem Lack kratzt.

Das Helfer-Syndrom mit seinen Merkmalen des Helfens als

Abwehr der vermiedenen Gegenseitigkeit und der Aggressionshemmung ist nicht nur ein wichtiges Hindernis für die persönliche Bedürfnisbefriedigung (kurzum: das Glück) des Betroffenen. Es verhindert auch auf die Gesellschaft bezogene Überlegungen und Veränderungen. Der HS-Helfer weicht der Auseinandersetzung mit seiner eigenen, beschädigten Subjektivität und eingeschränkten Selbstverwirklichung dadurch aus, daß er anderen vermeintlich das Schicksal erspart oder doch erleichtert, an dem er selbst trägt. Dadurch verschiebt sich seine Aufmerksamkeit von der Vorbeugung auf die Behandlung, eben weil seine Beziehungsmöglichkeiten auf die Helfer-Schützling-Kollusion verengt sind. Die beschädigenden Einflüsse der Gesellschaft selbst geraten aus dem Blickfeld, sind sie doch unerläßliche Vorbedingungen, damit die Abwehrstruktur des Helfers erhalten bleiben kann. Somit trägt er zur Beständigkeit eines Systems bei, das seine Existenzform herstellt und ebendadurch seine Existenzberechtigung garantiert: Es wird immer Hilfsbedürftige geben, die ebenso suchtartig auf Hilfe angewiesen sind wie der Helfer auf das Helfen.

Selbsthilfe und Selbstverlust

Einführung von ausbildungs- und berufsbegleitender Selbsterfahrung, Aufbau von Selbsthilfegruppen – diese Vorschläge zu einer Hilfe für Helfer liegen nahe und sind doch schwer zu verwirklichen. Dennoch (oder gerade deswegen) ist es sinnvoll, sie auch von Anfang an in Frage zu stellen.

Um angemessen mit einer Nische in der Konkurrenzgesellschaft umzugehen, ist es notwendig, sich der Nischenhaftigkeit seines Aufenthaltsortes bewußt zu bleiben. Um die Möglichkeiten der Selbsterfahrung zu nutzen, ist es sinnvoll, die Gefahr einer Flucht aus dem Alltag genauer einzuschätzen. Die Auseinandersetzung mit den eigenen Gefühlen, mit dem Kind hinter der Helfer-Fassade, ist ein fruchtbarer Ansatz, den Leistungs- und Konkurrenzprinzipien der Wachstumsgesellschaft zu entkommen und damit ein Stück alternativen Lebens zu gewinnen.

Bewußt bleiben muß, daß der Anspruch, «alternativ» zu sein, in der kapitalistischen Gesellschaft immer davon bedroht sein wird, werbewirksam mißbraucht zu werden – als modisches Vehikel Inhalte zu transportieren, die er zu überwinden vorgibt. Der seiner selbst bewußtere, für seine Gefühle offenere Helfer kann mißbraucht werden, verzweifelte Zustände in den Helfer-Institutionen zu tarnen.

Wenn der Helfer anfängt, endlich auch einmal an sich selbst zu denken, dann enthält diese Veränderung eine Chance und eine Gefahr. Die Chance liegt darin, daß er ein Stück Mehr an Verwirklichung seiner ureigenen Bedürfnisse gewinnt und daraus auch einen Ansatz, sein automatenhaftes Funktionieren in einer Helfer-Institution oder in einer verfestigten Berufsrolle in Frage zu stellen. Die Gefahr sehe ich im Rückzug aus der Realität – «jetzt denke ich nur noch an mich». Die Selbsthilfe, die natürlich nicht von einem einzelnen im Alleingang gefunden werden kann, steht dem Selbstverlust gegenüber, den der erleidet, der seine Geschichte und seine bisherige Arbeit auslöschen möchte. Gesellschaftliche Unterdrückung verdankt ihre Macht nie nur der äußeren Gewalt, sondern der verinnerlichten Selbsteinschränkung und dem Selbsthaß in den Subjekten. «Äußere Gewalt und psychische Selbstunterdrückung bilden eine stabile Koalition, gegen die individuelle und kollektive Emanzipationsprozesse nur dann etwas ausrichten, wenn sie beide Teile des Bündnisses gleichzeitig angreifen», sagt Jörg Bopp[1]. Er warnt davor, die Preisgabe kritischer Haltungen als befreite Emotionalität zu rationalisieren und die gemeinsame Not aller an emanzipatorischer Arbeit Interessierten in die Tugend der Resignation umzumodeln. Erfolge sind nur mit Mühe, nur teilweise und stets mit Risiken zu erreichen.

1 Jörg Bopp, Der linke Psychodrom, Kursbuch 55/1979, S. 94, Berlin 1979

Wer ist wessen nützlicher Idiot?

«Ich steh gar nicht mehr hinter dem, was da in der Kirche passiert. Aber den Religionsunterricht aufgeben, wo das doch die einzige Möglichkeit ist, sich mal ohne Druck mit den Problemen der Schüler zu befassen? Manchmal, wenn ich wieder höre, was für einen Mist so ein Bischof gesagt hat, möchte ich alles hinwerfen. Oder ich wünsch mir, die schmeißen mich hinaus. Aber das tun sie nicht, denn gerade weil ich mit der Klasse eher eine Selbsterfahrungsgruppe mache als Katechismus pauke, bleiben die Schüler im Religionsunterricht drin. Andere Lehrer haben Ausfallquoten von über 50 Prozent...»
Ein Gymnasiallehrer

«Ich weiß, ich bin das linke Feigenblatt am Lehrstuhl. Und ich glaube nicht, daß es ausreicht, das nur zu sagen. Es kommt darauf an, so viel emanzipatorische Inhalte zu transportieren, daß der stabilisierende Effekt auf das Ganze doch noch aufgewogen wird. Aber ob mir das wirklich glückt, das weiß ich nicht, da bin ich mir nie so ganz sicher.»
Eine wissenschaftliche Angestellte

Die Fallbeispiele sprechen für sich. Nur Münchhausen, der die Kunst verstand, sich am eigenen Schopf aus dem Sumpf zu ziehen, wüßte eine Antwort auf die oben gestellte Frage. Die Spannung zwischen Chance und Gefahr wiederholt sich. Die Hilfsbedürftigkeit in der spätkapitalistischen Gesellschaft ist eine in sich selbst verborgene Kritik an Leistungskonkurrenz, Vermarktung, Anhäufungszwang. Diese verborgene Kritik kann sich in den Helfer-Nischen entfalten, in jenen Gesellschaftsbereichen, die noch nicht oder nicht mehr ganz von der Technokratie bestimmt sind. Doch spielt im Einfluß der Über-Ich-Identifizierungen und des mit ihnen verknüpften Selbsthasses die innere Ordnung der Industriegesellschaft in diese Nische hinein. Der Arzt kann «krank schreiben» und damit Urlaub vom Alltag an Schreibtisch oder Fließband erwirken. Aber wenn er das nicht medizinisch tarnt, sondern sozialkritisch praktiziert, verliert er seine «Glaubwürdigkeit», wird ein «Vertrauensarzt» zum Obergutachter bestellt. Der Lehrer kann das Zensursystem mildern, aber wenn er es sabotiert, sieht er sich bald jeder Einflußmöglichkeit beraubt. Es gibt Freiräume, schmale Zonen am Rande der Helfer-Nischen. Sie werden selten klug genutzt. Oft schlägt das von einer übersteuerten Antwort auf eigenen Über-Ich-Druck getragene Handeln ins Gegenteil aus, verhindert jeden Erfolg durch das Streben nach zu schnellem Erfolg. Wer die schmalen Freiräume des Helfers nützt, Hilfsbedürftigkeit in Gesellschaftskritik zu verwandeln, sieht sich in der Lage des Diplomaten, der eine Guerilla-Bewegung in einem kolonialistisch regierten Land unterstützt. Er muß vorsichtig sein, um seinen Diplomatenstatus nicht zu verlieren, und mutig, um nicht mit den Herrschenden zu paktieren. Er kann nicht unmittelbar mit der Waffe in der Hand kämpfen, sondern nur mittelbar, indem er sonst nicht zugängliche Informationen, moralische und materielle Unterstützung liefert. Und er muß sich immer überlegen, wessen Sache er mehr nützt: jener der Herrschenden, bei denen er akkreditiert ist und deren Macht er auf diese Weise doch anerkennt, oder jener der Revolutionäre, auf deren Seite er sich nicht offen stellen kann, weil er dann seine Möglichkeiten preisgibt, zu vermitteln und zu erleichtern. Es gibt also für den Helfer kein einheitliches Verhalten, durch das er beweisen kann, daß er keine Alibi- und Feigenblattfunktion erfüllt, daß er nicht hilflos repariert, was ohne seine Versuche zusammenbrechen und Platz machen würde für etwas Neues. Oft wird die erste Sorge des emanzipationsbewußt gewordenen Helfers dahin gehen, überhaupt ernst genommen zu werden, sich und damit seinen Schützlingen einen Raum zu erobern, in dem ein Stück Entfremdung bewußter gemacht und verändert werden kann.

12. Das Helfer-Thema bei Sigmund Freud*

Da die Psychoanalyse im Lauf ihrer Entwicklung einen neuen Typus helfender Berufe hervorgebracht hat, den man als «Beziehungshelfer» von den traditionellen Professionen des Arztes, des Geistlichen und des Lehrers abgrenzen kann[1], ist es auch von großem Interesse, wie Freud selbst mit diesem Thema umgegangen ist. Bei einem Mann, der in seinem langen Leben die endgültige Abgeschlossenheit seiner Gedanken immer für weniger wichtig hielt als ihre Weiterentwicklung und ständige Neuformulierung, ist auch hier ein kontrastreiches, gelegentlich widersprüchliches Bild zu erwarten – und auch ein lückenhaftes Bild. Denn bei aller Bereitschaft, sich selbst in seine Forschungen einzubeziehen, war Freud auch ein Meister der Diskretion und der Verschleierung.

Freuds Äußerungen zu seiner Berufswahl sind knapp und fast abweisend. In seiner «Selbstdarstellung» von 1925 schreibt er:

«Als Kind von vier Jahren kam ich nach Wien, wo ich alle Schulen durchmachte. Auf dem Gymnasium war ich durch sieben Jahre Primus, hatte eine bevorzugte Stellung, wurde kaum je geprüft. Obwohl wir in sehr beengten Verhältnissen lebten, verlangte mein Vater, daß ich in der Berufswahl nur meinen Neigungen folgen sollte. Eine beson-

* Erweiterte Fassung eines Vortrags auf dem 1. Freud-Symposion in Leipzig, 11.–13. Juli 1989.

1 Den Unterschied zwischen den «alten», normativ orientierten und den «neuen» Beziehungshelfern habe ich in W. Schmidbauer, Helfen als Beruf, Reinbek (Rowohlt) 1983/1992 konzipiert.

dere Vorliebe für die Stellung und Tätigkeit des Arztes habe ich in jenen Jugendjahren nicht verspürt, übrigens auch später nicht. Eher bewegte mich eine Art von Wißbegierde, die sich aber mehr auf menschliche Verhältnisse als auf natürliche Objekte bezog und auch den Wert der Beobachtung als eines Hauptmittels zu ihrer Befriedigung nicht erkannt hatte. Indes, die damals aktuelle Lehre Darwins zog mich mächtig an, weil sie eine außerordentliche Förderung des Weltverständnisses versprach, und ich weiß, daß der Vortrag von Goethes schönem Aufsatz ‹Die Natur› in einer populären Vorlesung kurz vor der Reifeprüfung die Entscheidung gab, daß ich Medizin inskribierte.»[1]

Diese Äußerungen aus dem Jahr 1925 enthalten naturgemäß nicht den Zustand des 18jährigen Freud, der seine Berufswahl trifft, sondern das Bild des fast 70jährigen Gründers der Psychoanalyse, der über seinen Werdegang nachdenkt. Er hat einen kritischen Abstand zur medizinischen Profession gewonnen, muß ihn in dieser Zeit sogar besonders betonen, denn unter seinen Schülern ist ein heftiger Streit entbrannt: Sollen Nichtärzte zur psychoanalytischen Ausbildung und Praxis zugelassen werden?

Es ist bekannt, daß sich Freud hier für die Selbständigkeit der Psychoanalyse eingesetzt hat. Er wollte verhindern, daß die praktischen Regelungen ärztlicher Tätigkeit die Unabhängigkeit der Wissenschaft gefährden. Anlaß für dieses Plädoyer zugunsten der «Laienanalyse» war eine Anklage gegen Theodor Reik wegen Kurpfuscherei bei einem Wiener Gericht, die später eingestellt wurde.[2] Die Frage, ob es sich bei der Analyse um ein Teilgebiet der Medizin handle, verneint Freud auch mit Hilfe eines persönlichen Arguments: Er selbst habe sie nicht aus ärztlichen Motiven entwickelt.

«Nach 41jähriger ärztlicher Tätigkeit sagt mir meine Selbsterkenntnis, ich sei eigentlich kein richtiger Arzt gewesen. Ich bin Arzt geworden durch eine mir aufgedrängte Ablenkung meiner ursprünglichen Absicht und mein Lebenstriumph liegt darin, daß ich nach großem Umweg die anfängliche Richtung wieder gefunden habe. Aus frühen Jah-

1 S. Freud, Selbstdarstellung, in: Ges. W. XIV, S. 34
2 Reik war von einem enttäuschten, rachsüchtigen Patienten angezeigt worden, es kam aber nie zu einer Verhandlung.

ren ist mir nichts von einem Bedürfnis, leidenden Menschen zu helfen, bekannt, meine sadistische Veranlagung war nicht sehr groß, so brauchte sich dieser ihrer Abkömmlinge nicht zu entwickeln. Ich habe auch niemals ‹Doktor› gespielt, meine infantile Neugierde ging offenbar andere Wege. In den Jugendjahren wurde das Bedürfnis, etwas von den Rätseln dieser Welt zu verstehen und vielleicht selbst etwas zu ihrer Lösung beizutragen, übermächtig. Die Inskription an der medizinischen Fakultät schien der beste Weg dazu, aber dann versuchte ich's – erfolglos – mit der Zoologie und der Chemie, bis ich unter dem Einfluß v. Brückes, der größten Autorität, die je auf mich gewirkt hat, an der Physiologie haften blieb, die sich damals freilich zu sehr auf Histologie beschränkte. Ich hatte dann bereits alle medizinischen Prüfungen abgelegt, ohne mich für etwas Ärztliches zu interessieren, bis ein Machtwort des verehrten Lehrers mir sagte, daß ich in meiner armseligen materiellen Situation eine theoretische Laufbahn vermeiden müßte. So kam ich von der Histologie des Nervensystems zur Neuropathologie und auf Grund neuer Anregungen zur Bemühung um die Neurosen. Ich meine aber, mein Mangel an der richtigen ärztlichen Disposition hat meinen Patienten nicht sehr geschadet. Denn der Kranke hat nicht viel davon, wenn das therapeutische Interesse beim Arzt affektiv überbetont ist. Für ihn ist es am besten, wenn der Arzt kühl und möglichst korrekt arbeitet.»[1]

Ich gebe diese Äußerungen deshalb so ausführlich wieder, weil sie das Bild Freuds als strengen Forschers bestimmt haben, dem jeder therapeutische Ehrgeiz fremd sei. Obwohl dieses Bild seine Biographen beeinflußt und die Psychoanalyse bis in technische Einzelheiten hinein (etwa die «Abstinenzregel») geprägt hat, halte ich es für ein Wunschbild, das die sehr viel komplexere Beziehung Freuds zu seinem Beruf als Arzt, Schriftsteller und psychologischer Forscher ihrer Vieldeutigkeit beraubt. Wenn Freud von sich sagt, daß ihm aus seinen frühen Jahren nichts von einem Bedürfnis bekannt sei, leidenden Menschen zu helfen, dann kann er das tun, weil seine Erinnerung weniger sattelfest ist als sein Bedürfnis nach einer eindeutigen Selbstdarstellung. Tatsächlich hat sich Freud in Briefen, die er als Jugendlicher schrieb, ausdrücklich zu diesem Bedürfnis bekannt.

1 S. Freud, Nachwort zur «Frage der Laienanalyse», Ges. W. XIV, S. 290f

«Voriges Jahr hätte ich auf die Frage, was mein höchster Wunsch sei, geantwortet: Ein Laboratorium und freie Zeit oder ein Schiff auf dem Ozean mit allen Instrumenten, die der Forscher braucht; jetzt schwanke ich, ob ich nicht lieber sagen sollte: ein großes Spital und reichlich Geld, um einige von den Übeln, die unseren Körper heimsuchen, einzuschränken oder aus der Welt zu schaffen. Wenn ich also auf eine große Menge wirken wollte, anstatt auf eine kleine Zahl von Lesern und Mitgelehrten, so wäre England das rechte Land für einen solchen Zweck. Ein angesehener Mann, von der Presse und den Reichen unterstützt, könnte Wunder tun, um körperliches Leiden zu lindern, wenn er Forscher genug ist, neue Wege der Heilung zu betreten.»[1]

Diese Äußerungen des 21jährigen drücken einen Kompromiß aus, den sein ursprünglicher Berufswunsch – Jurist und «Minister» – mit dem zweiten des «Naturforschers» eingeht. Es ist auch die Zeit, in der Freud seinen bisherigen Vornamen Sigismund in Sigmund umwandelt. Anlaß für dieses neue Motiv, leidenden Menschen zu helfen, scheint die erste längere Trennung Freuds vom Elternhaus gewesen zu sein. Nach seiner Rückkehr von der über siebenwöchigen Reise zu seinen Halbbrüdern nach Manchester hat er jedenfalls den oben zitierten Text in einem Brief an Eduard Silberstein geschrieben, dem er seine Reiseeindrücke schilderte. Silberstein war Freuds Jugendfreund, mit dem er zusammen Spanisch lernte, eine eigene Mythologie und Geheimnamen entwickelte. Das Ganze gab sich als gelehrte Vereinigung, als Academia Castellana. Freud und sein Freund verkehrten unter dem Namen zweier Hunde, Berganza und Cipio, die vor einem Hospital lagern und philosophische Dialoge führen (die Anregung dazu entnahmen sie ihrem Spanisch-Lesebuch). Später hat Freud die Papiere dieser Akademie verbrannt. Er pflegte den Beginn neuer, bedeutsamer Lebensabschnitte noch als junger Erwachsener durch ein solches «feierliches Autodafé»[2] zu markieren, gelegentlich sogar mit einem spöttischen Hinweis auf die Rätselraterei der Biographen, die er auf diese Weise in Gang setzen wolle.

1 Zit. n. R. W. Clark, Sigmund Freud, Frankfurt (Fischer) 1981, S. 53
2 Vgl. den Brief von Freud an M. Bernays vom 28.4.1885, in: Freud, E. L. u. L. (Hsg.), Briefe 1873–1939, S. 144

Wie wohl die meisten Kinder in bürgerlichen Verhältnissen suchte Freud nach Vorbildern, an denen er sich orientieren konnte. Auch die Grandiosität dieser Vorbilder ist geradezu typisch. Sie sollen ausgleichen, was den Eltern fehlt. Der Rechtsanwalt und «Minister», den Freud bis zu seiner Entscheidung für die Medizin als Berufswunsch festhielt, ist wohl ein Abkömmling des älteren Bildes vom grandiosen Feldherrn und Eroberer, mit dem zu identifizieren ein jüdisches Kind in einer von Christen regierten Umgebung Grund genug hat. Verschärft wurde diese Richtung bei Freud noch durch die Enttäuschung über die Schwäche (oder Weisheit?) des Vaters. Dieser hatte dem Knaben erzählt, er sei einmal mit seiner neuen Pelzmütze spazierengegangen. «Da kommt ein Christ daher, haut mir mit einem Schlag die Mütze in den Kot und ruft dabei: Jud, herunter vom Trottoir!»

Als der junge Sigismund den Vater empört fragte, was er getan habe, um den Übeltäter zu bestrafen, wurde er enttäuscht. «Ich bin auf den Fahrweg gegangen und habe die Mütze wieder aufgehoben», war die Antwort.[1] Mit 43 Jahren erinnert sich Freud noch daran, wie jämmerlich er diese Antwort des Vaters fand. Als ideales Gegenbild entwarf er sich den Feldherrn der Karthager, Hasdrubal, der seinen Sohn Hannibal in einem Heiligtum schwören ließ, Rache an den Römern zu nehmen. Ein genialer Feldherr, der – Semit wie er selbst – die Antisemiten in vernichtenden Schlachten besiegt, am Ende aber doch ihrer Übermacht weichen muß und im Exil stirbt, war einer der imaginären Väter Freuds.

Nach seiner eigenen Aussage hat der Vortrag eines damals Goethe zugeschriebenen Hymnus «Die Natur» im Jahr 1873 seinen Vorsatz geändert, Jura zu studieren und Politiker zu werden. (Eine militärische Karriere war den Juden weitgehend verschlossen; Freud hatte während des Krieges von 1870 eine Karte des Kampfgebiets auf seinem Schreibtisch befestigt und die Truppenbewegungen durch bunte Fähnchen markiert.)[2] Um

1 Clark 1981, S. 23f
2 Clark 1981, S. 30

sich in die Situation Freuds während seiner Berufswahl einzufühlen, scheint es mir nützlicher, den jungen Mann mit seinen vielfältigen (und deshalb auch uneindeutigen) Begabungen und seiner Sehnsucht nach Grandiosität zu betrachten, als die abgeklärten Bemerkungen des 40- oder 60jährigen Mannes zu übernehmen, er könne sich an keine Vorliebe für Stellung und Tätigkeit des Arztes erinnern.

In dem Prosagedicht «Die Natur» preist der Autor ein mythisches Wesen, großartig und unnahbar. Viele der Eigenschaften, die er dieser «Natur» zuschreibt, könnte man ebenso Gott, dem Schicksal, der Vorsehung, den Sternen oder dem Es beiordnen:

«Sie schafft ewig neue Gestalten; was da ist, war noch nie, was war, kommt nicht wieder: Alles ist neu und doch immer das Alte.

Wir leben mitten in ihr und sind ihr fremde. Sie spricht unaufhörlich mit uns und verräth uns ihr Geheimnis nicht. Wir wirken beständig auf sie und haben doch keine Gewalt über sie ...

Sie spielt ein Schauspiel; ob sie es selbst sieht, wissen wir nicht, und doch spielt sie's für uns, die wir in der Ecke stehen.

Die Menschen sind alle in ihr, und sie in allen. Mit allen treibt sie ein freundliches Spiel und freut sich, je mehr man ihr abgewinnt. Sie treibt's mit vielen so im Verborgenen, daß sie's zu Ende spielt, ehe sie's merken ...

Sie liebt sich selber und haftet ewig mit Augen und Herzen ohne Zahl an sich selbst. Sie hat sich auseinander gesetzt, um sich selbst zu genießen. Immer läßt sie neue Genießer erwachsen, unersättlich, sich mitzuteilen ...

Sie hat mich hereingestellt, sie wird mich auch herausführen. Ich vertraue mich ihr. Sie mag mit mir schalten; sie wird ihr Werk nicht hassen. Ich sprach nicht von ihr; nein, was wahr ist und was falsch ist, Alles hat sie gesprochen. Alles ist ihre Schuld, Alles ist ihr Verdienst.»[1]

Diese pantheistisch inspirierte Vision hat Goethe später ähnlich adoptiert, wie ein Maler, der Bilder signiert, die von ihm sein *könnten*.[2] Es ist schwer vorstellbar, daß dieser sibyllinische, zwei

1 Goethes sämmtliche Werke 9, Stuttgart (Cotta) 1885, S. 661

2 «Daß ich diese Betrachtungen verfaßt, kann ich mich faktisch nicht erinnern, allein sie stimmen mit den Vorstellungen wohl überein, zu denen sich mein Geist damals ausgebildet hatte», sagt Goethe in einer Erläuterung des Natur-Fragments. Es war «von einer wohlbekannten

Druckseiten umfassende Text den Ausschlag für Freuds Berufswahl gegeben hat; eher würde ich ihn als Deckerinnerung ansehen – eine jener klaren, harmlosen Einzelheiten, mit denen aufwühlende Ereignisse wie mit einem Schönheitspflaster unkenntlich gemacht werden.[1]

In den Briefen Freuds an Emil Fluß kündigt er seine Wendung zur Naturforschung so an, daß er von einer «Neuigkeit» spricht, die «wohl die größte meines armseligen Lebens ist».[2] Erst sechs Wochen später berichtet er Einzelheiten: «Ich habe festgestellt, Naturforscher zu werden, und gebe Ihnen darum das Versprechen zurück, mich alle Ihre Prozesse führen zu lassen. Ich brauche es nicht mehr. Ich werde Einsicht nehmen in die jahrtausendealten Akten der Natur, vielleicht selbst ihren ewigen Prozess belauschen und meinen Gewinst mit jedermann teilen, der lernen will. Sie sehen, das Geheimnis ist nicht so furchtbar, es war nur furchtsam, weil es gar zu unbedeutend war.»[3]

Freud konnte sich nach dem Abitur lange nicht auf ein Gebiet konzentrieren. Er belegte alle möglichen theoretischen Fächer, auch Philosophie, die für einen Medizinstudenten überflüssig war. Bei allem Eifer bekundete er wenig Absicht, rasch abzuschließen und – wie es die materielle Lage der Familie nahelegte – Geld zu verdienen. Das scheint mir auf einen Grund für diesen Schritt von der Jurisprudenz zur Medizin hinzuweisen, der öfter die Wahl eines Studiums motiviert. Freud wollte Zeit gewinnen, er fühlte sich noch nicht in der Lage, auf ein klares Berufsziel hinzusteuern, was für den ersten Akademiker einer aufstrebenden bürgerlichen Familie ohnehin zu erwarten ist. Die Liberalität von Freuds Vater, seinem Sohn die Wahl der Studienrichtung zu überlassen, hat auch eine Kehrseite. Jakob Freud konnte

Hand geschrieben, deren ich mich in den achziger Jahren in meinen Geschäften zu bedienen pflegte». (Goethe 1885, S. 737)

1 Vgl. S. Freud, Ges. W. I, S. 531, «Über Deckerinnerungen» – «Ich pflege mich zu wundern, wenn ich etwas Wichtiges vergessen, noch mehr vielleicht, wenn ich etwas Gleichgültiges bewahrt haben sollte.»

2 Clark 1981, S. 42

3 Clark 1981, S. 42

seinen Sohn gar nicht beraten. Er wäre von dieser Aufgabe überfordert gewesen. Sigmund mußte sich in der akademischen Welt allein zurechtfinden. Aber in diesem Wunsch nach Zeitgewinn schlummerte das Motiv, leidenden Menschen tiefer und gründlicher zu helfen, als es dadurch möglich ist, daß man ihre Prozesse führt. Zu Freuds Streben nach möglichst vielseitiger Orientierung gehört es auch, daß er plante, im Wintersemester 1875/76 nach Berlin zu gehen, um dort Du Bois-Reymond, Virchow und Helmholtz zu hören, ein Plan, der wahrscheinlich am Geldmangel der Familie scheiterte. Statt dessen reiste er im Sommer 1875 nach England zu seinen beiden Halbbrüdern. Diese Reise, die erste längere Trennung von Eltern und Geschwistern, hat Freud von der Naturforschung zur Medizin gebracht. Das bestätigt nicht nur der jüngst aufgefundene, bereits zitierte Brief an Silberstein, sondern auch eine Äußerung seiner Schwester Anna:

> «In England beschloß Sigmund, nach seiner Rückkehr nach Wien Medizin zu studieren, und dies teilte er seinem Vater mit. Mit dieser Entscheidung nicht einverstanden, hielt ihm sein Vater seine Einwände entgegen und behauptete, daß Sigmund für diesen Beruf zu weichherzig sei. Aber Sigmunds Entschluß stand fest, obwohl er zunächst nur Forschung treiben wollte. ‹Ich möchte Menschen, die leiden, helfen›, lautete seine Antwort.»[1]

Warum hat Freud in diesen frühen Zeugnissen durchaus von einem Motiv gesprochen, zu helfen und zu heilen, während er später vorgibt, «eigentlich kein richtiger Arzt» gewesen zu sein? Freud argumentiert in der Nachschrift zur «Laienanalyse» merkwürdig widersprüchlich. «Mein Mangel an der richtigen ärztlichen Disposition hat meinen Patienten nicht sehr geschadet», sagt er einerseits; identifiziert im nächsten Satz aber diese «richtige ärztliche Disposition» mit dem «affektiv überbetonten therapeutischen Interesse», das doch kaum die «richtige» Disposition für den Arzt sein kann. Gibt es denn

1 Clark 1981, S. 52. Die Erinnerungen von Freuds Schwester wurden von E. Jones als Quellen unterschätzt, wie die Entdeckung der Silberstein-Briefe heute zeigt.

diese «richtige» Disposition überhaupt? Freud fällt hier hinter den Erkenntnisstand der von ihm entwickelten Wissenschaft zurück, zu einer vorpsychoanalytischen, feste Dispositionen (und nicht ein dynamisches Gleichgewicht verschiedener Einflüsse von Trieb und Abwehr) annehmenden Auffassung. Seine Äußerungen sind nicht nur widersprüchlich, sondern wirken auch widerwillig, als könne er weder dem natürlichen Auftrieb des Unbewußten kreativ nachgeben, wie er es sonst sooft getan hat, noch auch sich gänzlich einer Äußerung enthalten, wie er es in seinen biographischen Autodafés praktizierte.

Wer Freuds ärztliche Karriere verfolgt, findet bestätigt, daß er die ersten Schritte zu diesem Beruf hinauszögerte, eher durch äußeren Einfluß als durch innere Sicherheit motiviert. Er selbst schiebt es auf eine energische Mahnung des verehrten Lehrers Brücke, an seine wirtschaftliche Zukunft zu denken, daß er nicht noch länger für einen Hungerlohn in dessen Laboratorium arbeitete. Noch ein anderer, mindestens ebenso schwerwiegender Einfluß kam hinzu: Freud hatte sich in seine spätere Frau Martha Bernays verliebt und mußte daran denken, der Familie ein Auskommen zu schaffen, die er mit ihr gründen wollte. Aber sobald Freud in die praktisch-medizinische Tätigkeit eingestiegen war, engagierte er sich mit einem leidenschaftlichen Interesse, dessen spätere Verleugnung nicht leicht zu enträtseln ist. Wie nur je ein Helfer hat er gewußt, daß die Hinwendung zu Menschen, die ihn brauchten, eine antidepressive, seelisch stabilisierende Wirkung auf ihn ausübte. In einem der «Brautbriefe» an Martha schreibt er am 28. August 1883:

«Mein teures Mädchen,
Ich kam heute ganz ratlos zu meinem Patienten, woher ich die nötige Teilnahme und Aufmerksamkeit für ihn nehmen würde; ich war so matt und apathisch. Aber das schwand, als er zu klagen begann und ich zu merken, daß ich hier ein Geschäft und eine Bedeutung habe. Ich glaube, ich habe mich nie wärmer um ihn angenommen, nie mehr Eindruck auf ihn gemacht; es ist so ein Segen in der Arbeit. Und nun bin ich wohl und gesammelt; ich werde mich strenge halten, um nicht

wieder in solche allgemeine Schwäche zu verfallen, das Bewußtsein der gesammelten Bereitschaft ist doch das Höchste, was der Mensch in sich finden kann.»[1]

Anscheinend war für Freud die intensive Beziehung zu seinen Patienten ein Stimulans, das ihm auch an trüben Tagen Kraft gab, sich zu konzentrieren. Wahrscheinlich wäre ohne dieses Bedürfnis, das Freud mit vielen Angehörigen helfender Berufe teilte, die Psychoanalyse nicht entwickelt worden. Zu ihrer Entstehung gehört die Bereitschaft Freuds, die «hysterischen» Patientinnen nicht wie viele zeitgenössische Ärzte distanziert zu behandeln und sie gewissermaßen als «Degenerierte» abzuwerten, sondern sich auf ihre Bedürfnisse nach einer intensiven emotionalen Beziehung einzulassen, freilich ohne dieses Angebot emotional zu erwidern. Erwidert wurde es von den Psychoanalytikern im Idealfall nur durch die «gesammelte Bereitschaft» (später die «frei schwebende Aufmerksamkeit»), zu verstehen, was ihre Patienten bewegte. Joseph Breuer, der die therapeutischen Möglichkeiten einer «kathartischen» Auflösung von Verdrängungen zuerst erkannte, hat diesen Weg wieder verlassen, weil er vor den Beziehungsbedürfnissen seiner Patientin «Anna O.» erschrak und seine Ehe gefährdet sah.[2] Freud hingegen gab das eroberte Gebiet nicht preis. Die frühe Identifizierung mit einem Feldherrn trug ihre Früchte, ebenso wie sein intensives Kontaktbedürfnis, das er mit seinem Bild des Naturforschers verband.

Freud hat uns gelehrt, daß jede starke Gefühlsbeziehung ambivalent ist: In ihr mischen sich gegensätzliche Strebungen. Diese Ambivalenz gilt auch für seine Beziehung zu dem Beruf des Arztes und Psychoanalytikers. Daß er dennoch gelegentlich von einer richtigen ärztlichen Disposition und einem richtigen Arzt spricht, also versucht, eine ambivalenzfreie Berufswahl und Berufstätigkeit zu konzipieren, spricht eher dafür, daß

1 S. Freud, Brautbriefe. Ausgewählt, herausgegeben und mit einem Vorwort von Ernst L. Freud, Frankfurt (Fischer) 1968, S. 35

2 E. Jones, Sigmund Freud, Leben und Werk I, München (dtv) 1984, S. 264

diese Ambivalenz für ihn mit einem Komplex peinlicher Vorstellungen verbunden war und er sich nicht mit ihr auseinandersetzen wollte. Interessant ist in diesem Zusammenhang, daß Freud zwei Motive für den Arztberuf zuläßt (ob es die richtigen sind, sagt er nicht), die er dann für sich ablehnt: Das Bedürfnis, leidenden Menschen zu helfen, kann eine Reaktionsbildung gegen eine ursprünglich sadistische Veranlagung sein oder aber eine Fortentwicklung der sogenannten «Doktorspiele» im Rahmen der kindlichen Sexualforschung.

Nun sind diese Motive keineswegs geeignet, die Vielfalt möglicher Beweggründe für einen helfenden Beruf zu erfassen. Sie haben vielleicht diese Forschung sogar mehr behindert als gefördert, einerseits, weil Freud sie selbst nicht ganz ernst zu nehmen schien, andrerseits, weil sie leicht mißverstanden werden können. Wer die analytische Methode nicht gründlich kennt und von daher um die Vorläufigkeit aller Deutungen weiß, neigt dazu, ihre Ergebnisse in der Art naturwissenschaftlicher Gesetze mißzuverstehen, meist um sie dann achselzuckend oder erbittert abzuwehren. Bemerkungen wie: «Freud hat gesagt, Helfenwollen sei sublimierter Sadismus – das ist doch Quatsch!» sind mir jedenfalls schon öfter begegnet. Stellt man den Zusammenhang zwischen Helfenwollen und Sadismus aus der Pseudogesetzmäßigkeit heraus und rückt ihn dadurch zurecht, daß man eine zu ihm passende Geschichte erzählt (etwa von der älteren Schwester, die ihren kleinen Bruder liebevoll pflegt, schützt und verhätschelt, nachdem sie zunächst Phantasien hatte, ihn zu quälen und umzubringen), dann wird zugegeben, das möge sich ja im Einzelfall so verhalten, sei aber doch sicherlich nicht immer so. Jetzt kann der Analytiker auf Verständnis für die von ihm entdeckten Zusammenhänge hoffen, die ja stets auf dieses «es könnte sich im Einzelfall so verhalten» hinauslaufen.

Das triebdynamische Modell der frühen Psychoanalyse, in dessen Rahmen die Verbindung zwischen Helfer-Motiv und sublimiertem (bzw. durch Reaktionsbildung abgewehrtem) Sadismus steht, ist inzwischen durch Gesichtspunkte ergänzt worden, in denen der Narzißmus und die Identifizierungen des

Kindes eine große Rolle spielen. Danach gehört es zu den Entstehungsbedingungen des Helfer-Syndroms, daß sich ein Kind mit einer idealen Elterngestalt identifiziert, die es in seiner Phantasie entwirft, um Mängel in seiner realen Elternbeziehung zu kompensieren. Die auch von Freud beschriebenen Erlebnisse, in denen die helfende Zuwendung zu seinen Patienten/Klienten den Helfer von seiner inneren Leere und Depression entlastet, ihm Sinn und Halt gibt, sind als Folge dieser Situation zu deuten.

Der Schützling wird für den Helfer zum Repräsentanten seiner eigenen Gefühle, unverstanden und verlassen zu sein. Die Zuwendung und Aufmerksamkeit, schließlich die Dankbarkeit aus diesen Beziehungen plombieren gewissermaßen den narzißtischen Mangel. Andrerseits bietet die berufliche Qualität der Beziehung dem Helfer Schutz vor direkter emotionaler Abhängigkeit. Der Klient oder Patient braucht ihn, während er so viele Patienten/Klienten hat, daß die Abhängigkeit von jedem einzelnen kontrollierbar bleibt.

Allerdings ist diese Form der Bewältigung einer frühen narzißtischen Störung nicht unter allen Umständen stabil. Sie kann aus dem Gleichgewicht geraten, wenn es dem Helfer mißlingt, in seinem nicht-beruflichen Leben einen Ausgleich zu finden, wenn er gänzlich auf die progressive Position des Gebenden, Kontrollierten, «Starken» festgelegt ist und unbedingt ein Gegenüber braucht, das regressiv, kindlich, schwach und abhängig ist. Er spürt dann immer deutlicher, daß ihm eigentlich etwas fehlt, kann aber nicht finden, was es ist. So stellt er sich zunehmend ambivalent auf seine Berufsarbeit ein, die er weder bejahen noch beenden kann. Häufig führt er dann die Tatsache, daß er sie nicht aufgeben will, obwohl er unter ihr leidet, auf äußere Zwänge zurück. Er würde lieber heute als morgen aufhören, wenn er nicht Geld verdienen, eine Familie erhalten oder auch nur verhindern müßte, daß ein inkompetenter Nachfolger Schaden anrichte.

Daß Freud unduldsam gegen eigene Regressionen war, während er die heilsame Qualität einer (teilweisen) Regression seinen Patienten empfahl, läßt sich bereits in den Brautbriefen beobachten. Als ihm Martha einmal schilderte, wie gut sie sich auf einem Jahrmarkt in Wandsbeck amüsiert hatte, bezog er sie in ein tyrannisches «wir» ein:

«Es ist nicht schön und erhebend anzuschauen, wie sich das Volk vergnügt, wir wenigstens haben nicht mehr Geschmack dafür ... Das Gesindel lebt sich aus und wir entbehren. Wir entbehren, um unsere Integrität zu erhalten, wir sparen mit unserer Gesundheit, unserer Genußfähigkeit, unseren Erregungen, wir leben uns für etwas auf, wissen selbst nicht für was – und diese Gewohnheit der beständigen Unterdrückung natürlicher Triebe gibt uns den Charakter der Verfeinerung.»[1]

Der angehende Arzt muß das Bedürfnis nach unmittelbarer Triebbefriedigung preisgeben zugunsten subtilerer Freuden, beispielsweise jener am Forschen, am Lösen von Problemen. Freud sieht die bürgerliche Verfeinerung des Gefühls keineswegs nur positiv. In diesem Punkt unterscheidet er sich von zeitgenössischen «akademischen» Psychologen, welche die «Tiefe» der Gefühle idealisieren. Dem Skeptiker ist nur allzu klar, daß diese Verfeinerung in der Angst wurzelt, Geltung und Sicherheit einzubüßen. In den Briefen von 1883 ist ein Teil der Gesellschaftstheorie vorweggenommen, die rund 40 Jahre später als «Unbehagen in der Kultur» erscheinen wird. Der Kulturmensch opfert seine Triebbedürfnisse dem Streben nach Sicherheit; umgekehrt verlangen die materiellen Angebote von ihm den Triebverzicht.

«Wir empfinden auch tiefer und dürfen uns darum nur wenig zumuten. Warum betrinken wir uns nicht? Weil uns die Unbehaglichkeit und Schande des Katzenjammers mehr Unlust als das Betrinken Lust schafft; warum verlieben wir uns (nicht)[2] jeden Monat aufs neue? Weil bei jeder Trennung ein Stück unseres Herzens abgerissen werden würde, warum machen wir nicht jeden zum Freund? Weil uns sein Verlust oder sein Unglück bitter betreffen würde. So geht unser Bestreben mehr dahin, Leid von uns abzuwenden, als uns Genuß zu verschaffen, und in der höchsten Potenz sind wir Menschen wie wir beide, die sich mit den Banden von Tod und Leben aneinander ketten,

1 S. Freud, Brautbriefe, S. 141
2 Dieses im Original fehlende «nicht» könnte die Ambivalenz Freuds gegenüber dieser Aussage erhärten.

die jahrelang entbehren und sich sehnen, um einander nicht untreu zu werden, die gewiß einen schweren Schicksalsschlag, der uns des Teuersten beraubt, nicht überstehen würden.[1]

Wie kann der Mangel an Triebhaftigkeit («das Gesindel lebt sich aus») und an Kontakt («warum machen wir nicht jeden zum Freund?») behoben werden, ohne die Sicherheit des Abstands, den Schutz der Kontrolle zu verlieren? Eine Möglichkeit dazu ist es zweifellos, die Beschäftigung mit diesen in der eigenen Person nicht zugelassenen, regressiven (kindlich-undifferenzierten) Anteilen in die Berufsarbeit zu integrieren. Von der Rolle des Arztes geschützt, kann Freud dann an diesen Regressionen teilnehmen und sie zu einem günstigeren Ziel führen, als es in der eigenen Entwicklung gelang. Wie sehr ihn diese Frage beschäftigt, läßt sich aus den Brautbriefen ablesen. Wer nicht den Mangel spürt, die Last der eigenen Ängste nur schwer erträgt, wird nicht so abschätzig («Gesindel») und neidvoll («unser Bestreben, Leid von uns abzuwenden», nicht «uns Genuß zu verschaffen») von jenen Menschen sprechen, die keiner so strengen Gewissenskontrolle unterworfen sind.

Ich vermute, daß es sich hier um eine durchaus typische «ärztliche» Disposition in der bürgerlichen Gesellschaft handelt, obwohl ich nicht beurteilen kann, ob es die von Freud erwähnte «richtige Disposition» ist. Sie hat zwei Folgen: der heimliche Genuß, den die Teilnahme an der dem eigenen Ich verbotenen Regression mit sich bringt, muß heimlich bleiben, er darf nicht bewußt werden. So verstehe ich auch Freuds wiederholte, in seiner Praxis aber von ihm selbst keineswegs befolgte Aufforderungen, der Arzt dürfe kein «affektiv überbetontes» Interesse haben, er solle «kühl und möglichst korrekt» arbeiten, er solle wie ein «wohlgeschliffener Spiegel» nur das Bild zurückwerfen, das der Analysand auf ihn projiziert.[2] (Gewiß ist diese Abwehrfunktion nicht das einzige Motiv für Freuds Forderungen an die Abstinenz des Analytikers. Diese

1 S. Freud, Brautbriefe, S. 38

2 S. Freud, Ratschläge für den Arzt bei der psychoanalytischen Behandlung, Ges. W. VIII, S. 375–388

hat auch sehr praktische Gründe und war durch Freuds Beobachtungen über recht heftige Abstinenz-Verletzungen z. B. C. G. Jungs[1] sehr nötig geworden. Aber auch das Verhalten von Psychoanalytikern ist mehrfach determiniert, nicht nur das ihrer Patienten!)

Die zweite Folge ist eine zunehmende Ambivalenz gegenüber der Berufsarbeit selbst. Da der Analytiker in ihr eigene unbewußte Motive mitbefriedigt, fesselt sie ihn. Da diese Befriedigung aber immer unvollständig bleibt, nie ihren imaginären Charakter gänzlich verlieren wird, enttäuscht sie ihn auch und weckt seine Wut, die wiederum unterdrückt werden muß und sich nur indirekt Ventile verschaffen kann. Einerseits wird Freud in den meisten Behandlungsberichten als interessiert, liebenswürdig, ja leidenschaftlich engagiert geschildert. Seine Gegenübertragung ging der Übertragung voraus – er versicherte künftigen Patienten, wie er sich freue, mit ihnen zu arbeiten[2], er beklagte, daß er zu alt sei, um noch heftige Gefühle zu wecken[3], er schenkte Hilda Doolittle einen Blütenzweig und Smiley Blanton seine gesammelten Werke[4]. Andrerseits beklagt er sich immer wieder darüber, daß er am liebsten mit der therapeutischen Arbeit aufhören und sich nur noch der Forschung widmen würde. Einem Analysanden sagte er: «Ich habe kein großes Interesse an therapeutischen Problemen. Ich bin jetzt viel zu ungeduldig. Ich habe einige ‹handicaps›, die es mir unmöglich machen, ein großer Analytiker zu sein. Eines davon ist, daß ich zu sehr der Vater bin. Zweitens bin ich allzeit zu sehr mit theoretischen Problemen beschäftigt, so daß ich den therapeutischen Problemen weniger Aufmerksamkeit widme. Drittens habe ich keine Geduld, Leute länger zu behandeln. Ich werde ihrer überdrüssig und im übrigen will ich meinen Einfluß ausdehnen.»[5]

1 M. Guibal u. J. Nobecourt, Sabina Spielrein, Paris (Aubier) 1982
2 J. Cremerius, Vom Handwerk des Psychoanalytikers: Das Werkzeug der psychoanalytischen Technik. Bd. II, Stuttgart (Frommann) 1984, S. 327
3 Doolittle, H., Huldigung an Freud, Berlin (Ullstein) 1975
4 Zit. n. Cremerius, S. 328
5 In einem Gespräch mit Abram Kardiner, zit. n. Cremerius, S. 332

Ähnlich erinnert sich Ernest Jones, «wie Freud ihm schon im Jahr 1910 einmal seufzend gestand, er wünschte, er könnte seine medizinische Praxis an den Nagel hängen und sich ganz dem Studium kultureller und historischer Probleme widmen».[1] Aber mir scheinen diese Seufzer nicht nur die ausgeprägten Stimmungsschwankungen zu spiegeln, an denen Freud zeitlebens litt[2], sondern auch jene Seite der Helfer-Ambivalenz zu verleugnen, die an diese Tätigkeit fesselt. Ein anschauliches Beispiel, wie gerade im Versuch, «den Neurosen» zu entfliehen, der Wanderer im Gebirge diese selbst in 2000 Höhenmetern wiederfindet, hat Freud selbst beschrieben.

«In den Ferien des Jahres 189. machte ich einen Ausflug in die Hohen Tauern, um für eine Weile die Medizin und besonders die Neurosen zu vergessen. Es war mir fast gelungen, als ich eines Tages von der Hauptstraße abwich, um einen abseits gelegenen Berg zu besteigen...»

So beginnt die Krankengeschichte von Katharina ... in den «Studien über Hysterie». Der Wanderer wird von einem Mädchen angesprochen – und ist plötzlich von ebendem gefesselt, was er vergessen wollte:

«Das war ich also wieder in den Neurosen, denn um etwas anderes konnte es sich bei dem großen und kräftigen Mädchen mit der vergrämten Miene kaum handeln. Es interessierte mich, daß Neurosen in der Höhe von über 2000 Metern so wohl gedeihen sollten, ich fragte also weiter.»[3]

Diese Szene zeigt Freuds ironische Distanz zu der Ambivalenz, mit der ihn sein täglicher Umgang mit seinen Patienten erfüllte. Er wollte sich von seiner Arbeit befreien und konnte es doch nicht, wobei er äußere Gründe vorschob, solange sie sich dazu verwenden ließen, z. B. die materiellen Zwänge, eine große Familie zu erhalten. Später war es sein Streben, die Sache der Psychoanalyse zu fördern, indem er möglichst viele künftige

1 E. Jones, Sigmund Freud, S. 47
2 Vgl. Clark 1981, S. 135 f, S. 227 f u. M. Schur 1973, S. 118
3 S. Freud, «Katharina», Studien über Hysterie, Ges. W. I, S. 184 f

Analytiker selbst unterrichtete. Freuds Schwanken zwischen der Forschung und dem Helfer-Beruf wurde dadurch gemildert und mit einem umfassenden Sinn versehen, daß beides gleichermaßen der Entwicklung der psychoanalytischen Bewegung diente. Die Psychoanalyse wurde für ihn die gültige, dauerhafte Repräsentantin jener großen Sinnerfüllung, nach der er schon als Schüler suchte.

Freud litt an heftigen Trennungsängsten, die wohl auch hinter jenen unklaren Herzbeschwerden während der Beziehung zu Wilhelm Fließ standen, die Ernest Jones als Herzneurose[1] deutet, während Max Schur eher einen latenten Herzinfarkt vermutet.[2] Sie waren so stark, daß er eine Zeitlang das Rauchen aufgab. Er fühlte sich dann aber so elend und arbeitsunfähig, daß er es wieder begann und sich bis zu seinem Tod nicht mehr davon abbringen ließ, obwohl der Zusammenhang zu seinem immer wiederkehrenden Karzinom der Mundhöhle auch damals schon diskutiert wurde. Die «Eisenbahnneurose» Freuds, seine Angst, den Zug zu versäumen, die ihn dazu trieb, schon mehr als eine Stunde vor der Abfahrt den Bahnhof aufzusuchen, hängt wohl ebenfalls mit diesen Trennungsängsten zusammen. Sie sind lediglich auf das Fahrzeug, das die Trennung bewerkstelligt, verschoben. Er verglich sich mit dem legendären Araberstamm der Asra, die nur einmal lieben und sterben, wenn sie den oder die Geliebte(n) verlieren. Die Eifersucht, mit der Freud Martha während ihrer Verlobungszeit verfolgte, fügt sich in dieses Bild eines Menschen, der auch jene Form von Trennung schwer annehmen kann, die darin liegt, daß der Liebespartner eigene, von ihm unabhängige Interessen verfolgt. Umgekehrt hat Freud während seiner leidenschaftlichen Freundschaft mit Fließ lange Zeit versucht, alle Differenzen aus dem gegenseitigen Verhältnis auszuklammern, und die schließlich eintretende Enttäuschung nie ganz verwunden. Das sagte er in einem Gespräch zu Ferenczi, der gerne sein Freund gewor-

1 E. Jones, S. 337f

2 M. Schur, Sigmund Freud. Leben und Sterben. Frankfurt (Suhrkamp), S. 131f

den wäre und nur sein Schüler bleiben durfte.[1] In der Auseinandersetzung mit C. G. Jung weigerte sich Freud, diesem die Einfälle zu seinen Träumen mit jener Offenheit zu sagen, die er umgekehrt von seinen Schülern forderte. Als es zum Bruch mit Jung kam, wurde Freud ohnmächtig und sagte nachher: «Es muß süß sein zu sterben!»[2] Trennung und Tod hingen auch hier eng zusammen.

In der helfenden Beziehung wird die Trennung vom Helfer «verwaltet». Er bestimmt, wann sie stattfinden soll, und hat jederzeit die Möglichkeit, einen anderen Schützling an die Stelle dessen zu setzen, von dem er sich aus den von ihm beurteilten Gründen trennt. So ist die Wahl eines solchen Berufes ein gutes Mittel, Trennungsängste nicht nur zu bewältigen, sondern sie kreativ umzusetzen. Aus diesen Gründen scheint es mir auch kein Zufall, daß erst nach der ersten längeren Trennung Freuds von seinem Elternhaus seine Berufsziele eindeutig in die Richtung gingen, leidenden Menschen zu helfen und auf diese Weise das eigene Trennungsleid zu bewältigen. Wenn wir versuchen, die Ursprünge von Freuds Trennungsängsten zu finden, sind wir auf Vermutungen angewiesen. Sie betreffen vor allem die Beziehung zu seiner Mutter. Freud hat sich immer als ihren uneingeschränkten Liebling dargestellt. Mir sind keine Aussagen von ihm oder aus seiner Umgebung bekannt, welche dieses Bild differenzieren, es zurückholen in die Ambivalenz, die meist durch solche Idealisierungen verdeckt wird. Amalie Nathanson heiratete mit 19 Jahren Jakob Freud, der ungefähr doppelt so alt war. Ein Jahr nach Sigismund wurde ein Bruder geboren, der nach wenigen Monaten starb.

Die Jugend der Mutter, das rasche Eintreten der Schwangerschaft und die Geburt des Bruders schon nach einem Jahr haben vermutlich dazu geführt, daß die frühe Kindheit von Mangelerlebnissen der Geborgenheit in der primären Symbiose bestimmt war. Erstgeborene tragen hier immer ein höheres Risiko (weil

1 Zit. n. M. Schur 1973, S. 318
2 J. M. M. Masson, Was hat man dir, du armes Kind, getan? Reinbek (Rowohlt) 1984, S. 180f

die Mutter noch unsicher ist), ebenso Kinder, auf die in kurzem Abstand ein Geschwister folgt. Wenn dieses stirbt, fällt es der Mutter fast immer sehr schwer, ihre Gefühlssicherheit wiederzugewinnen. Wo es das «Lieblingskind» als feste Rolle gibt, ist die spontane emotionale Interaktion in einer Familie gestört. Freud hatte den Bruder «mit bösen Wünschen und echter Kindereifersucht» begrüßt, während von «seinem Tod der Keim von Vorwürfen» in ihm blieb.[1]

Hat die Mutter sich nach dem Tod des Zweitgeborenen mit doppelter Liebe auf ihren «goldigen Sigi» gestützt? Das lebenslang von Freud immer wieder in teils abergläubischer Weise reflektierte Todesthema spricht dafür, daß auch er sich mit dem Verstorbenen identifiziert hat und die Nähe von Trennung und Tod hier wurzelt. Jedenfalls scheint mir die Abwertung, die Freud gegenüber seiner Faszination durch den Arzt-Beruf und gegen sein Engagement für seine Patienten gelegentlich geäußert hat, mit seiner Verleugnung der Ambivalenz in der Beziehung zu seiner Mutter zusammenzuhängen (die ihn sogar zu der Behauptung führte, das Mutter-Sohn-Verhältnis allgemein sei die am meisten von Ambivalenz freie Beziehung überhaupt).

Wie jede Biographie weckt auch die Lebensgeschichte von Sigmund Freud die Achtung vor dem Geheimnis, das die menschliche Entwicklung umgibt. Wir können ihm näherkommen, es läßt sich aber nicht auflösen, sondern wird gerade in der Annäherung auch tiefer und dunkler. Wenn wir die bequemen Vereinfachungen der Hagiographie vom unerschütterlich selbstbewußten Genie Sigmund Freud beiseite lassen, das sich durch seine Selbstanalyse von den Resten einer Neurose (nach Reik einer Agoraphobie[2]) befreite, verwirrt sich auch das Bild. Ähnlich ergeht es uns, wenn wir Freuds Selbstdarstellung der späteren Jahre, in der er sich gern als Forscher und ungern als Arzt sah, in Frage stellen. Sein wacher Blick und seine tiefe Skepsis passen nicht zu der Naivität und Klatschsucht, die von ihm berichtet werden; die ungeheure Arbeitsdisziplin und

1 Clark 1981, S. 21
2 Reik, Th., From Thirty Years with Freud, London (Hogarth) 1942

Selbstkritik passen nicht zu seiner Nikotinsucht und zu seiner bedenkenlosen Empfehlung des Kokains; der tief verwurzelte Pessimismus nicht zu den messianischen Seiten der psychoanalytischen Bewegung, die Bescheidenheit nicht zum Entdecker-Pathos des Nachfolgers von Kopernikus und Darwin. Das Ringen um psychologische Erkenntnis gleicht nach einem Bild Freuds dem Versuch, einem Wattenmeer festes Land abzuringen. Aber die Unvollständigkeit und ständige Erneuerungsbedürftigkeit unseres Wissens über einen Menschen sprechen auch dafür, daß für jeden Landgewinn an einer Stelle an einer anderen bisher feste Annahmen wieder aufgelöst werden wie Klippen im Anrennen der Brandung.

Literatur

ALEXANDER, F., Metapsychologische Darstellung des Heilungsvorganges, in: Int. Z. f. ärztl. Psa. 11 (1925), S. 157–178

ARONSON, E., PINES, A. M., KAFRY, D., Ausgebrannt. Vom Überdruß zur Selbstentfaltung. Stuttgart (Klett-Cotta) 1983

BECKER, A. M., Zur Gliederung des Über-Ichs, in: Psyche 10 (1956), S. 93

BERES, D., Vicissitudes of superego functions and superego precursors in childhood, Psa. Stud. Child 13 (1958), S. 324–351

BERNE, E., Spiele der Erwachsenen, Reinbek 1966

BLEULER, F., Das autistisch-undisziplinierte Denken in der Medizin, Berlin 1919

BORNEMAN, E., Das Patriarchat, Frankfurt/M. 1965

BRENNER, CH., The masochistic character: Genesis and treatment, in: J. Amer. Psa. Assn. 7 (1959), S. 197–226

BROOK, M. F., HAILSTONE, J. D., MCLAUGHLIN, E. J., Psychiatric illness in the medical profession, in: Brit. J. Psychiatry 113 (1967), S. 1013

CAMBOR, C. G., Präödipale Faktoren der Über-Ich-Entwicklung, Psyche 24 (1970), S. 116–128

CAPLAN, G., Principles of preventive psychiatry, New York, Basic Books, 1964

CHERNISS, C., Professional Burnout in Human Services Organizations, New York (Praeger) 1980

COMBS, A. et al., Die helfenden Berufe, Stuttgart 1975

CREMERIUS, J., Grenzen und Möglichkeiten der psychoanalytischen Behandlungstechnik bei Patienten mit Über-Ich-Störungen, in Psyche 31 (1977), S. 593–636

CRAIG, A. G., PITTS, F. N., Suicide by physicians, Dis Nerv. System 29 (1968), S. 763–772

DANNEBERG, E., Dynamische und ökonomische Aspekte der Entwicklung des Über-Ichs, Psyche 22 (1968), S. 365–383

DeSole, D. et al., Suicide and role strain among physicians, Kongreßvortrag 1967, American Psychiatric Association, Detroit
Devereux, G., Angst und Methode in den Verhaltenswissenschaften, München 1975
Dinslage, A., Psychotherapeut für junge Menschen ohne Marktwert. Erfahrungen zwischen Psychiatrie und Leben, München (Pfeiffer) 1985
Edelwich, J., Brodsky, A., Ausgebrannt – Das Burn-Out-Syndrom in den Sozialberufen, Salzburg (AVM) 1984
Farber, B. A., Stress and Burnout in the Human Service Professions, New York (Pergamon) 1983
Duffy, J. C., Litin, E. M., Psychiatric morbidity of physicians, J. of the American Med. Assn. 189 (1969), S. 989–992
Eissler, K. R., Zur Notlage unserer Zeit, Psyche 22 (1962), S. 641
Eliade, M., Schamanismus und archaische Ekstasetechnik, Zürich 1966
Fenichel, O., Psychoanalytische Neurosenlehre, Olten/Freiburg 1975–1977
Freeman, W., Psychiatrists who kill themselves, Am. J. Psychiatry 124 (1967), S. 846–947
Freud, A., Das Ich und die Abwehrmechanismen, München 1968
Freud, S., Die Disposition zur Zwangsneurose, 1913 (GW VIII)
Ders., Einige Charaktertypen aus der psychoanalytischen Arbeit, 1914 (GW X)
Ders., Zur Einführung des Narzißmus, 1914 (GW X)
Ders., Massenpsychologie und Ich-Analyse, 1921 (GW XIII)
Ders., Das ökonomische Problem des Masochismus, 1924 (GW XIII)
Ders., Hemmung, Symptom und Angst, 1926 (GW XIV)
Gola, N., The doctor, his illness, and the patient, Aust. NZ J. Psychiatry 6 (1972), S. 209–213
Grunberger, B., Über-Ich und Narzißmus in der analytischen Situation, Psyche 12 (1958), S. 270–290
Dies., Gedanken zum frühen Über-Ich, Psyche 28 (1974), S. 508–529
Halleck, S., Woods, S., Emotional problems of psychiatric residents, in: Psychiatry 25 (1962), S. 339–346
Hamilton, W. D., Selection of selfish and altruistic behaviour, in: Eisenberg, J. F., Dillon, W. S., Man and Beast, Washington 1971, S. 57–93
Henseler, H., Narzißtische Krisen, Hamburg 1974
Horney, K., The problem of the negative therapeutic reaction, Psychoanal. Quart. 1 (1936), S. 29–44
Hunter, R. C. A. et al., Nosophobia and hypochondriasis in medical students, J. Nerv. Ment. Dis. 139 (1964), S. 147–152

Itani, J., Paternal care in Macaca mulatta, in: Southwick (Ed.), Primate social behaviour, Princeton 1959

Jacobson, E., The effect of disappointment on Ego and Superego formation in normal and depressive development, Yearbook of Psa. 3 (1947), S. 109–126

Keupp, H., Bilden, H., Verunsicherungen. Das Subjekt im gesellschaftlichen Wandel, Göttingen (Hogrefe) 1989

Keupp, H., Psychosoziale Praxis im gesellschaftlichen Umbruch, Bonn (Psychiatrie-Verlag) 1987

Lampl-de Groot, J., Ich-Ideal und Über-Ich, in: Psyche 17 (1962), S. 321–332

Lasch, C., Das Zeitalter des Narzißmus, München (dtv) 1986

Levi-Strauss, C., Traurige Tropen, Köln 1960

Lincke, H., Das Über-Ich – eine gefährliche Krankheit?, in: Psyche 24 (1970), S. 375–402

Marmor, J., The feeling of superiority: An occupational hazard in the practice of psychotherapy, Am. J. Psychiatry 110 (1953), S. 370–376

Maslach, C., Burnout, the Cost of Caring, Englewood Cliffs (Prentice Hall) 1982

Modlin, H. C. et al., Narcotics addition in physicians, Am. J. Psychiatry 121 (1964), S. 358–369

Müller-Braunschweig, C., Psychoanalytische Gesichtspunkte zur Psychogenese der Moral, in: Imago 7 (1921), S. 237–250

Nunberg, H., Allgemeine Neurosenlehre auf psychoanalytischer Grundlage, Bern 1959

Olinick, S. L., The negative therapeutic reaction, in: Int. J. Psa. 45 (1964), S. 450–548

Pearson, M. M., Strecker, E. A., Physicians as psychiatric patients, Am. J. Psychiatry 116 (1960), S. 915–919

Pitts, F. N. et al., Psychiatric syndromes, anxiety symptoms and response to stress in medical students, Am. J. Psychiatry 118 (1961), S. 333–340

Plessen, U., Supervision in Beratung und Therapie, Salzburg (Müller) 1985

Pond, Doctors mental health, New Zealand Med. Journal 69 (1969), S. 131

Pühl, H., Schmidbauer, W. (Hg.), Supervision und Psychoanalyse. Plädoyer für eine emanzipatorische Reflexion in den helfenden Berufen, München (Kösel) 1986, TB: Frankfurt/M. (Fischer) 1991

Radó, S., Das ökonomische Prinzip der Technik, Int. Z. f. ärztl. Psa. 12 (1924), S. 15–24

Rangell, L., The psychoanalytic process, Int. J. Psychoanal. 49 (1968), S. 19–26
Ders., Perspektiven der Psychoanalyse, in: Psyche 28 (1974), S. 948–996
Reich, A., Early identifications and archaic elements in the superego, J. Amer. Psa. Assn. 2 (1954), S. 218–238
Reich, W., Charakteranalyse, Selbstverlag, 1933
Ders., Psychischer Kontakt und vegetative Strömung, Kopenhagen (Sexpol) 1934
Reik, Th., Geständniszwang und Strafbedürfnis, Leipzig/Wien/Zürich 1925
Riviere, J., A contribution to the analysis of the negative therapeutic reaction, Int. J. Psychoanal. 17 (1936), S. 304–320
Salzmann, L., The negative therapeutic reaction, in: Massermann, J. M., Science and psychoanalysis 3 (1960), S. 303–313
Sandler, J. et al., Die Grundbegriffe der psychoanalytischen Therapie, Stuttgart 1973
Schmidbauer, W., Vom Es zum Ich. Evolution und Psychoanalyse, München (List) 1975
Ders., Selbsterfahrung in der Gruppe. Unter Mitarbeit von S. Gröninger, H. Kemper, Ch. Maul und H. Küfner, München (List) 1977
Ders., Jäger und Sammler, München-Planegg 1973
Ders., Biologie und Ideologie, Hamburg 1973
Simon, W., Lumry, G. K., Suicide among physician-patients, J. Nerv. Ment. Dis. 147 (1968), S. 105–112
Spitz, R. A., Vom Dialog, Stuttgart 1976
Ders., Zur Entstehung der Über-Ich-Komponenten, in: Psyche 14 (1958), S. 400–426
Turnbull, C., Das Volk ohne Liebe, Reinbek 1973
Vaillant, G. E. et al., Some psychological vulnerabilities of physicians, N. Engl. J. Med. 287 (1972), S. 372–375
Walton, H. J., Effect of the doctors personality on his style of practice, J. R. Coll. Gen. Pract. 16 (1968), S. 113
Waring, E. M., Psychiatric illness in physicians, Comprehensive Psychiatry 15 (1974), S. 519–530
Willi, J., Die Zweierbeziehung, Reinbek 1975

Namenregister

Sachregister

Wolfgang Schmidbauer

Wolfgang Schmidbauer, geboren 1941 in München, studierte Psychologie und promovierte 1968 über «Mythos und Psychologie». Tätigkeit als freier Schriftsteller in Deutschland und Italien. Ausbildung zum Psychoanalytiker. Gründung eines Instituts für analytische Gruppendynamik. 1985 Gastprofessor für Psychoanalyse an der Gesamthochschule Kassel; Psychotherapeut und Lehranalytiker in München.

Alles oder nichts *Über die Destruktivität von Idealen*
(rororo sachbuch 8393)

Die Angst vor Nähe
208 Seiten. Broschiert

Helfen als Beruf *Die Ware Nächstenliebe*
256 Seiten. Broschiert und als rororo sachbuch 9157)

Die hilflosen Helfer *Über die seelische Problematik der helfenden Berufe*
256 Seiten. Broschiert

Ist Macht heilbar?
(rororo sachbuch 8329)
Aus dem Inhalt: Die Faszination der Gewalt / Der Psychoanalytiker und das Irrationale / No nature, no future? / Über den Mißbrauch der Gefühle in der Politik

Liebeserklärung an die Psychoanalyse
(rororo sachbuch 8839)

Die subjektive Krankheit *Kritik der Psychosomatik*
304 Seiten. Broschiert

rororo sachbuch

Weniger ist manchmal mehr
Zur Psychologie des Konsumverzichts
(rororo sachbuch 9110)
«Möge dieses gleichzeitig neue und alte Buch dazu beitragen, daß ein Element stärker berücksichtigt wird, das mir fehlt, wenn ich die luxuriösen Landhäuser mit den hanadgetöpferten Kachelöfen oder die Umweltzeitschriften auf Glanzpapier sehe: die Bescheidenheit.»
Wolfgang Schmidtbauer

Psychologie. Lexikon der Grundbegriffe
(rororo handbuch 6335)

Ein Haus in der Toscana
Reisen in ein verlorenes Land
176 Seiten. Gebunden

Wolfgang Schmidbauer (Hg.)
Pflegenotstand - das Ende der Menschlichkeit *Vom Versagen der staatlichen Fürsorge*

3500/1